# OEUVRES

DE

# BOILEAU.

IMPRIMERIE DE HUZARD-COURCIER,
rue du Jardinet, n° 12.

# OEUVRES

## DE

# BOILEAU

## DESPRÉAUX.

---

NOUVELLE ÉDITION.

---

A ROUEN,
CHEZ H. GAUDIN, LIBRAIRE,
rue Saint-Lô, n° 10;

ET A PARIS,
CHEZ J.-J. NAUDIN, LIBRAIRE
rue Pavée-Saint-André, n° 9.

1824.

# DISCOURS
## AU ROI.

—

*Quoique cette Pièce soit placée avant toutes les autres, elle n'a pourtant pas été faite la première. L'auteur la composa au commencement de l'année 1665, et il avait déjà fait cinq Satires. La même année, ce Discours fut inséré dans un Recueil de Poésie, avant que l'Auteur eût eu le temps de le corriger : il le fit imprimer lui-même l'année suivante 1666, avec les sept premières Satires.*

JEUNE et vaillant Héros, dont la haute sagesse
N'est point le fruit tardif d'une lente vieillesse,
Et qui seul, sans Ministre, à l'exemple des Dieux,
Soutiens tout par toi-même, et vois tout par tes
        yeux;
GRAND ROI, si jusqu'ici, par un trait de prudence,
J'ai demeuré pour toi dans un humble silence,
Ce n'est pas que mon cœur, vainement suspendu,
Balance pour t'offrir un encens qui t'est dû :

Mais je sais peu louer, et ma Muse tremblante
Fuit d'un si grand fardeau la charge trop pesante;
Et, dans ce haut éclat où Tu te viens offrir,
Touchant à tes lauriers, craindrait de les flétrir.

 Ainsi, sans m'aveugler d'une vaine manie,
Je mesure mon vol à mon faible génie :
Plus sage en mon respect que ces hardis mortels,
Qui, d'un indigne encens, profanent tes autels,
Qui, dans ce champ d'honneur où le gain les amène,
Osent chanter ton nom, sans force et sans haleine,
Et qui vont tous les jours, d'une importune voix,
T'ennuyer du récit de tes propres exploits.

 L'un, en style pompeux habillant une Eglogue,
De ses rares vertus Te fait un long prologue;
Et mêle, en se vantant soi-même, à tout propos,
Les louanges d'un Fat à celles d'un Héros.

 L'autre, en vain se lassant à polir une rime,
Et reprenant vingt fois le rabot et la lime,
Grand et nouvel effort d'un esprit sans pareil,
Dans la fin d'un Sonnet Te compare au Soleil.

 Sur le haut Hélicon leur veine méprisée
Fut toujours des neuf Sœurs la fable et la risée.
Calliope jamais ne daigna leur parler,
Et Pégase pour eux refuse de voler.
Cependant à les voir, enflés de tant d'audace,
Te promettre, en leur nom, les faveurs du Parnasse,
On dirait qu'ils ont seuls l'oreille d'Apollon,
Qu'ils disposent de tout dans le sacré Vallon :
C'est à leurs doctes mains, si l'on veut les en croire,
Que Phébus a commis tout le soin de ta gloire :
Et ton nom, du Midi jusqu'à l'Ourse, vanté,

Ne devra qu'à leurs vers son immortalité.
Mais plutôt sans ce nom, dont la vive lumière
Donne un lustre éclatant à leur veine grossière,
Ils verraient leurs écrits, honte de l'Univers,
Pourrir dans la poussière à la merci des vers.
A l'ombre de ton nom ils trouvent leur asile ;
Comme on voit dans les champs un arbrisseau débile,
Qui, sans l'heureux appui qui le tient attaché,
Languirait tristement sur la terre couché.
 Ce n'est pas que ma plume, injuste et téméraire,
Veuille blâmer en eux le dessein de Te plaire :
Et parmi tant d'Auteurs, je veux bien l'avouer,
Apollon en connaît qui Te peuvent louer.
Oui, je sais qu'entre ceux qui T'adressent leurs veilles,
Parmi les Pelletiers on compte des Corneilles.
Mais je ne puis souffrir qu'un Esprit de travers,
Qui, pour rimer des mots, pense faire des vers,
Se donne en Te louant une gêne inutile :
Pour chanter un Auguste, il faut être un Virgile !
Et j'approuve les soins du Monarque guerrier,
Qui ne pouvait souffrir qu'un Artisan grossier
Entreprît de tracer, d'une main criminelle,
Un portrait réservé pour le pinceau d'Apelle.
 Moi donc, qui connais peu Phébus et ses douceurs,
Qui suis nouveau sevré sur le mont des neuf Sœurs :
Attendant que, pour Toi, l'âge ait mûri ma Muse,
Sur de moindres sujets je l'exerce et l'amuse :
Et, tandis que ton bras, des peuples redouté,

Va, la foudre à la main, rétablir l'équité,
Et retient les méchans par la peur des supplices ;
Moi, la plume à la main, je gourmande les vices,
Et, gardant pour moi-même une juste rigueur,
Je confie au papier les secrets de mon cœur.
Ainsi, dès qu'une fois ma verve se réveille,
Comme on voit au printemps la diligente abeille,
Qui, du butin des fleurs, va composer son miel,
Des sottises du temps je compose mon fiel.
Je vais de toutes parts où me guide ma veine,
Sans tenir en marchant une route certaine ;
Et, sans gêner ma plume en ce libre métier,
Je la laisse au hasard courir sur le papier.
 Le mal est qu'en rimant ma Muse un peu légère
Nomme tout par son nom, et ne saurait rien taire.
C'est là ce qui fait peur aux Esprits de ce temps,
 Qui, tout blancs au-dehors, sont tout noirs au-dedans.
Ils tremblent qu'un Censeur, que sa verve encourage,
Ne vienne en ses écrits démasquer leur visage,
Et, fouillant dans leurs mœurs en toute liberté,
N'aille du fond du puits tirer la Vérité.
Tous ces gens, éperdus au seul nom de Satire,
Font d'abord le procès à quiconque ose rire.
Ce sont eux que l'on voit, d'un discours insensé,
Publier dans Paris que tout est renversé,
Au moindre bruit qui court qu'un Auteur les menace
De jouer des Bigots la trompeuse grimace ;

Pour eux un tel ouvrage est un monstre odieux :
C'est offenser les lois, c'est s'attaquer aux Cieux.
Mais, bien que d'un faux zèle ils masquent leur fai-
    blesse,
Chacun voit qu'en effet la vérité les blesse.
En vain d'un lâche orgueil leur esprit revêtu
Se couvre du manteau d'une austère vertu,
Leur cœur qui se connaît, et qui fuit la lumière,
S'il se moque de Dieu, craint Tartuffe et Molière.
    Mais pourquoi sur ce point sans raison m'écarter?
Grand Roi, c'est mon défaut, je ne saurais flatter.
Je ne sais point au Ciel placer un ridicule,
D'un Nain faire un Atlas, ou d'un lâche un Hercule,
Et, sans cesse en esclave à la suite des Grands,
A des Dieux sans vertu prodiguer mon encens.
On ne me verra point d'une veine forcée,
Même pour Te louer, déguiser ma pensée :
Et, quelque grand que soit ton pouvoir souverain,
Si mon cœur en ces vers ne parlait par ma main,
Il n'est espoir de bien, ni raison, ni maxime,
Qui pût en ta faveur m'arracher une rime.
    Mais lorsque je Te vois, d'une si noble ardeur,
T'appliquer sans relâche aux soins de ta grandeur,
Faire honte à ces Rois que le travail étonne,
Et qui sont accablés du faix de leur Couronne :
Quand je vois ta sagesse, en ses justes projets,
D'une heureuse abondance enrichir tes Sujets ;
Fouler aux pieds l'orgueil et du Tage et du Tibre,
Nous faire de la mer une campagne libre ;
Et tes braves Guerriers, secondant ton grand cœur,
Rendre à l'Aigle éperdu sa première vigueur ;

La France sous tes lois maîtriser la Fortune;
Et nos vaisseaux, domptant l'un et l'autre Neptune,
Nous aller chercher l'or, malgré l'onde et le vent,
Aux lieux où le Soleil le forme en se levant;
Alors, sans consulter si Phébus l'en avoue,
Ma Muse tout en feu me prévient et Te loue.

 Mais bientôt la raison arrivant au secours,
Vient d'un si beau projet interrompre le cours,
Et me fait concevoir, quelqu'ardeur qui m'emporte,
Que je n'ai ni le ton, ni la voix assez forte.
Aussitôt je m'effraye, et mon esprit troublé
Laisse là le fardeau dont il est accablé:
Et, sans passer plus loin, finissant mon ouvrage,
Comme un pilote en mer, qu'épouvante l'orage,
Dès que le bord paraît, sans songer où je suis,
Je me sauve à la nage, et j'aborde où je puis.

# SATIRES.

# SATIRES.

## SATIRE I.

*Cette Satire est une imitation de la troisième Satire de Juvénal, dans laquelle est aussi décrite la retraite d'un Philosophe qui abandonne le séjour de Rome, à cause des vices affreux qui y régnaient. Juvénal y décrit encore les embarras de la même Ville ; et, à son exemple, M. Despréaux, dans cette première Satire, avait fait la description des embarras de Paris ; mais il s'aperçut que cette description était comme hors d'œuvre, et qu'elle faisait un double sujet. C'est ce qui l'obligea de l'en détacher, et il en fit une Satire particulière, qui est la sixième.*

Damon, ce grand Auteur, dont la Muse fertile
Amusa si long-temps et la Cour et la Ville ;
Mais qui, n'étant vêtu que de simple bureau,
Passe l'été sans linge, et l'hiver sans manteau,
Et de qui le corps sec et la mine affamée
N'en sont pas mieux refaits pour tant de renommée ;
Las de perdre en rimant et sa peine et son bien,
D'emprunter en tous lieux, et de ne gagner rien,
Sans habits, sans argent, ne sachant plus que faire,
Vient de s'enfuir, chargé de sa seule misère ;
Et, bien loin des Sergens, des Clercs, et du Palais,

Va chercher un repos qu'il ne trouva jamais :
Sans attendre qu'ici la Justice ennemie
L'enferme en un cachot le reste de sa vie ;
Ou que d'un bonnet vert le salutaire affront
Flétrisse les lauriers qui lui couvrent le front.

Mais le jour qu'il partit, plus défait et plus blême,
Que n'est un Pénitent sur la fin d'un Carême,
La colère dans l'âme, et le feu dans les yeux,
Il distilla sa rage en ces tristes adieux :

Puisqu'en ce lieu, jadis aux Muses si commode,
Le mérite et l'esprit ne sont plus à la mode ;
Qu'un Poëte, dit-il, s'y voit maudit de Dieu,
Et qu'ici la Vertu n'a plus ni feu ni lieu ;
Allons du moins chercher quelque antre ou quelque roche,
D'où jamais ni l'Huissier, ni le Sergent n'approche;
Et, sans lasser le Ciel par des vœux impuissans,
Mettons-nous à l'abri dès injures du temps :
Tandis que libre encor, malgré les destinées,
Mon corps n'est point courbé sous le faix des années,
Qu'on ne voit point mes pas sous l'âge chanceler,
Et qu'il reste à la Parque encor de quoi filer.
C'est-là, dans mon malheur, le seul conseil à suivre.
Que George vive ici, puisque George y sait vivre,
Qu'un million comptant, par ses fourbes acquis,
De Clerc, jadis Laquais, a fait Comte et Marquis.
Que Jacquin vive ici, dont l'adresse funeste
A plus causé de maux que la guerre ou la peste ;
Qui de ses revenus, écrits par alphabet,
Peut fournir aisément un Calepin complet :
Qu'il règne dans ces lieux; il a droit de s'y plaire.
Mais moi, vivre à Paris ! Eh ! qui voudrais-je faire ?

Je ne sais ni tromper, ni feindre, ni mentir;
Et, quand je le pourrais, je n'y puis consentir.
Je ne sais point en lâche essuyer les outrages
D'un Faquin orgueilleux qui vous tient à ses gages,
De mes Sonnets flatteurs lasser tout l'Univers,
Et vendre au plus offrant mon encens et mes vers;
Pour un si bas emploi ma Muse est trop altière,
Je suis rustique et fier, et j'ai l'âme grossière.
Je ne puis rien nommer, si ce n'est par son nom.
J'appelle un chat un chat, et Rolet un fripon.
De servir un Amant, je n'en ai pas l'adresse.
J'ignore ce grand art qui gagne une Maîtresse;
Et je suis à Paris, triste, pauvre et reclus,
Ainsi qu'un corps sans âme, ou devenu perclus.

 Mais pourquoi, dira-t-on, cette vertu sauvage
Qui court à l'hôpital et n'est plus en usage?
La richesse permet une juste fierté;
Mais il faut être souple avec la pauvreté.
C'est par-là qu'un Auteur que presse l'indigence,
Peut des astres malins corriger l'influence,
Et que le sort burlesque, en ce siècle de fer,
Ainsi de la Vertu la Fortune se joue:
D'un Pédant, quand il veut, sait faire un Duc et Pair.
Tel aujourd'hui triomphe au plus haut de sa roue,
Qu'on verrait, de couleurs bizarrement orné,
Conduire le carrosse où l'on le voit traîné,
Si, dans les droits du Roi, sa funeste science
Par deux ou trois avis n'eût ravagé la France.
Je sais qu'un juste effroi l'éloignant de ces lieux,
L'a fait pour quelques mois disparaître à nos yeux:
Mais en vain pour un temps une taxe l'exile;
On le verra bientôt, pompeux en cette Ville,

Marcher encor chargé des dépouilles d'autrui,
Et jouir du Ciel même irrité contre lui :
Tandis que Colletet, crotté jusqu'à l'échine,
S'en va chercher son pain de cuisine en cuisine ;
Savant en ce métier, si cher aux beaux esprits,
Dont Monmaur autrefois fit leçon dans Paris.
 Il est vrai que du Roi la bonté secourable
Jette enfin sur la Muse un regard favorable ;
Et, réparant du sort l'aveuglement fatal,
Va tirer désormais Phébus de l'hôpital.
On doit tout espérer d'un Monarque si juste :
Mais, sans un Mécénas, à quoi sert un Auguste ?
Et fait comme je suis, au siècle d'aujourd'hui,
Qui voudra s'abaisser à me servir d'appui ?
Et puis, comment percer cette foule effroyable
De Rimeurs affamés dont le nombre l'accable,
Qui, dès que sa main s'ouvre, y courent les pre-
   miers,
Et ravissent un bien qu'on devait aux derniers ?
Comme on voit les Frelons, troupe lâche et stérile,
Aller piller le miel que l'Abeille distille.
Cessons donc d'aspirer à ce prix tant vanté,
Que donne la faveur à l'importunité.
Saint-Amand n'eut du Ciel que sa veine en partage :
L'habit qu'il eut sur lui fut son seul héritage :
Un lit et deux placets composaient tout son bien ;
Ou, pour en mieux parler, Saint-Amand n'avait
   rien.
Mais quoi ! las de traîner une vie importune,
Il engagea ce rien pour chercher la Fortune,
Et, tout chargé de vers, qu'il devait mettre au jour,
Conduit d'un vain espoir, il parut à la Cour.

Qu'arriva-t-il enfin de sa Muse abusée ?
Il en revint couvert de honte et de risée ;
Et la Fièvre, au retour, terminant son destin,
Fit par avance en lui ce qu'aurait fait la Faim.
Un Poëte à la Cour fut jadis à la mode ;
Mais des Fous aujourd'hui c'est le plus incommode :
Et l'Esprit le plus beau, l'Auteur le plus poli,
N'y parviendra jamais au sort de l'Angeli.

 Faut-il donc désormais jouer un nouveau rôle ?
Dois-je, las d'Apollon, recourir à Bartole ?
Et, feuilletant Louet allongé par Brodeau,
D'une robe à longs plis balayer le Barreau ?
Mais à ce seul penser je sens que je m'égare.
Moi ! que j'aille crier dans ce pays barbare,
Où l'on voit tous les jours l'innocence aux abois
Errer dans les détours d'un Dédale de Lois,
Et, dans l'amas confus de chicanes énormes,
Ce qui fut blanc au fond rendu noir par les formes;
Où Patru gagne moins qu'Huot et le Mazier ;
Et dont les Cicérons se font chez Pé-Fournier ?
Avant qu'un tel dessein m'entre dans la pensée,
On pourra voir la Seine à la Saint-Jean glacée,
Arnauld à Charenton devenir Huguenot,
Saint-Sorlin Janséniste, et Saint-Pavin bigot.

 Quittons donc pour jamais une Ville importune,
Où l'Honneur a toujours guerre avec la Fortune ;
Où le vice orgueilleux s'érige en souverain,
Et va la mître en tête et la crosse à la main ;
Où la Science triste, affreuse, délaissée,
Et partout des bons lieux comme infame chassée ;
Où le seul art en vogue est l'art de bien voler ;
Où tout me choque ; enfin, où.... Je n'ose parler.

Et quel homme si froid ne serait plein de bile
A l'aspect odieux des mœurs de cette ville ?
Qui pourrait les souffrir ? et qui, pour les blâmer,
Malgré Muse et Phébus n'apprendrait à rimer ?
Non, non ; sur ce sujet pour écrire avec grâce,
Il ne faut point monter au sommet du Parnasse ;
Et, sans aller rêver dans le double Vallon,
La colère suffit, et vaut un Apollon.
Tout beau, dira quelqu'un, vous entrez en furie.
A quoi bon ces grands mots ? Doucement, je vous prie ;
Ou bien montez en chaire, et là, comme un Docteur,
Allez de vos sermons endormir l'Auditeur :
C'est-là que, bien ou mal, on a droit de tout dire.
  Ainsi parle un Esprit qu'irrite la Satire,
Qui contre ses défauts croit être en sûreté,
En raillant d'un Censeur la triste austérité,
Qui fait l'homme intrépide, et tremblant de faiblesse,
Attend pour croire en Dieu que la fièvre le presse ;
Et, toujours dans l'orage au Ciel levant les mains,
Dès que l'air est calmé, rit des faibles Humains.
Car de penser alors qu'un Dieu tourne le Monde,
Et règle les ressorts de la machine ronde,
Ou qu'il est une vie au-delà du trépas,
C'est-là, tout haut du moins, ce qu'il n'avoûra pas.
  Pour moi, qu'en santé même un autre Monde étonne :
Qui crois l'âme immortelle, et que c'est Dieu qui tonne,
Il vaut mieux pour jamais me bannir de ce lieu.
Je me retire donc. Adieu, Paris ; adieu.

# SATIRE II.

## A M. DE MOLIÈRE.

*Le sujet de cette Satire est, la difficulté de trouver la Rime, et de la faire accorder avec la Raison. Mais l'Auteur s'est appliqué à les concilier toutes deux, en n'employant dans cette Pièce que des Rimes extrêmement exactes.*

*Cette Satire n'a été composée qu'après la septième; ainsi elle est la quatrième dans l'ordre du temps. Elle fut faite en 1664.*

Rare et fameux Esprit, dont la fertile veine
Ignore, en écrivant, le travail et la peine;
Pour qui tient Apollon tous ses trésors ouverts,
Et qui sais à quel coin se marquent les bons vers;
Dans les combats d'esprit savant Maître d'escrime,
Enseigne-moi, Molière, où tu trouves la Rime.
On dirait, quand tu veux, qu'elle te vient chercher.
Jamais au bout du vers on ne te voit broncher;
Et, sans qu'un long détour t'arrête ou t'embarrasse,
A peine as-tu parlé, qu'elle-même s'y place.
Mais moi qu'un vain caprice, une bizarre humeur,
Pour mes péchés, je crois, fit devenir Rimeur;

Dans ce rude métier, où mon esprit se tue,
En vain, pour la trouver, je travaille et je sue.
Souvent j'ai beau rêver du matin jusqu'au soir ;
Quand je veux dire *blanc*, la quinteuse dit *noir*.
Si je veux d'un Galant dépeindre la figure,
Ma plume, pour rimer, trouve l'abbé de Pure :
Si je pense exprimer un Auteur sans défaut,
La Raison dit Virgile, et la Rime Quinaut.
Enfin, quoique je fasse, ou que je veuille faire,
La bizarre toujours vient m'offrir le contraire.
De rage quelquefois ne pouvant la trouver,
Triste, las et confus, je cesse d'y rêver ;
Et maudissant vingt fois le Démon qui m'inspire,
Je fais mille sermens de ne jamais écrire.
Mais, quand j'ai bien maudit et Muses et Phébus,
Je la vois qui paraît quand je n'y pense plus.
Aussitôt, malgré moi, tout mon feu se rallume :
Je reprends sur-le-champ le papier et la plume,
Et de mes vains sermens perdant le souvenir,
J'attends, de vers en vers, qu'elle daigne venir.
Encor si pour rimer, dans sa verve indiscrète,
Ma Muse au moins souffrait une froide épithète !
Je ferais comme un autre, et sans chercher si loin,
J'aurais toujours des mots pour les coudre au besoin.
Si je louais Philis, *En miracles féconde*,
Je trouverais bientôt, *A nulle autre seconde*.
Si je voulais vanter un objet *Nompareil*,
Je mettrais à l'instant, *Plus beau que le Soleil*.
Enfin, parlant toujours d'*Astres* et de *Merveilles*,
De *chefs-d'œuvres des Cieux*, de *Beautés sans
pareilles*,

## SATIRE II.

Avec tous ces beaux mots, souvent mis au hasard,
Je pourrais aisément, sans génie et sans art,
Et transposant cent fois et le nom et le verbe,
Dans mes vers recousus mettre en pièces Malherbe.
Mais mon esprit, tremblant sur le choix de ses mots,
N'en dira jamais un, s'il ne tombe à propos,
Et ne saurait souffrir qu'une phrase insipide
Vienne à la fin d'un vers remplir la place vide.
Ainsi, recommençant un ouvrage vingt fois,
Si j'écris quatre mots, j'en effacerai trois.

    Maudit soit le premier, dont la verve insensée
Dans les bornes d'un vers renferma sa pensée ;
Et, donnant à ses mots une étroite prison,
Voulut avec la Rime enchaîner la raison.
Sans ce métier, fatal au repos de ma vie,
Mes jours pleins de loisir couleraient sans envie ;
Je n'aurais qu'à chanter, rire, boire d'autant ;
Et, comme un gras Chanoine, à mon aise et con-
    tent,
Passer tranquillement, sans souci, sans affaire,
La nuit à bien dormir, et le jour à rien faire.
Mon cœur exempt de soins, libre de passion,
Sait donner une borne à son ambition :
Et, fuyant des grandeurs la présence importune,
Je ne vais point au Louvre adorer la Fortune.
Et je serais heureux, si, pour me consumer,
Un destin envieux ne m'avait fait rimer.

    Mais depuis le moment que cette frénésie,
De ses noires vapeurs troubla ma fantaisie,
Et qu'un démon jaloux de mon contentement,
M'inspira le dessein d'écrire poliment,

Tous les jours, malgré moi, cloué sur un ouvrage,
Retouchant un endroit, effaçant une page,
Enfin passant ma vie en ce triste métier,
J'envie, en écrivant, le sort de Pelletier.
 Bienheureux Scudéri, dont la fertile plume
Peut tous les mois sans peine enfanter un volume!
Tes écrits, il est vrai, sans art et languissans,
Semblent être formés en dépit du bon sens:
Mais ils trouvent pourtant, quoiqu'on en puisse dire,
Un Marchand pour les vendre, et des sots pour les lire.
Et quand la Rime enfin se trouve au bout des Vers,
Qu'importe que le reste y soit mis de travers?
Malheureux mille fois celui dont la manie
Veut aux règles de l'art asservir son génie!
Un sot, en écrivant, fait tout avec plaisir:
Il n'a point en ses vers l'embarras de choisir,
Et toujours amoureux de ce qu'il vient d'écrire,
Ravi d'étonnement, en soi-même il s'admire.
Mais un esprit sublime en vain veut s'élever
A ce degré parfait qu'il tâche de trouver,
Et, toujours mécontent de ce qu'il vient de faire,
Il plaît à tout le monde, et ne saurait se plaire.
Et tel, dont en tous lieux chacun vante l'esprit,
Voudrait pour son repos n'avoir jamais écrit.
 Toi donc, qui vois les maux où ma Muse s'abîme,
De grâce, enseigne-moi l'art de trouver la Rime;
Ou, puisqu'enfin tes soins y seraient superflus,
Molière, enseigne-moi l'art de ne rimer plus.

# SATIRE III.

—

*Cette Satire a été faite en l'année 1667. Elle contient le récit d'un Festin donné par un homme d'un goût faux et extravagant, qui se piquait néanmoins de rafiner sur la bonne chère. Horace, dans la Satire VIII du Livre 2, fait pareillement le récit d'un repas ridicule : et Régnier, dans sa dixième Satire, l'a aussi imité.*

*A.* Quel sujet inconnu vous trouble et vous altère ?
D'où vous vient aujourd'hui cet air sombre et sévère ;
Et ce visage enfin plus pâle qu'un Rentier,
A l'aspect d'un Arrêt qui retranche un quartier ?
Qu'est devenu ce teint, dont la couleur fleurie
Semblait d'ortolans seuls, et de bisques nourrie ?
Où la joie en son lustre attirait les regards,
Et le vin en rubis brillait de toutes parts ?
Qui vous a pu plonger dans cette humeur chagrine ?
A-t-on par quelque Edit réformé la cuisine ?
Ou quelque longue pluie, inondant vos vallons,
A-t-elle fait couler vos vins et vos melons ?
Répondez donc enfin, ou bien je me retire.
*P.* Ah ! de grâce, un moment ; souffrez que je respire.

Je sors de chez un Fat, qui, pour m'empoisonner,
Je pense, exprès chez lui m'a forcé de dîner.
Je l'avais bien prévu. Depuis près d'une année,
J'éludais tous les jours sa poursuite obstinée.
Mais hier il m'aborde, et me serrant la main ;
Ah ! Monsieur, m'a-t-il dit, je vous attends demain :
N'y manquez pas au moins : j'ai quatorze bouteilles
D'un vin vieux......Boucingo n'en a point de pareilles :
Et je gagerais bien que, chez le Commandeur,
Villandri priserait sa sève et sa verdeur.
Molière avec Tartuffe y doit jouer son rôle,
Et Lambert, qui plus est, m'a donné sa parole.
C'est tout dire en un mot, et vous le connaissez.
—Quoi ! Lambert. —Oui, Lambert. — A demain.
  — C'est assez.
Ce matin donc, séduit par sa vaine promesse,
J'y cours, midi sonnant, au sortir de la Messe.
A peine étais-je entré, que ravi de me voir,
Mon homme, en m'embrassant, m'est venu recevoir,
Et montrant à mes yeux une allégresse entière,
Nous n'avons, m'a-t-il dit, ni Lambert, ni Molière :
Mais puisque je vous vois, je me tiens trop content :
Vous êtes un brave homme ; entrez, on vous attend.
A ces mots, mais trop tard, reconnaissant ma faute,
Je le suis en tremblant dans une chambre haute,
Où, malgré les volets, le Soleil irrité
Formait un poêle ardent au milieu de l'été.
Le couvert était mis dans ce lieu de plaisance ;
Où j'ai trouvé d'abord, pour toute connaissance,
Deux nobles Campagnards, grands lecteurs de Ro-
  mans,

Qui m'ont dit tout Cyrus dans leurs longs complimens.
J'enrageais. Cependant on apporte un potage.
Un coq y paraissait en pompeux équipage,
Qui, changeant sur ce plat et d'état et de nom,
Par tous les Conviés s'est appelé chapon.
Deux assiettes suivaient, dont l'une était ornée
D'une langue en ragoût de persil couronnée ;
L'autre, d'un godiveau tout brûlé par dehors,
Dont un beurre gluant inondait tous les bords.
On s'assied : mais d'abord notre Troupe serrée
Tenait à peine autour d'une table carrée,
Où chacun, malgré soi, l'un sur l'autre porté,
Faisait un tour à gauche, et mangeait de côté.
Jugez en cet état, si je pouvais me plaire,
Moi qui ne compte rien, ni le vin, ni la chère,
Si l'on n'est plus au large assis en un festin,
Qu'aux Sermons de Cassagne, ou de l'Abbé Cotin.
 Notre Hôte cependant, s'adressant à la Troupe :
Que vous semble, a-t-il dit, du goût de cette soupe ?
Sentez-vous le citron, dont on a mis le jus,
Avec des jaunes d'œufs mêlés dans du verjus ?
Ma foi, vive Mignot, et tout ce qu'il apprête !
Les cheveux cependant me dressaient à la tête :
Car Mignot, c'est tout dire, et dans le monde entier,
Jamais empoisonneur ne sut mieux son métier.
J'approuvais tout pourtant de la mine et du geste,
Pensant qu'au moins le vin dût réparer le reste.
Pour m'en éclaircir donc, j'en demande. Et d'abord
Un Laquais effronté m'apporte un rouge bord

D'un Auvernat fumeux, qui, mêlé de lignage,
Se vendait chez Crenet, pour vin de l'Hermitage,
Et qui rouge et vermeil, mais fade et doucereux,
N'avait rien qu'un goût plat, et qu'un déboire affreux.
A peine ai-je senti cette liqueur traîtresse,
Que de ces vins mêlés j'ai reconnu l'adresse.
Toutefois, avec l'eau que j'y mets à foison,
J'espérais adoucir la force du poison.
Mais qui l'aurait pensé? pour comble de disgrâce,
Par le chaud qu'il faisait, nous n'avions point de glace.
Point de glace, bon Dieu, dans le fort de l'été!
Au mois de juin! Pour moi, j'étais si transporté,
Que donnant de fureur tout le festin au Diable,
Je me suis vu vingt fois prêt de quitter la table;
Et dût-on m'appeler et fantasque et bourru,
J'allais sortir enfin, quand le rôt a paru.
Sur un lièvre, flanqué de six poulets étiques,
S'élevaient trois lapins, animaux domestiques,
Qui, dès leur tendre enfance élevés dans Paris,
Sentaient encor le chou dont ils furent nourris.
Autour de cet amas de viandes entassées,
Régnait un long cordon d'alouettes pressées;
Et sur les bords du plat, six pigeons étalés
Présentaient pour renfort leurs squelettes brûlés.
A côté de ce plat paraissaient deux salades,
L'une de pourpier jaune, et l'autre d'herbes fades;
Dont l'huile, de fort loin, saisissait l'odorat,
Et nageait dans des flots de vinaigre rosat.
Tous mes Sots à l'instant changeant de contenance,

Ont loué du festin la superbe ordonnance :
Tandis que mon Faquin, qui se voyait priser,
Avec un ris moqueur les priait d'excuser.
Surtout certain Hableur, à la gueule affamée,
Qui vint à ce Festin, conduit par la fumée,
Et qui s'est dit Profès dans l'ordre des Côteaux,
A fait, en bien mangeant, l'éloge des morceaux.
Je riais de le voir, avec sa mine étique,
Son rabat jadis blanc, et sa perruque antique,
En lapins de garenne ériger nos clapiers,
Et nos pigeons Cauchois en superbes ramiers ;
Et, pour flatter notre Hôte, observant son visage,
Composer sur ses yeux son geste et son langage :
Quand notre Hôte charmé, m'avisant sur ce point,
Qu'avez-vous donc, dit-il, que vous ne mangez
       point?
Je vous trouve aujourd'hui l'âme toute inquiète,
Et les morceaux entiers restent sur votre assiette.
Aimez-vous la muscade ? On en a mis partout.
Ah! Monsieur, ces poulets sont d'un merveilleux
       goût;
Ces pigeons sont dodus : mangez sur ma parole.
J'aime à voir aux lapins cette chair blanche et molle.
Ma foi, tout est passable, il le faut confesser ;
Et Mignot, aujourd'hui, s'est voulu surpasser.
Quand on parle de sauce, il faut qu'on y rafine.
Pour moi, j'aime surtout que le poivre y domine.
J'en suis fourni, Dieu sait! et j'ai tout Pelletier
Roulé, dans mon office, en cornets de papier.
A tous ces beaux discours, j'étais comme une pierre
Ou comme la Statue est au Festin de Pierre ;

Et, sans dire un seul mot, j'avalais au hasard
Quelque aile de poulet dont j'arrachais le lard.
Cependant mon Hableur, avec une voix haute,
Porte à mes Campagnards la santé de notre Hôte,
Qui tous deux pleins de joie, en jetant un grand cri,
Avec un rouge bord acceptent son défi.
Un si vaillant exploit réveillant tout le monde,
On a porté partout des verres à la ronde,
Où les doigts des Laquais, dans la crasse tracés,
Témoignaient par écrit, qu'on les avait rincés ;
Quand un des conviés, d'un ton mélancolique,
Lamentant tristement une chanson bachique,
Tous mes Sots à-la-fois, ravis de l'écouter,
Détonnant de concert, se mettent à chanter.
La musique sans doute était rare et charmante :
L'un traîne en longs fredons une voix glapissante,
Et l'autre, l'appuyant de son aigre fausset,
Semble un violon faux qui jure sous l'archet.
Sur ce point, un jambon d'assez maigre apparence,
Arrive sous le nom de jambon de Mayence.
Un valet le portait, marchant à pas comptés,
Comme un Recteur suivi des quatre Facultés.
Deux Marmitons crasseux revêtus de serviettes,
Lui servaient de Massiers, et portaient deux assiettes,
L'une de champignons, avec des ris de veau,
Et l'autre de pois verts qui se noyaient dans l'eau.
Un spectacle si beau surprenant l'assemblée,
Chez tous les Conviés la joie est redoublée :
Et la troupe à l'instant cessant de fredonner,

D'un ton gravement fou s'est mise à raisonner.
Le vin au plus muet fournissant des paroles,
Chacun a débité ses maximes frivoles,
Réglé les intérêts de chaque Potentat,
Corrigé la Police, et réformé l'Etat ;
Puis de là s'embarquant dans la nouvelle guerre,
A vaincu la Hollande ou battu l'Angleterre.
Enfin, laissant en paix tous ces peuples divers,
De propos en propos on a parlé de Vers.
Là, tous mes Sots, enflés d'une nouvelle audace,
Ont jugé des Auteurs en maîtres du Parnasse.
Mais notre Hôte surtout, pour la justesse et l'art,
Elevait jusqu'au Ciel Théophile et Ronsard :
Quand un des Campagnards, relevant sa moustache
Et son feutre à grands poils, ombragé d'un panache,
Impose à tous silence, et d'un ton de Docteur :
Morbleu ! dit-il, la Serre est un charmant Auteur !
Ses vers sont d'un beau style, et sa prose est coulente.
La Pucelle est encor une œuvre bien galante,
Et je ne sais pourquoi je bâille en la lisant.
Le Païs, sans mentir, est un bouffon plaisant :
Mais je ne trouve rien de beau dans ce Voiture.
Ma foi, le jugement sert bien dans la lecture.
A mon gré, le Corneille est joli quelquefois.
En vérité, pour moi, j'aime le beau François.
Je ne sais pas pourquoi l'on vante l'Alexandre,
Ce n'est qu'un glorieux qui ne dit rien de tendre.
Les Héros, chez Quinaut, parlent bien autrement,

Et jusqu'à *Je vous hais*, tout s'y dit tendrement.
On dit qu'on l'a drapé dans certaine satire ;
Qu'un jeune homme..... Ah ! je sais ce que vous
 voulez dire,
A répondu notre Hôte, *un Auteur sans défaut*,
*La Raison dit Virgile, et la Rime Quinaut.*
Justement. A mon gré, la pièce est assez plate.
Et puis blâmer Quinaut!... Avez-vous vu l'Astrate ?
C'est là ce qu'on appelle un ouvrage achevé !
Surtout l'*Anneau Royal* me semble bien trouvé.
Son sujet est conduit d'une belle manière,
Et chaque acte en sa pièce est une pièce entière.
Je ne puis plus souffrir ce que les autres font.

Il est vrai que Quinaut est un esprit profond,
A repris certain Fat, qu'à sa mine discrète
Et son maintien jaloux j'ai reconnu Poëte :
Mais il en est pourtant qui le pourraient valoir....
Ma foi, ce n'est pas vous qui nous le ferez voir,
A dit mon Campagnard avec une voix claire,
Et déjà tout bouillant de vin et de colère.
Peut-être, a dit l'Auteur, pâlissant de courroux !
Mais vous, pour en parler, vous y connaissez-
 vous ?
Mieux que vous mille fois, dit le noble en furie.
Vous ? mon Dieu, mêlez-vous de boire, je vous
 prie,
A l'Auteur sur-le-champ aigrement réparti.
Je suis donc un Sot, moi ? Vous en avez menti,
Reprend le Campagnard ; et sans plus de langage,
Lui jette, pour défi, son assiette au visage :
L'autre esquive le coup, et l'assiette volant

S'en va frapper le mur, et revient en roulant.
A cet affront, l'Auteur se levant de la table,
Lance à mon Campagnard un regard effroyable :
Et chacun vainement se ruant entre deux,
Nos braves s'accrochant, se prennent aux cheveux.
Aussitôt sous leurs pieds les tables renversées
Font voir un long débris de bouteilles cassées ;
En vain à lever tout, les Valets sont fort prompts,
Et les ruisseaux de vin coulent aux environs.

 Enfin, pour arrêter cette lutte barbare,
De nouveau l'on s'efforce, on crie, on les sépare ;
Et leur première ardeur passant en un moment,
On a parlé de paix et d'accomodement.
Mais, tandis qu'à l'envi tout le monde y conspire,
J'ai gagné doucement la porte sans rien dire,
Avec un bon serment, que si, pour l'avenir,
En pareille cohue on me peut retenir,
Je consens, de bon cœur, pour punir ma folie,
Que tous les vins pour moi deviennent vins de Brie:
Qu'à Paris le gibier manque tous les hivers ;
Et qu'à peine au mois d'août l'on mange des pois
  verts.

# SATIRE IV.

## A MONSIEUR L'ABBÉ LEVAYER.

*La Satire IV a été faite en l'année 1664, immédiatement après la seconde Satire, et avant le Discours au Roi. M. Despréaux en conçut l'idée dans une conversation qu'il eut avec l'Abbé le Vayer et Molière, dans laquelle on prouva, par divers exemples,* que tous les hommes sont fous, et que chacun croit néanmoins être sage tout seul. *Cette proposition fait le sujet de cette Satire.*

D'où vient, cher LE VAYER, que l'Homme le moins sage
Croit toujours seul avoir la sagesse en partage ;
Et qu'il n'est point de Fou, qui, par belles raisons,
Ne loge son voisin aux Petites-Maisons ?
Un pédant enivré de sa vaine science,
Tout hérissé de Grec, tout bouffi d'arrogance,
Et qui de mille Auteurs, retenus mot pour mot,
Dans sa tête entassés, n'a souvent fait qu'un Sot,
Croit qu'un Livre fait tout, et que, sans Aristote,
La raison ne voit goute et le bon sens radote.
D'autre part, un Galant, de qui tout le métier
Est de courir le jour de quartier en quartier,
Et d'aller, à l'abri d'une perruque blonde,

De ses froides douceurs fatiguer tout le monde,
Condamne la science, et blâmant tout écrit,
Croit qu'en lui l'ignorance est un titre d'esprit,
Que c'est des gens de Cour le plus beau privilége,
Et renvoie un savant dans le fond d'un Collége.
  Un Bigot orgueilleux, qui, dans sa vanité,
Croit duper jusqu'à Dieu par son zèle affecté,
Couvrant tous ses défauts d'une sainte apparence,
Damne tous les Humains de sa pleine puissance.
  Un libertin d'ailleurs, qui, sans âme et sans foi,
Se fait de son plaisir une superbe loi,
Tient que ces vieux propos de Démons et de flam-
      mes,
Sont bons pour étonner des enfans et des femmes;
Que c'est s'embarrasser de soucis superflus,
Et qu'enfin tout dévot a le cerveau perclus.
  En un mot, qui voudrait épuiser ces matières,
Peignant de tant d'esprits les diverses manières,
Il compterait plutôt combien dans un Printemps,
Guénaud et l'antimoine ont fait mourir de gens;
Et combien la Neveu, devant son mariage,
A de fois au public vendu son pucelage.
Mais, sans errer en vain dans ces vagues propos,
Et pour rimer ici ma pensée en deux mots,
N'en déplaise à ces Fous nommés Sages de Grèce,
En ce monde il n'est point de parfaite sagesse.
Tous les hommes sont fous, et malgré tous leurs
      soins,
Ne diffèrent entr'eux que du plus et du moins :
Comme on voit qu'en un bois, que cent routes sé-
      parent,

Les voyageurs sans guide assez souvent s'égarent,
L'un à droit, l'autre à gauche, et courant vainement,
La même erreur les fait errer diversement :
Chacun suit dans le monde une route incertaine,
Selon que son erreur le joue et le promène ;
Et tel y fait l'habile, et nous traite de fous,
Qui, sous le nom de sage, est le plus fou de tous.
Mais quoique sur ce point la Satire publie,
Chacun veut en sagesse ériger sa folie,
Et se laissant régler à son esprit tortu,
De ses propres défauts se fait une vertu.
Ainsi, cela soit dit pour qui veut se connaître,
Le plus sage est celui qui ne pense point l'être ;
Qui toujours pour un autre enclin vers la douceur,
Se regarde soi-même en sévère Censeur,
Rend à tous ses défauts une exacte justice,
Et fait, sans se flatter, le procès à son vice.
Mais chacun pour soi-même est toujours indulgent.

 Un Avare idolâtre et fou de son argent,
Rencontrant la disette au sein de l'abondance,
Appelle sa folie une rare prudence,
Et met toute sa gloire et son souverain bien,
A grossir un trésor qui ne lui sert de rien.
Plus il le voit accru, moins il en fait usage.
Sans mentir, l'avarice est une étrange rage,
Dira cet autre Fou, non moins privé de sens,
Qui jette, furieux, son bien à tous venans,
Et dont l'âme inquiète, à soi-même importune,
Se fait un embarras de sa bonne fortune.
Qui des deux, en effet, est le plus aveuglé ?

L'un et l'autre, à mon sens, ont le cerveau troublé,
Répondra chez Frédoc, ce Marquis sage et rude,
Et qui sans cesse au jeu, dont il fait son étude,
Attendant son destin d'un quatorze et d'un sept,
Voit sa vie ou sa mort sortir de son cornet.
Que si d'un sort fâcheux la maligne inconstance
Vient, par un coup fatal, faire tourner la chance,
Vous le verrez bientôt les cheveux hérissés
Et les yeux vers le Ciel de fureur élancés,
Ainsi qu'un Possédé que le Prêtre exorcise,
Fêter dans ses sermens tous les Saints de l'Eglise.
Qu'on le lie, ou je crains, à son air furieux,
Que ce nouveau Titan n'escalade les Cieux.

   Mais laissons-le plutôt en proie à son caprice;
Sa folie aussi bien lui tient lieu de supplice.
Il est d'autres erreurs dont l'aimable poison
D'un charme bien plus doux enivre la raison :
L'esprit dans ce nectar heureusement s'oublie.
   Chapelain veut rimer, et c'est là sa folie.
Mais bien que ses durs vers, d'épithètes enflés,
Soient, des moindres Grimauds, chez Ménage sifflés,
Lui-même s'applaudit, et d'un esprit tranquille,
Prend le pas au Parnasse au-dessus de Virgile.
Que ferait-il, hélas! si quelque audacieux
Allait, pour son malheur, lui dessiller les yeux,
Lui faisant voir ses vers et sans force et sans graces,
Montés sur deux grands mots, comme sur deux échasses;
Ses termes sans raison l'un de l'autre écartés,
Et ses froids ornemens à la ligne plantés?
Qu'il maudirait le jour, où son âme insensée

Perdit l'heureuse erreur qui charmait sa pensée !
Jadis certain Bigot, d'ailleurs homme sensé,
D'un mal assez bizarre eut le cerveau blessé :
S'imaginant sans cesse, en sa douce manie,
Des esprits bienheureux entendre l'harmonie.
Enfin, un Médecin fort expert en son art,
Le guérit par adresse, ou plutôt par hasard.
Mais voulant de ses soins exiger le salaire :
Moi, vous payer ? lui dit le Bigot en colère,
Vous, dont l'art infernal, par des secrets maudits,
En me tirant d'erreur, m'ôte du Paradis ?
 J'approuve son courroux. Car, puisqu'il faut le dire,
Souvent de tous nos maux la Raison est le pire.
C'est elle, qui farouche au milieu des plaisirs,
D'un remords importun vient brider nos desirs.
La fâcheuse a pour nous des rigueurs sans pareilles,
C'est un Pédant qu'on a sans cesse à ses oreilles,
Qui toujours nous gourmande, et loin de nous toucher,
Souvent, comme Joli, perd son temps à prêcher.
En vain certains Rêveurs nous l'habillent en reine,
Veulent sur tous nos sens la rendre souveraine,
Et s'en formant en terre une Divinité,
Pensent aller par elle à la Félicité.
C'est elle, disent-ils, qui nous montre à bien vivre.
Ces discours, il est vrai, sont fort beaux dans un livre,
Je les estime fort : mais je trouve, en effet,
Que le plus fou, souvent est le plus satisfait.

# SATIRE V.

## A MONSIEUR LE MARQUIS DE DANGEAU.

*Cette Satire a été faite en l'année 1665. L'Auteur fait voir que la véritable Noblesse consiste dans la Vertu, indépendamment de la Naissance. Juvénal a traité la même matière dans sa Satire VII.*

La Noblesse, DANGEAU, n'est pas une chimère.
Quand, sous l'étroite loi d'une vertu sévère,
Un homme issu d'un sang fécond en demi-Dieux,
Suit, comme toi, la trace où marchaient ses aïeux.
    Mais je ne puis souffrir qu'un Fat, dont la mollesse
N'a rien pour s'appuyer qu'une vaine Noblesse,
Se pare insolemment du mérite d'autrui,
Et me vante un honneur qui ne vient pas de lui.
Je veux que la valeur de ses aïeux antiques
A it fourni de matière aux plus vieilles chroniques,
Et que l'un des Capets, pour honorer leur nom,
Ait de trois fleurs de lis doré leur écusson.
Que sert ce vain amas d'une inutile gloire ;
Si de tant de Héros célèbres dans l'Histoire,

Il ne peut rien offrir aux yeux de l'Univers ,
Que de vieux parchemins, qu'ont épargnés les vers :
Si, tout sorti qu'il est d'une source divine,
Son cœur dément en lui sa superbe origine,
Et n'ayant rien de grand qu'une sotte fierté,
S'endort dans une lâche et molle oisiveté ?
Cependant, à le voir, avec tant d'arrogance,
Vanter le faux éclat de sa haute naissance,
On dirait que le Ciel est soumis à sa loi,
Et que Dieu l'a pétri d'autre limon que moi.
Enivré de lui-même, il croit, dans sa folie,
Qu'il faut que devant lui d'abord tout s'humilie.
Aujourd'hui toutefois sans trop le ménager,
Sur ce ton un peu haut je vais l'interroger.

Dites-moi, grand Héros, Esprit rare et sublime,
Entre tant d'animaux, qui sont ceux qu'on estime ?
On fait cas d'un Coursier, qui fier et plein de cœur,
Fait paraître en courant sa vaillante vigueur,
Qui jamais ne se lasse, et qui dans la carrière
S'est couvert mille fois d'une noble poussière :
Mais la postérité d'Alfane et de Bayard,
Quand ce n'est qu'une rosse, est vendue au hasard,
Sans respect des aïeux dont elle est descendue,
Et va porter la malle, ou tirer la charrue.
Pourquoi donc voulez-vous que, par un sot abus,
Chacun respecte en vous un honneur qui n'est plus ?
On ne m'éblouit point d'une apparence vaine :
La vertu d'un cœur noble est la marque certaine.
Si vous êtes sorti de ces Héros fameux,
Montrez-nous cette ardeur qu'on vit briller en eux,
Ce zèle pour l'honneur, cette horreur pour le vice.

## SATIRE V.

Respectez-vous les lois ? Fuyez-vous l'injustice ?
Savez-vous, pour la gloire, oublier le repos,
Et dormir en plein champ le harnais sur le dos ?
Je vous connais pour noble à ces illustres marques :
Alors soyez issu des plus fameux Monarques ;
Venez de mille aïeux, et si ce n'est assez,
Feuilletez à loisir tous les siècles passés ;
Voyez de quel Guerrier il vous plaît de descendre,
Choisissez de César, d'Achille ou d'Alexandre ;
En vain un faux Censeur voudrait vous démentir,
Et si vous n'en sortez, vous en devez sortir.
Mais fussiez-vous issu d'Hercule en droite ligne,
Si vous ne faites voir qu'une bassesse indigne,
Ce long amas d'aïeux, que vous diffamez tous,
Sont autant de témoins qui parlent contre vous ;
Et tout ce grand éclat de leur gloire ternie,
Ne sert plus que de jour à votre ignominie.
En vain, tout fier d'un sang que vous déshonorez,
Vous dormez à l'abri de ces noms révérés.
En vain vous vous couvrez des vertus de vos pères :
Ce ne sont à mes yeux que de vaines chimères.
Je ne vois rien en vous qu'un lâche, un imposteur,
Un traître, un scélérat, un perfide, un menteur,
Un fou, dont les accès vont jusqu'à la furie,
Et d'un tronc fort illustre une branche pourrie.

Je m'emporte peut-être, et ma Muse en fureur
Verse, dans ses discours, trop de fiel et d'aigreur.
Il faut avec les Grands un peu de retenue.
Hé bien ; je m'adoucis. Votre race est connue.
Depuis quand ? répondez. Depuis mille ans entiers ;
Et vous pouvez fournir deux fois seize quartiers.

C'est beaucoup. Mais enfin les preuves en sont
  claires ;
Tous les livres sont pleins des titres de vos Pères :
Leurs noms sont échappés du naufrage des temps.
Mais qui m'assurera, qu'en ce long cercle d'ans,
A leurs fameux Epoux vos aïeules fidèles,
Aux douceurs des Galans furent toujours rebelles ?
Et comment savez-vous, si quelque audacieux
N'a point interrompu le cours de vos aïeux ;
Et si leur sang tout pur, ainsi que leur noblesse,
Est passé jusqu'à vous de Lucrèce en Lucrèce ?
 Que maudit soit le jour, où cette vanité
Vint ici de nos mœurs souiller la pureté !
Dans les temps bienheureux du monde en son en-
  fance,
Chacun mettait sa gloire en sa seule innocence ;
Chacun vivait content, et sous d'égales lois
Le mérite y faisait la Noblesse et les Rois ;
Et, sans chercher l'appui d'une naissance illustre,
Un Héros de soi-même empruntait tout son lustre.
Mais enfin par le temps le mérite avili,
Vit l'Honneur en roture et le Vice ennobli :
Et l'orgueil, d'un faux titre appuyant sa faiblesse,
Maîtrisa les Humains sous le nom de Noblesse :
De là vinrent en foule et Marquis et Barons.
Chacun, pour ses vertus, n'offrit plus que des noms.
Aussitôt maint Esprit, fécond en rêveries,
Inventa le Blason avec les Armoiries ;
De ses termes obscurs fit une langue à part ;
Composa tous ces mots de *Cimier* et d'*Ecart*,
De *Pal*, de *Contrepal*, de *Lambel* et de *Face*,

Et tout ce que Segoing dans son Mercure entasse,
Une vaine Folie enivrant la Raison,
L'Honneur triste et honteux ne fut plus de saison.
Alors, pour soutenir son rang et sa naissance,
Il fallut étaler le luxe et la dépense;
Il fallut habiter un superbe Palais,
Faire par les couleurs distinguer ses valets :
Et, traînant en tous lieux de pompeux équipages,
Le Duc et le Marquis se reconnut aux Pages.

   Bientôt, pour subsister, la Noblesse sans bien,
Trouva l'art d'emprunter et de ne rendre rien,
Et bravant des Sergens la timide cohorte,
Laissa le créancier se morfondre à sa porte.
Mais, pour comble à la fin, le Marquis en prison,
Sous le faix des Procès vit tomber sa maison.
Alors, le Noble altier, pressé de l'indigence,
Humblement du Faquin rechercha l'alliance;
Avec lui trafiquant d'un nom si précieux,
Par un lâche contrat vendit tous ses aïeux,
Et corrigeant ainsi la fortune ennemie,
Rétablit son honneur à force d'infamie.

   Car si l'éclat de l'or ne relève le sang,
En vain l'on fait briller la splendeur de son rang;
L'amour de vos aïeux passe en vous par manie,
Et chacun pour parent vous fuit et vous renie.
Mais quand un homme est riche, il vaut toujours
    son prix :
Et l'eût-on vu porter la mandille à Paris,
N'eût-il de son vrai nom ni titre ni mémoire,
D'Hozier lui trouvera cent aïeux dans l'histoire.

   Toi donc, qui de mérite et d'honneurs revêtu

Des écueils de la Cour as sauvé ta vertu;
DANGEAU, qui dans le rang où notre Roi t'appelle,
Le vois toujours orné d'une gloire nouvelle,
Et plus brillant par soi que par l'éclat des lys,
Dédaigner tous ces rois dans la pourpre amollis,
Fuir d'un honteux loisir la douceur importune,
A ses sages conseils asservir la Fortune,
Et de tout son honneur ne devant rien qu'à soi,
Montrer à l'univers ce que c'est d'être roi :
Si tu veux te couvrir d'un éclat légitime,
Vas par mille beaux faits mériter son estime :
Sers un si noble maître ; et fais voir qu'aujourd'hui
Ton Prince a des sujets qui sont dignes de lui.

# SATIRE VI.

*Cette Satire contient la description des embarras de Paris. Elle a été composée dans le même temps que la première Satire, dont elle faisait partie. C'est une imitation de la Satire III de Juvénal.*

Qui frappe l'air, bon Dieu! de ces lugubres cris?
Est-ce donc pour veiller qu'on se couche à Paris?
Et quel fâcheux démon, durant les nuits entières,
Rassemble ici les chats de toutes les gouttières?
J'ai beau sauter du lit plein de trouble et d'effroi,
Je pense qu'avec eux tout l'enfer est chez moi.
L'un miaule en grondant comme un tigre en furie;
L'autre roule sa voix comme un enfant qui crie.
Ce n'est pas tout encor. Les souris et les rats
Semblent pour m'éveiller, s'entendre avec les chats;
Plus importuns pour moi durant la nuit obscure,
Que jamais en plein jour ne fut l'abbé de Pure.
  Tout conspire à-la-fois à troubler mon repos,
Et je me plains ici du moindre de mes maux.
Car à peine les coqs commençant leur ramage,
Auront de cris aigus frappé le voisinage,
Qu'un affreux serrurier, laborieux Vulcain,
Qu'éveillera bientôt l'ardente soif du gain,
Avec un fer maudit, qu'à grand bruit il apprête;

De cent coups de marteaux me va rompre la tête.
J'entends déjà partout les charrettes courir,
Les maçons travailler, les boutiques s'ouvrir:
Tandis que dans les airs mille cloches émues,
D'un funèbre concert font retentir les nues,
Et se mêlant au bruit de la grêle et des vents,
Pour honorer les morts, font mourir les vivans.
  Encor je bénirais la bonté souveraine,
Si le ciel à ces maux avait borné ma peine.
Mais si, seul en mon lit, je peste avec raison,
  C'est encor pis vingt fois en quittant la maison.
En quelque endroit que j'aille, il faut fendre la presse
D'un peuple d'importuns qui fourmillent sans cesse.
L'un me heurte d'un ais, dont je suis tout froissé ;
Je vois d'un autre coup mon chapeau renversé.
Là, d'un enterrement la funèbre ordonnance,
D'un pas lugubre et lent vers l'église s'avance:
Et plus loin des laquais l'un l'autre s'agaçans,
Font aboyer les chiens, et jurer les passans.
Des paveurs en ce lieu me bouchent le passage.
Là, je trouve une croix de funeste présage,
Et des couvreurs, grimpés au toît d'une maison,
En font pleuvoir l'ardoise et la tuile à foison.
Là, sur une charrette une poutre branlante,
Vient menaçant de loin la foule qu'elle augmente.
Six chevaux attelés à ce fardeau pesant,
Ont peine à l'émouvoir sur le pavé glissant.
D'un carrosse en tournant il accroche une roue;
Et d'un choc le renverse dans un grand tas de boue:
Quand un autre à l'instant, s'efforçant de passer,
Dans le même embarras se vient embarrasser.

Vingt carrosses bientôt arrivant à la file,
Y sont en moins de rien suivis de plus de mille ;
Et pour surcroît de maux, un sort malencontreux
Conduit en cet endroit un grand troupeau de bœufs.
Chacun prétend passer : l'un mugit, l'autre jure.
Des mulets en sonnant augmentent le murmure.
Aussitôt cent chevaux dans la foule appelés,
De l'embarras qui croît ferment les défilés,
Et partout des passans enchaînant les brigades,
Au milieu de la paix font voir les barricades.
On n'entend que des cris poussés confusément :
Dieu, pour s'y faire ouïr, tonnerait vainement.
Moi donc, qui dois souvent en certain lieu me rendre,
Le jour déjà baissant, et qui suis las d'attendre,
Ne sachant plus tantôt à quel Saint me vouer,
Je me mets au hasard de me faire rouer.
Je saute vingt ruisseaux, j'esquive, je me pousse :
Guénaud sur son cheval en passant m'éclabousse ;
Et n'osant plus paraître en l'état où je suis,
Sans songer où je vais, je me sauve où je puis.
Tandis que, dans un coin, en grondant je m'essuie,
Souvent, pour m'achever, il survient une pluie.
On dirait que le ciel, qui se fond tout en eau,
Veuille inonder ces lieux d'un déluge nouveau.
Pour traverser la rue au milieu de l'orage,
Un ais sur deux pavés forme un étroit passage.
Le plus hardi laquais n'y marche qu'en tremblant,
Il faut pourtant passer sur ce pont chancelant,
Et les nombreux torrens qui tombent des gouttières,
Grossissant les ruisseaux, en ont fait des rivières.
J'y passe en trébuchant ; mais, malgré l'embarras,

La frayeur de la nuit précipite mes pas.
 Car sitôt que du soir les ombres pacifiques
D'un double cadenas font fermer les boutiques,
Que, retiré chez lui, le paisible marchand,
Va revoir ses billets, et compter son argent;
Que dans le Marché-Neuf tout est calme et tranquille,
Les voleurs à l'instant s'emparent de la ville.
Le bois le plus funeste et le moins fréquenté,
Est, au prix de Paris, un lieu de sûreté.
Malheur donc à celui qu'une affaire imprévue
Engage un peu tard au détour d'une rue.
Bientôt quatre bandits lui serrant les côtés:
La bourse : il faut se rendre ; ou bien non, résistez,
Afin que votre mort, de tragique mémoire,
Des massacres fameux aille grossir l'histoire.
Pour moi, fermant ma porte, et cédant au sommeil,
Tous les jours je me couche avecque le soleil.
Mais en ma chambre à peine ai-je éteint la lumière,
Qu'il ne m'est plus permis de fermer la paupière.
Des filoux effrontés, d'un coup de pistolet,
Ebranlent ma fenêtre, et percent mon volet.
J'entends crier partout: Au meurtre, on m'assassine;
Ou, Le feu vient de prendre à la maison voisine.
Tremblant et demi-mort, je me lève à ce bruit,
Et souvent sans pourpoint je cours toute la nuit.
Car le feu, dont la flamme en ondes se déploie,
Fait de notre quartier une seconde Troie,
Où maint Grec affamé, maint avide Argien,
Au travers des charbons va piller le Troyen.
Enfin sous mille crocs la maison abîmée,
Entraîne aussi le feu qui se perd en fumée.

Je me retire donc, encor pâle d'effroi :
Mais le jour est venu quand je rentre chez moi.
Je fais, pour reposer, un effort inutile ;
Ce n'est qu'à prix d'argent qu'on dort en cette Ville.
Il faudrait, dans l'enclos d'un vaste logement,
Avoir, loin de la rue, un autre appartement.
 Paris est, pour un riche, un pays de Cocagne :
Sans sortir de la ville, il trouve la campagne.
Il peut dans son jardin, tout peuplé d'arbres verts,
Recéler le printemps au milieu des hivers,
Et foulant le parfum de ses plantes fleuries,
Aller entretenir ses douces rêveries.
 Mais moi, grâce au destin, qui n'ai ni feu ni lieu,
Je me loge où je puis, et comme il plaît à Dieu.

# SATIRE VII.

*Cette Satire a été faite immédiatement après la Satire première et la sixième, à la fin de l'année 1663. L'Auteur délibère avec sa Muse, s'il doit continuer à composer des Satires; mais comme son génie l'entraîne de ce côté-là, il se détermine enfin à suivre son inclination. Horace lui a fourni cette idée dans la Satire I du Livre 2.*

Muse, changeons de style, et quittons la Satire:
C'est un méchant métier que celui de médire;
A l'auteur qui l'embrasse il est toujours fatal:
Le mal qu'on dit d'autrui ne produit que du mal.
Maint Poëte, aveuglé d'une telle manie,
En courant à l'honneur, trouve l'ignominie;
Et tel mot, pour avoir réjoui le lecteur,
A coûté bien souvent des larmes à l'auteur.
　Un éloge ennuyeux, un froid panégyrique,
Peut pourrir à son aise au fond d'une boutique,
Ne craint point du public les jugemens divers,
Et n'a pour ennemis que la poudre et les vers:
Mais un auteur malin, qui rit, et qui fait rire,
Qu'on blâme en lisant, et pourtant qu'on veut lire,
Dans ses plaisans accès qui se croit tout permis,
De ses propres rieurs se fait des ennemis.
Un discours trop sincère aisément nous outrage:

## SATIRE VII.

Chacun, dans ce miroir, pense voir son visage;
Et tel, en vous lisant, admire chaque trait,
Qui, dans le fond de l'âme, et vous craint et vous hait.
Muse, c'est donc en vain que la main vous démange :
S'il faut rimer ici, rimons quelque louange,
Et cherchons un héros, parmi cet univers,
Digne de notre encens, et digne de nos vers.
Mais à ce grand effort en vain je vous anime :
Je ne puis pour louer rencontrer une rime.
Dès que j'y veux rêver, ma veine est aux abois.
J'ai beau frotter mon front, j'ai beau mordre mes
            doigts;
Je ne puis arracher, du creux de ma cervelle,
Que des vers plus forcés que ceux de la Pucelle.
Je pense être à la gêne, et pour un tel dessein,
La plume et le papier résistent à ma main.
Mais quand il faut railler, j'ai ce que je souhaite;
Alors, certes alors je me connais Poëte :
Phébus, dès que je parle, est prêt à m'exaucer;
Mes mots viennent sans peine, et courent se placer.
Faut-il peindre un fripon, fameux dans cette ville?
Ma main, sans que j'y rêve, écrira Raumaville.
Faut-il d'un sot parfait montrer l'original?
Ma plume au bout du vers trouve d'abord Sofal :
Je sens que mon esprit travaille de génie.
Faut-il d'un froid rimeur dépeindre la manie?
Mes vers, comme un torrent, coulent sur le papier.
Je rencontre à-la-fois Perrin et Pelletier,
Bonnecorse, Pradon, Colletet, Titreville;
Et pour un que je veux, j'en trouve plus de mille.
Aussitôt je triomphe, et ma Muse en secret

3

S'estime et s'applaudit du beau coup qu'elle a fait.
C'est en vain qu'au milieu de ma fureur extrême,
Je me fais quelquefois des leçons à moi-même ;
En vain je veux au moins faire grâce à quelqu'un :
Ma plume aurait regret d'en épargner aucun ;
Et sitôt qu'une fois ma verve me domine,
Tout ce qui s'offre à moi passe par l'étamine.
Le mérite pourtant m'est toujours précieux ;
Mais un fat me déplaît, et me blesse les yeux,
Je le poursuis partout, comme un chien fait sa
　　　　proie,
Et ne le sens jamais, qu'aussitôt je n'aboie.
Enfin, sans perdre temps en de si vains propos,
Je sais coudre une rime au bout de quelques mots ;
Souvent j'habille en vers une maligne prose.
C'est par-là que je vaux, si je vaux quelque chose.
Ainsi, soit que bientôt, par une dure loi,
La mort, d'un vol affreux, vienne fondre sur moi ;
Soit que le ciel me garde un cours long et tranquille,
A Rome ou dans Paris, aux champs ou dans la ville,
Dût ma Muse par-là choquer tout l'univers,
Riche, gueux, triste ou gai, je veux faire des vers.
Pauvre esprit, dira-t-on, que je plains ta folie !
Modère ces bouillons de ta mélancolie ;
Et garde qu'un de ceux que tu penses blâmer,
N'éteigne dans ton sein cette ardeur de rimer.

　　Hé quoi, lorsqu'autrefois Horace, après Lucile,
Exhalait en bons mots les vapeurs de sa bile,
Et, vengeant la Vertu par des traits éclatans,
Allait ôter le masque aux vices de son temps ;
Ou bien quand Juvénal, de sa mordante plume,

Faisant couler des flots de fiel et d'amertume,
Gourmandait, en courroux, tout le peuple Latin,
L'un ou l'autre fit-il une tragique fin?
Et que craindre, après tout, d'une fureur si vaine?
Personne ne connaît ni mon nom ni ma veine.
On ne voit point mes vers, à l'envi de Montreuil,
Grossir impunément les feuilles d'un recueil.
A peine quelquefois je me force à les lire,
Pour plaire à quelque ami que charme la satire,
Qui me flatte peut-être, et d'un air imposteur,
Rit tout haut de l'ouvrage, et tout bas de l'auteur.
Enfin, c'est mon plaisir : je me veux satisfaire;
Je ne puis bien parler, et ne saurais me taire ;
Et dès qu'un mot plaisant vient luire à mon esprit,
Je n'ai point de repos qu'il ne soit en écrit;
Je ne résiste point au torrent qui m'entraîne.
 Mais c'est assez parlé. Prenons un peu d'haleine;
Ma main, pour cette fois, commence à se lasser.
Finissons. Mais demain, Muse, à recommencer.

# SATIRE VIII.

## A M. MOREL,
## DOCTEUR DE SORBONNE.

—

*Cette Satire, que l'Auteur nommait la Satire de l'homme, fut composée en 1667. Elle est tout-à-fait dans le goût de Perse, et marque un Philosophe chagrin qui ne peut souffrir les vices des hommes. Elle est adressée à M. Morel, Docteur de Sorbonne, qui était de Châlons en Champagne, d'une bonne famille de Robe; il mourut à Paris le 30 Avril 1679, étant Doyen de la Faculté de Théologie, et Chanoine Théologal de Paris.*

De tous les animaux qui s'élèvent dans l'air,
Qui marchent sur la terre, ou nagent dans la mer,
De Paris au Pérou, du Japon jusqu'à Rome,
Le plus sot animal, à mon avis, c'est l'homme.
Quoi, dira-t-on d'abord, un ver, une fourmi,
Un insecte rampant qui ne vit qu'à demi,
Un taureau qui rumine, une chèvre qui broute,
Ont l'esprit mieux tourné que n'a l'homme? Oui sans doute.
Ce discours te surprend, Docteur, je l'aperçoi.
L'homme de la nature est le chef et le roi,
Bois, prés, champs, animaux, tout est pour son usage,
Et lui seul a, dis-tu, la raison en partage.

## SATIRE VIII.

Il est vrai, de tout temps la raison fut son lot;
Mais de là je conclus que l'homme est le plus sot.
 Ces propos, diras-tu, sont bons dans la Satire,
Pour égayer d'abord un lecteur qui veut rire :
Mais il faut les prouver en forme. J'y consens.
 Réponds-moi donc, Docteur, et mets-toi sur les
    bancs.
 Qu'est-ce que la sagesse ? Une égalité d'âme
Que rien ne peut troubler, qu'aucun desir n'en-
    flamme,
Qui marche, en ses conseils, à pas plus mesurés,
Qu'un Doyen au Palais ne monte les degrés.
Or, cette égalité dont se forme le sage,
Qui jamais moins que l'homme en a connu l'usage ?
La fourmi tous les ans traversant les guérets,
Grossit ses magasins des trésors de Cérès;
Et dès que l'Aquilon, ramenant la froidure,
Vient, de ses noirs frimas, attrister la nature,
Cet animal, tapi dans son obscurité,
Jouit l'hiver des biens conquis durant l'été.
Mais on ne la voit point, d'une humeur inconstante,
Paresseuse au printemps, en hiver diligente,
Affronter en plein champ les fureurs de Janvier,
Ou demeurer oisive au retour du Bélier.
Mais l'homme sans arrêt dans sa course insensée,
Voltige incessamment de pensée en pensée.
Son cœur, toujours flottant entre mille embarras,
Ne sait ni ce qu'il veut, ni ce qu'il ne veut pas;
Ce qu'un jour il abhorre, en l'autre il le souhaite.
 Moi, j'irais épouser une femme coquette ?
J'irais par ma constance, aux affronts endurci,

Me mettre au rang des saints qu'a célébrés Bussi ?
Assez de sots, sans moi, feront parler la ville,
Disait le mois passé ce marquis indocile,
Qui, depuis quinze jours, dans le piége arrêté,
Entre les bons maris pour exemple cité,
Croit que Dieu, tout exprès, d'une côte nouvelle,
A tiré pour lui seul une femme fidelle.
Voilà l'homme en effet. Il va du blanc au noir ;
Il condamne au matin ses sentimens du soir.
Importun à tout autre, à soi-même incommode,
Il change à tous momens d'esprit comme de mode ;
Il tourne au moindre vent, il tombe au moindre
   choc :
Aujourd'hui dans un casque, et demain dans un froc.
 Cependant à le voir plein de vapeurs légères,
Soi-même se bercer de ses propres chimères,
Lui seul de la nature est la base et l'appui,
Et le dixième ciel ne tourne que pour lui.
De tous les animaux, il est, dit-il, le maître :
Qui pourrait le nier ? poursuis-tu. Moi, peut-être.
Mais sans examiner si, vers les antres sourds,
L'ours a peur du passant, ou le passant de l'ours ;
Et si, sur un édit des pâtres de Nubie,
Les lions de Barca videraient la Libye :
Ce maître prétendu, qui leur donne des lois,
Ce roi des animaux, combien a-t-il de rois ?
L'Ambition, l'Amour, l'Avarice, la Haine,
Tiennent comme un forçat son esprit à la chaîne.
Le Sommeil sur ses yeux commence à s'épancher :
Debout, dit l'Avarice, il est temps de marcher.
Hé, laissez-moi. Debout. Un moment. Tu répliques ?

## SATIRE VIII.

A peine le soleil fait ouvrir les boutiques.
N'importe, lève-toi. Pourquoi faire après tout ?
Pour courir l'Océan de l'un à l'autre bout,
Chercher jusqu'au Japon la porcelaine et l'ambre,
Rapporter de Goa le poivre et le gingembre.
Mais j'ai des biens en foule, et je puis m'en passer.
On n'en peut trop avoir, et pour en amasser,
Il ne faut épargner ni crime ni parjure :
Il faut souffrir la faim, et coucher sur la dure :
Eût-on plus de trésors que n'en perdit Galet,
N'avoir en sa maison ni meubles ni valet :
Parmi les tas de blé, vivre de seigle et d'orge ;
De peur de perdre un liard, souffrir qu'on vous
  égorge.
Et pourquoi cette épargne enfin ? L'ignores-tu ?
Afin qu'un héritier bien nourri, bien vêtu,
Profitant d'un trésor, en tes mains inutile,
De son train quelque jour embarrasse la ville.
Que faire ? Il faut partir. Les matelots sont prêts.
Ou, si pour l'entraîner l'argent manque d'attraits,
Bientôt l'Ambition et toute son escorte,
Dans le sein du repos, vient le prendre à main forte ;
L'envoie en furieux au milieu des hasards,
Se faire estropier sur les pas des Césars,
Et cherchant sur la brèche une mort indiscrète,
De sa folle valeur embellir la Gazette.
Tout beau, dira quelqu'un ; raillez plus à propos :
Ce vice fut toujours la vertu des héros.
Quoi donc ? à votre avis fût-ce un fou qu'Alexandre ?
Qui ? cet écervelé, qui mit l'Asie en cendre ?
Ce fougueux l'Angeli, qui de sang altéré,

Maître du monde entier, s'y trouvait trop serré!
L'enragé qu'il était, né roi d'une province,
Qu'il pouvait gouverner en bon et sage prince,
S'en alla follement, et pensant être Dieu,
Courir comme un bandit qui n'a ni feu ni lieu;
Et traînant avec soi les horreurs de la guerre,
De sa vaste folie emplir toute la terre.
Heureux! si de son temps, pour cent bonnes raisons,
La Macédoine eût eu des Petites-Maisons;
Et qu'un sage tuteur l'eût, en cette demeure,
Par avis de parens, enfermé de bonne heure.
 Mais, sans nous égarer dans ces digressions,
Traiter, comme Sénaut, toutes les passions,
Et, les distribuant par classes et par titres,
Dogmatiser en vers, et rimer par chapitres;
Laissons-en discourir la Chambre et Coeffeteau;
Et voyons l'homme enfin par l'endroit le plus beau.
Lui seul, vivant, dit-on, dans l'enceinte des villes,
Fait voir d'honnêtes mœurs, des coutumes civiles,
Se fait des gouverneurs, des magistrats, des rois,
Observe une police, obéit à des lois.
Il est vrai. Mais pourtant, sans lois et sans police,
Sans craindre archers, prévôt, ni suppôt de justice,
Voit-on les loups brigands, comme nous inhumains,
Pour détrousser les loups courir les grands chemins?
Jamais, pour s'agrandir, vit-on, dans sa manie,
Un tigre en factions partager l'Hyrcanie?
L'ours a-t-il, dans les bois, la guerre avec les ours?
Le vautour, dans les airs, fond-il sur les vautours?
A-t-on vu quelquefois, dans les plaines d'Afrique,
Déchirant à l'envi leur propre république,

*Lions contre lions, parens contre parens,*
*Combattre follement pour le choix des tyrans ?*
L'animal le plus fier qu'enfante la nature,
Dans un autre animal respecte sa figure,
De sa rage avec lui modère les accès,
Vit sans bruit, sans débats, sans noise, sans procès.
Un aigle, sur un champ prétendant droit d'aubaine,
Ne fait point appeler un aigle à la huitaine.
Jamais contre un renard, chicanant un poulet,
Un renard de son sac n'alla charger Rolet.
Jamais la biche en rut n'a, pour fait d'impuissance,
Traîné du fond des bois un cerf à l'audience ;
Et jamais Juge, entr'eux ordonnant le congrès,
De ce burlesque mot n'a sali ses arrêts.
On ne connaît chez eux, ni placets, ni requêtes,
Ni haut ni bas conseils, ni chambre des enquêtes.
Chacun, l'un avec l'autre, en toute sûreté,
Vit sous les pures lois de la simple équité.
L'homme seul, l'homme seul, en sa fureur extrême,
Met un brutal honneur à s'égorger soi-même.
C'était peu que sa main, conduite par l'enfer,
Eût pétri le salpêtre, eût aiguisé le fer :
Il fallait que sa rage, à l'univers funeste,
Allât encor des lois embrouiller un Digeste,
Cherchât, pour l'obscurcir, des gloses, des docteurs,
Accablât l'équité sous des monceaux d'auteurs.
Et, pour comble de maux, apportât dans la France
Des harangueurs du temps l'ennuyeuse éloquence.

   Doucement, diras-tu : que sert de s'emporter?
L'homme a ses passions, on n'en saurait douter ;
Il a, comme la mer, ses flots et ses caprices ;

Mais ses moindres vertus balancent tous ses vices.
N'est-ce pas l'homme enfin, dont l'air audacieux,
Dans le tour d'un compas a mesuré les cieux?
Dont la vaste science, embrassant toutes choses,
A fouillé la nature, en a percé les causes?
Les animaux ont-ils des universités?
Voit-on fleurir chez eux des quatre facultés?
Y voit-on des savans en Droit, en Médecine,
Endosser l'écarlate, et se fourrer d'hermine?
Non sans doute, et jamais chez eux un médecin
N'empoisonna les bois de son art assassin :
Jamais docteur armé d'un argument frivole,
Ne s'enroua chez eux sur les bancs d'une école.
Mais, sans chercher au fond, si notre esprit déçu
Sait rien de ce qu'il sait, s'il a jamais rien su,
Toi-même, réponds-moi : dans le siècle où nous
   sommes,
Est-ce au pied du savoir qu'on mesure les hommes?
Veux-tu voir tous les Grands à ta porte courir?
Dit un père à son fils, dont le poil va fleurir;
Prends-moi le bon parti : laisse là tous les livres.
Cent francs au denier cinq, combien font-ils? vingt
   livres.
C'est bien dit. Va, tu sais tout ce qu'il faut savoir.
Que de biens, que d'honneurs sur toi s'en vont
   pleuvoir!
Exerce-toi, mon fils, dans ces hautes sciences,
Prends, au lieu d'un Platon, le guidon des Fi-
   nances;
Sache quelle province enrichit les traitans :
Combien le sel au Roi peut fournir tous les ans.

## SATIRE VIII.

Endurcis-toi le cœur. Sois arabe, corsaire,
Injuste, violent, sans foi, double, faussaire :
Ne va point sottement faire le généreux ;
Engraisse-toi, mon fils, du suc des malheureux ;
Et, trompant de Colbert la prudence importune,
Va, par tes cruautés, mériter la fortune.
Aussitôt tu verras poëtes, orateurs,
Rhéteurs, grammairiens, astronomes, docteurs,
Dégrader les héros pour te mettre en leurs places,
De ces titres pompeux enfler leurs dédicaces,
Te prouver à toi-même, en Grec, Hébreu, Latin,
Que tu sais de leur art et le fort et le fin.
Quiconque est riche est tout : sans sagesse il est sage ;
Il a, sans rien savoir, la science en partage.
Il a l'esprit, le cœur, le mérite, le rang,
La vertu, la valeur, la dignité, le sang.
Il est aimé des grands, il est chéri des belles :
Jamais surintendant ne trouva de cruelles.
L'or même à la laideur donne un teint de beauté ;
Mais tout devient affreux avec la pauvreté.
C'est ainsi qu'à son fils un usurier habile
Trace vers la richesse une route facile ;
Et souvent tel y vient, qui sait, pour tout secret,
Cinq et quatre sont neuf ; ôtez deux, reste sept.

Après cela, Docteur, va pâlir sur la Bible ;
Va marquer les écueils de cette mer terrible ;
Perce la sainte horreur de ce livre divin ;
Confonds dans un ouvrage et Luther et Calvin :
Débrouille des vieux temps les querelles célèbres ;
Eclaircis des Rabins les savantes ténèbres,
Afin qu'en ta vieillesse, un livre en maroquin

Aille offrir ton travail à quelque heureux faquin,
Qui, pour digne loyer de la Bible éclaircie,
Te paye, en l'acceptant, d'un, *Je vous remercie.*
Ou, si ton cœur aspire à des honneurs plus grands,
Quitte-là le bonnet, la Sorbonne et les bancs;
Et, prenant désormais un emploi salutaire,
Mets-toi chez un banquier, ou bien chez un notaire,
Laisse-là saint Thomas s'accorder avec Scot;
Et conclus avec moi qu'un Docteur n'est qu'un sot.
Un Docteur, diras-tu? Parlez de vous, poëte:
C'est pousser un peu loin votre Muse indiscrète.
Mais, sans perdre en discours le temps hors de saison,
L'homme, venez au fait, n'a-t-il pas la raison?
N'est-ce pas son flambeau, son pilote fidèle?
Oui : Mais de quoi lui sert que sa voix le rappelle,
Si, sur la foi des vents, tout prêt à s'embarquer,
Il ne voit point d'écueil, qu'il ne l'aille choquer?
Et que sert à Cotin la raison qui lui crie,
N'écris plus, guéris-toi d'une vaine furie,
Si tous ces vains conseils, loin de la réprimer,
Ne font qu'accroître en lui la fureur de rimer?
Tous les jours de ses vers, qu'à grand bruit il récite,
Il met chez lui voisins, parens, amis en fuite;
Car lorsque son démon commence à l'agiter,
Tout, jusqu'à sa servante, est prêt à déserter.
Un âne, pour le moins, instruit par la nature,
A l'instinct qui le guide obéit sans murmure,
Ne va point follement de sa bizarre voix
Défier aux chansons les oiseaux dans les bois.
Sans voir la raison, il marche sur sa route;
L'homme seul, qu'elle éclaire, en plein jour ne voit
    goute,

## SATIRE VIII.

Réglé par ses avis, fait tout à contre-temps,
Et dans tout ce qu'il fait, n'a ni raison ni sens.
Tout lui plaît et déplaît, tout le choque et l'oblige.
Sans raison il est gai, sans raison il s'afflige.
Son esprit au hasard aime, évite, poursuit,
Défait, refait, augmente, ôte, élève, détruit.
Et voit-on, comme lui, les ours ni les panthères,
S'effrayer sottement de leurs propres chimères ?
Plus de douze attroupés craindre le nombre impair,
Ou croire qu'un corbeau les menace dans l'air ?
Jamais l'homme, dis-moi, vit-il la bête folle
Sacrifier à l'homme, adorer son idole,
Lui venir, comme au Dieu des saisons et des vents,
Demander à genoux la pluie ou le beau temps ?
Non. Mais cent fois la bête a vu l'homme hypo-
  condre,
Adorer le métal que lui-même il fit fondre ;
A vu, dans un pays, les timides mortels,
Trembler aux pieds d'un singe assis sur leurs autels ;
Et sur les bords du Nil les peuples imbéciles,
L'encensoir à la main, chercher les Crocodiles.
 Mais pourquoi, diras-tu, cet exemple odieux ?
Que peut servir ici l'Egypte et ses faux dieux ?
Quoi, me prouverez-vous, par ce discours profane,
Que l'homme, qu'un Docteur est au-dessous d'un
  âne,
Un âne, le jouet de tous les animaux ;
Un stupide animal, sujet à mille maux ;
Dont le nom seul en soi comprend une satire ?
Oui, d'un âne ; et qu'a-t-il qui nous excite à rire ?
Nous nous moquons de lui ; mais s'il pouvait un jour,

Docteur, sur nos défauts s'exprimer à son tour ;
Si, pour nous réformer, le ciel prudent et sage
De la parole enfin lui permettait l'usage;
Qu'il pût dire tout haut ce qu'il se dit tout bas:
Ah! Docteur, entre nous, que ne dirait-il pas?
Et que peut-il penser, lorsque dans une rue,
Au milieu de Paris il promène sa vue,
Qu'il voit de toutes parts les hommes bigarrés,
Les uns gris, les uns noirs, les autres chamarrés?
Que dit-il, quand il voit, avec la mort en trousse,
Courir chez un malade un assassin en housse:
Qu'il trouve de pédans un escadron fourré,
Suivi par un Recteur de bedeaux entouré:
Ou qu'il voit la Justice, en grosse compagnie,
Mener tuer un homme avec cérémonie?
Que pense-t-il de nous, lorsque, sur le midi,
Un hasard au Palais le conduit un jeudi;
Lorsqu'il entend de loin, d'une gueule infernale,
La chicane en fureur mugir dans la grand'salle?
Que dit-il quand il voit les juges, les huissiers,
Les clercs, les procureurs, les sergens, les greffiers?
O que si l'âne alors, à bon droit misanthrope,
Pouvait trouver la voix qu'il eut au temps d'Esope,
De tous côtés, Docteur, voyant les hommes fous;
Qu'il dirait de bon cœur, sans en être jaloux,
Content de ses chardons, et secouant la tête:
Ma foi, non plus que nous, l'homme n'est qu'une
bête !

# SATIRE IX.

*Cette Satire est entièrement dans le goût d'Horace; M. Despréaux, sous prétexte de censurer ses propres défauts, y tourne adroitement en ridicule une foule d'Auteurs qui s'étaient servis des expressions les plus grossières, en critiquant la liberté qu'il s'était donnée de nommer, dans ses premières satires, des auteurs encore vivans. Il la composa en 1667; mais il ne la fit imprimer que l'année suivante.*

C'est à vous, mon esprit, à qui je veux parler :
Vous avez des défauts que je ne puis céler !
Assez et trop long-temps ma lâche complaisance,
De vos jeux criminels a nourri l'insolence.
Mais puisque vous poussez ma patience à bout,
Une fois en ma vie il faut vous dire tout.
  On croirait à vous voir, dans vos libres caprices,
Discourir en Caton des vertus et des vices,
Décider du mérite et du prix des auteurs,
Et faire impunément la leçon aux Docteurs,
Qu'étant seul à couvert des traits de la satire,
Vous avez tout pouvoir de parler et d'écrire.
Mais moi, qui dans le fond sais bien ce que j'en crois,
Qui compte tous les jours vos défauts par mes doigts,

Je ris, quand je vous vois, si faible et si stérile,
Prendre sur vous le soin de réformer la ville ;
Dans vos discours chagrins, plus aigre et plus mordant,
Qu'une femme en furie, et Gautier en plaidant.
Mais répondez un peu. Quelle verve indiscrète,
Sans l'aveu des neuf Sœurs, vous a rendu poëte ?
Sentiez-vous, dites-moi, ces violens transports,
Qui d'un esprit divin font mouvoir les ressorts !
Qui vous a pu souffler une si folle audace ?
Phébus a-t-il pour vous applani le Parnasse ?
Et ne savez-vous pas que, sur ce mont sacré,
Qui ne vole au sommet, tombe au plus bas degré :
Et qu'à moins d'être au rang d'Horace et de Voiture,
On rampe dans la fange avec l'abbé de Pure ?

Que si tous mes efforts ne peuvent réprimer
Cet ascendant malin, qui vous force à rimer ;
Sans perdre en vains discours tout le fruit de vos veilles,
Osez chanter du Roi les augustes merveilles.
Là, mettant à profit vos caprices divers,
Vous verriez tous les ans fructifier vos vers ;
Et, par l'espoir du gain, votre Muse animée,
Vendrait au poids de l'or une once de fumée.
Mais en vain, dites-vous, je pense vous tenter
Par l'éclat d'un fardeau trop pesant à porter.
Tout chantre ne peut pas, sur le ton d'un Orphée,
Entonner en grands vers, *la discorde étouffée* ;
Peindre *Bellone en feu tonnant de toutes parts*,
Et *le Belge effrayé fuyant sur ses remparts*.

## SATIRE IX.

Sur un ton si hardi, sans être téméraire,
Racan pourrait chanter sur le ton d'un Homère ;
Mais pour Colin et moi, qui rimons au hasard,
Que l'amour de blâmer fit poëtes, par art,
Quoiqu'un tas de grimauds vante notre éloquence,
Le plus sûr est, pour nous, de garder le silence.
Un poëme insipide et sottement flatteur,
Déshonore à-la-fois le héros et l'auteur :
Enfin, de tels projets passent notre faiblesse.
Ainsi parle un esprit languissant de mollesse,
Qui, sous l'humble dehors d'un respect affecté,
Cache le noir venin de sa malignité.
Mais dussiez-vous en l'air voir vos ailes fondues,
Ne valait-il pas mieux vous perdre dans les nues,
Que d'aller sans raison, d'un style peu chrétien,
Faire insulte, en rimant, à qui ne vous dit rien ;
Et du bruit dangereux d'un livre téméraire,
A vos propres périls enrichir le libraire.

 Vous vous flattez peut-être en votre vanité,
D'aller, comme un Horace, à l'immortalité :
Et déjà vous croyez dans vos rimes obscures,
Aux Saumaises futurs préparer des tortures.
Mais combien d'écrivains, d'abord si bien reçus,
Sont de ce fol espoir honteusement déçus ?
Combien, pour quelques mois, ont vu fleurir leur
   livre,
Dont les vers en paquet se vendent à la livre ?
Vous pourrez voir un temps vos écrits estimés,
Courir de main en main par la ville semés,
Puis de là, tout poudreux, ignorés sur la terre,
Suivre chez l'épicier Neuf-Germain et la Serre :

Ou de trente feuillets réduits peut-être à neuf,
Parer, demi-rongés, les rebords du Pont-Neuf.
Le bel honneur pour vous, en voyant vos ouvrages
Occuper le loisir des laquais et des pages,
Et souvent dans un coin renvoyés à l'écart,
Servir de second tome aux airs du Savoyard !

Mais je veux que le sort, par un heureux caprice,
Fasse de vos écrits prospérer la malice,
Et qu'enfin votre livre aille, au gré de vos vœux,
Faire siffler Cotin chez nos derniers neveux :
Que vous sert-il qu'un jour l'avenir vous estime,
Si vos vers aujourd'hui vous tiennent lieu de crime,
Et ne produisent rien, pour fruits de leurs bons
    mots,
Que l'effroi du public, et la haine des sots ?
Quel démon vous irrite, et vous porte à médire ?
Un livre vous déplaît : qui vous force à le lire ?
Laissez mourir un fat dans son obscurité :
Un auteur ne peut-il pourir en sûreté ?
Le Jonas inconnu sèche dans la poussière ;
Le David imprimé n'a point vu la lumière ;
Le Moïse commence à moisir par les bords ;
Quel mal cela fait-il ? Ceux qui sont morts sont
    morts.
Le tombeau contre vous ne peut-il les défendre ?
Et qu'ont fait tant d'auteurs, pour remuer leur
    cendre ?
Que vous ont fait Perrin, Bardin, Pradon, Hainaut,
Colletet, Pelletier, Titreville, Quinaut,
Dont les noms en cent lieux, placés comme en
    leurs niches,

## SATIRE IX.

Vont de vos vers malins remplir les hémistiches ?
Ce qu'ils font vous ennuie. O le plaisant détour !
Ils ont bien ennuyé le Roi, toute la Cour,
Sans que le moindre édit ait, pour punir leur crime,
Retranché les auteurs, ou supprimé la rime.
Ecrive qui voudra : chacun à ce métier
Peut perdre impunément de l'encre et du papier.
Un Roman, sans blesser les lois ni la coutume,
Peut conduire un héros au dixième volume.
De là vient que Paris voit chez lui de tout temps,
Les auteurs à grands flots déborder tous les ans,
Et n'a point de portail, où, jusques aux corniches,
Tous les piliers ne soient enveloppés d'affiches.
Vous seul plus dégoûté, sans pouvoir et sans nom,
Viendrez régler les droits et l'état d'Apollon !
Mais vous qui rafinez sur les écrits des autres,
De quel œil pensez-vous qu'on regarde les vôtres?
Il n'est rien, en ce temps, à couvert de vos coups;
Mais savez-vous aussi comme on parle de vous?

 Gardez-vous, dira l'un, de cet esprit critique :
On ne sait, bien souvent, quelle mouche le pique.
Mais c'est un jeune fou, qui se croit tout permis,
Et qui, pour un bon mot, va perdre vingt amis.
Il ne pardonne pas aux vers de la Pucelle,
Et croit régler le monde au gré de sa cervelle.
Jamais dans le barreau trouva-t-il rien de bon ?
Peut-on si bien prêcher qu'il ne dorme au sermon ?
Mais lui, qui fait ici le régent du Parnasse,
N'est qu'un gueux revêtu des dépouilles d'Horace.
Avant lui, Juvénal avait dit en Latin,
*Qu'on est assis à l'aise aux Sermons de Cotin.*

L'un et l'autre, avant lui, s'étaient plaints de la rime.
Il cherche à se couvrir de ces noms glorieux :
J'ai peu lu les auteurs ; mais tout n'irait que mieux,
Quand de ces médisans l'engeance toute entière
Irait, la tête en bas, rimer dans la rivière.
Voilà comme on vous traite ; et le monde effrayé,
Vous regarde déjà comme un homme noyé.
En vain quelque rieur, prenant votre défense,
Veut faire au moins de grâce adoucir la sentence.
Rien n'appaise un lecteur toujours tremblant d'effroi,
Qui voit peindre en autrui ce qu'il remarque en soi.
Vous ferez-vous toujours des affaires nouvelles ?
Et faudra-t-il sans cesse essuyer des querelles ?
N'entendrai-je qu'auteurs se plaindre et murmurer ?
Jusqu'à quand vos fureurs doivent-elles durer ?
Répondez, mon esprit, ce n'est plus raillerie ;
Dites.... Mais, direz-vous, pourquoi cette furie ?
Quoi, pour un maigre auteur que je glose en passant,
Est-ce un crime, après tout, et si noir et si grand ?
Eh ! qui, voyant un fat s'applaudir d'un ouvrage
Où la droite raison trébuche à chaque page,
Ne s'écrie aussitôt : *L'impertinent auteur !*
*L'ennuyeux écrivain ! le maudit traducteur !*
*A quoi bon mettre au jour tous ces discours frivoles,*
*Et ces riens enfermés dans de grandes paroles ?*
Est-ce donc là médire, ou parler franchement ?
Non, non, la médisance y va plus doucement.

Si l'on vient à chercher par quel sacré mystère
Alidor, à ses frais, bâtit un monastère :
*Alidor*, dit un Fourbe, *il est de mes amis :*
*Je l'ai connu laquais avant qu'il fût commis.*
*C'est un homme d'honneur, de piété profonde,*
*Et qui veut rendre à Dieu ce qu'il a pris au*
   *Monde.*
 Voilà jouer d'adresse, et médire avec art;
Et c'est avec respect enfoncer le poignard.
Un esprit né sans fard, sans basse complaisance,
Fuit ce ton radouci que prend la médisance.
Mais de blâmer des vers ou durs ou languissans,
De choquer un auteur qui choque le bon sens,
De railler un plaisant, qui ne sait pas nous plaire ;
C'est ce que tout lecteur eut toujours droit de faire.
 Tous les jours à la cour un sot de qualité
Peut juger de travers avec impunité :
A Malherbe, à Racan, préférer Théophile,
Et le clinquant du Tasse, à tout l'or de Virgile.
Un clerc, pour quinze sous, sans craindre le holà,
Peut aller au parterre attaquer Attila ;
Et si le Roi des Huns ne lui charme l'oreille,
Traiter de Visigots tous les vers de Corneille.
Il n'est valet d'auteur, ni copiste à Paris,
Qui, la balance en main, ne pèse les écrits.
Dès que l'impression fait éclore un poëte,
Il est esclave né de quiconque l'achète :
Il se soumet lui-même aux caprices d'autrui,
Et ses écrits tout seuls doivent parler pour lui.
Un auteur à genoux, dans une humble préface,
 Au lecteur qu'il ennuie a beau demander grâce ;

Il ne gagnera rien sur ce juge irrité,
Qui lui fait son procès de pleine autorité.
 Et je serai le seul qui ne pourrai rien dire ?
On sera ridicule, et je n'oserai rire ?
Et qu'ont produit mes vers de si pernicieux,
Pour armer contre moi tant d'auteurs furieux ?
Loin de les décrier, je les ai fait paraître ;
Et souvent, sans ces vers qui les ont fait connaître,
Leur talent, dans l'oubli, demeurerait caché.
Et qui saurait sans moi que Cotin a prêché ?
La satire ne sert qu'à rendre un fat illustre.
C'est une ombre au tableau qui lui donne du lustre.
En les blâmant enfin, j'ai dit ce que j'en croi :
Et tel, qui me reprend, en pense autant que moi.
 *Il a tort*, dira l'un, *pourquoi faut-il qu'il nomme ?*
*Attaquer Chapelain ! ah ! c'est un si bon homme.*
*Balzac en fait l'éloge en cent endroits divers.*
*Il est vrai, s'il m'eût cru, qu'il n'eût point fait de vers,*
*Il se tue à rimer ; que n'écrit-il en prose ?*
Voilà ce que l'on dit. Et que dis-je autre chose ?
En blâmant ses écrits, ai-je d'un style affreux
Distillé sur sa vie un venin dangereux ?
Ma Muse, en l'attaquant, charitable et discrète,
Sait de l'homme d'honneur distinguer le poëte.
Qu'on vante en lui la foi, l'honneur, la probité ;
Qu'on prise sa candeur et sa civilité ;
Qu'il soit doux, complaisant, officieux, sincère :
On le veut, j'y souscris, et suis prêt à me taire.
Mais que, pour un modèle, on montre ses écrits,

Qu'il soit le mieux renté de tous les beaux esprits ;
Comme roi des auteurs, qu'on l'élève à l'empire ;
Ma bile alors s'échauffe, et je brûle d'écrire :
Et s'il ne m'est permis de le dire au papier,
J'irai creuser la terre, et comme ce barbier,
Faire dire aux roseaux, par un nouvel organe ;
*Midas, le roi Midas a des oreilles d'âne.*
Quel tort lui fais-je enfin ? ai-je par un écrit
Pétrifié sa veine, et glacé son esprit ?
Quand un livre au Palais se vend et se débite ;
Que chacun, par ses yeux, juge de son mérite ;
Que Bi aine l'étale au deuxième pillier ;
Le dégoût du censeur peut-il le décrier ?
En vain contre le Cid un Ministre se ligue,
Tout Paris pour Chimène a les yeux de Rodrigue ;
L'Académie en corps a beau le censurer ;
Le public révolté s'obstine à l'admirer.
Mais lorsque Chapelain met une œuvre en lumière,
Chaque lecteur d'abord lui devient un Linière ;
En vain il a reçu l'encens de mille auteurs,
Son livre, en paraissant, dément tous ses flatteurs.
Ainsi, sans m'accuser, quand tout Paris le joue,
Qu'il s'en prenne à ses vers que Phébus désavoue ;
Qu'il s'en prenne à sa Muse, Allemande en François.
Mais laissons Chapelain pour la dernière fois.
  La satire, dit-on, est un métier funeste,
Qui plaît à quelques gens, et choque tout le reste.
La suite en est à craindre. En ce hardi métier
La peur plus d'une fois fit repentir Régnier.
Quittez ces vains plaisirs dont l'appas vous abuse :
A de plus doux emplois occupez votre Muse :

Et laissez à Pouillet réformer l'univers.
Et sur quoi donc faut-il que s'exercent mes vers ?
Irai-je dans une ode, en phrases de Malherbe,
*Troubler dans ses roseaux le Danube superbe :*
*Délivrer de Sion le peuple gémissant :*
*Faire trembler Memphis, ou pâlir le Croissant :*
*Et passant du Jourdain les ondes allarmées,*
*Cueillir,* mal-à-propos, *les palmes Idumées ?*
Viendrai-je en une églogue, entouré de troupeaux,
Au milieu de Paris enfler mes chalumeaux ;
Et, dans mon cabinet, assis au pied des hêtres,
Faire dire aux échos des sottises champêtres ?
Faudra-t-il de sang-froid, et sans être amoureux,
Pour quelque Iris en l'air faire le langoureux ;
Lui prodiguer les noms de soleil et d'aurore ;
Et toujours bien mangeant, mourir par métaphore ?
Je laisse aux doucereux ce langage affété,
Où s'endort un esprit de mollesse hébété.

   La satire en leçons, en nouveautés fertile,
Sait seule assaisonner le plaisant et l'utile,
Et d'un vers qu'elle épure aux rayons du bon sens,
Détromper les esprits des erreurs de leur temps.
Elle seule bravant l'orgueil et l'injustice,
Va jusques sous le dais faire pâlir le vice ;
Et souvent sans rien craindre, à l'aide d'un bon
        mot,
Va venger la raison des attentats d'un sot.
C'est ainsi que Lucile, appuyé de Lélie,
Fit justice en son temps des Cotins d'Italie,
Et qu'Horace, jetant le sel à pleines mains,
Se jouait aux dépens des Pelletiers Romains.

C'est elle, qui m'ouvrant le chemin qu'il faut suivre
M'inspira, dès quinze ans, la haine d'un sot livre ;
Et sur ce mont fameux où j'osai la chercher,
Fortifia mes pas, et m'apprit à marcher.
C'est pour elle, en un mot, que j'ai fait vœu d'écrire
  Toutefois, s'il le faut, je veux bien m'en dédire,
Et pour calmer enfin tous ces flots d'ennemis,
Réparer en mes vers les maux qu'ils ont commis.
Puisque vous le voulez, je vais changer de style.
Je le déclare donc: Quinaut est un Virgile.
Pradon comme un soleil en nos ans a paru.
Pelletier écrit mieux qu'Ablancourt ni Patru.
Cotin, à ses sermons traînant toute la terre,
Fend les flots d'auditeurs pour aller à sa chaire.
Sofal est le phénix des esprits relevés.
Perrin.... Bon, mon esprit, courage, poursuivez.
Mais ne voyez-vous pas que leur troupe en furie
Va prendre encor ces vers pour une raillerie ?
Et Dieu sait, aussitôt, que d'auteurs en courroux,
Que de rimeurs blessés s'en vont fondre sur vous !
Vous les verrez bientôt, féconds en impostures,
Amasser contre vous des volumes d'injures,
Traiter en vos écrits chaque vers d'attentat,
Et d'un mot innocent faire un crime d'Etat.
Vous aurez beau vanter le Roi dans vos ouvrages
Et de ce nom sacré sanctifier vos pages ;
Qui méprise Cotin, n'estime point son roi,
Et n'a, selon Cotin, ni Dieu, ni foi, ni loi.
Mais quoi, répondez-vous, Cotin nous peut-
  nuire ?
Et par ses cris enfin que saurait-il produire ?

          4

Interdire à mes vers, dont peut-être il fait cas,
L'entrée aux pensions, où je ne prétends pas ?
Non, pour louer un roi que tout l'univers loue,
Ma langue n'attend point que ma main la dénoue;
Et sans espérer rien de mes faibles écrits,
L'honneur de le louer m'est un trop digne prix.
On me verra toujours, sage dans mes caprices,
De ce même pinceau dont j'ai noirci les vices,
Et peint du nom d'auteur tant de sots revêtus,
Lui marquer mon respect et tracer ses vertus.
Je vous crois, mais pourtant on crie, on vous me-
 nace.
Je crains peu, direz-vous, les braves du Parnasse.
Hé! mon Dieu! craignez tout d'un auteur en cour-
 roux,
Qui peut..... Quoi? Je m'entends. Mais encor?
 Taisez-vous.

# SATIRE X.

*L'auteur entreprend de peindre ici au naturel les défauts que l'on reproche le plus communément aux femmes. La délicatesse du pinceau est aussi remarquable que la variété des portraits. Le Poëte conduit son Lecteur de l'un à l'autre par des transitions ménagées avec tout l'art possible ; c'est ainsi qu'il caractérise successivement la Coquette, la Joueuse, l'Avare, la Bizarre, la Savante, la Précieuse, la Bourgeoise de qualité, la Fausse Dévote, la Pédante, la Plaideuse. Cette Satire fut achevée en 1693, mais elle ne fut publiée que l'année suivante.*

Enfin, bornant le cours de tes galanteries,
Alcippe, il est donc vrai, dans peu tu te maries.
Sur l'argent, c'est tout dire, on est déjà d'accord;
Ton beau-père futur vide son coffre-fort :
Et déjà le notaire a, d'un style énergique,
Griffonné de ton joug l'instrument authentique.
C'est bien fait. Il est temps de fixer tes desirs.
Ainsi que ses chagrins l'hymen a ses plaisirs.
Quelle joie, en effet, quelle douceur extrême
De se voir caresser d'une épouse qu'on aime !
De s'entendre appeler *petit cœur*, ou *mon bon* ;
De voir autour de soi croître dans sa maison,
Sous les paisibles lois d'une agréable mère,
De petits citoyens dont on croit être le père !

Quel charme, au moindre mal qui nous vient menacer,
De la voir aussitôt accourir s'empresser,
S'effrayer d'un péril qui n'a point d'apparence,
Et souvent de douleur se pâmer par avance.
Car tu ne seras point de ces jaloux affreux,
Habiles à se rendre inquiets, malheureux,
Qui tandis qu'une épouse à leurs yeux se désole,
Pensent toujours qu'un autre en secret la console.
  Mais quoi, je vois déjà que ce discours t'aigrit !
Charmé de Juvénal et plein de son esprit,
Venez-vous, diras-tu, dans une pièce outrée,
Comme lui nous chanter : *Que dès le temps de Rhée,*
*La chasteté déjà, la rougeur sur le front,*
*Avait chez les humains reçu plus d'un affront :*
*Qu'on vit avec le fer naître les injustices,*
*L'impiété, l'orgueil, et tous les autres vices,*
*Mais que la bonne foi dans l'amour conjugal,*
*N'alla point jusqu'au temps du troisième métal.*
Ces mots ont, dans sa bouche, une emphase admirable :
Mais je vous dirai, moi, sans alléguer la fable,
Que si, sous Adam même, et loin avant Noé,
Le vice audacieux, des hommes avoué,
A la triste innocence en tous lieux fit la guerre,
Il demeura pourtant de l'honneur sur la terre :
Qu'aux temps les plus féconds en Phrynés, en Laïs,
Plus d'une Pénélope honora son pays ;
Et que, même aujourd'hui, sur ce fameux modèle,
On peut trouver encor quelque femme fidèle.

Sans doute ; et dans Paris, si je sais bien compter,
Il en est jusqu'à trois que je pourrais citer.
Ton épouse dans peu sera la quatrième.
Je le veux croire ainsi. Mais la chasteté même,
Sous ce beau nom d'Epouse, entrât-elle chez toi ;
De retour d'un voyage, en arrivant, crois moi,
Fais toujours du logis avertir la maîtresse.
Tel partit tout baigné des pleurs de sa Lucrèce,
Qui, faute d'avoir pris ce soin judicieux,
Trouva..... Tu sais.... Je sais que d'un conte odieux
Vous avez, comme moi, sali votre mémoire.
Mais laissons-là, dis-tu, Joconde et son histoire.
Du projet d'un hymen déjà fort avancé,
Devant vous aujourd'hui, criminel dénoncé ;
Et mis sur la sellette aux pieds de la critique,
Je vois bien tout de bon qu'il faut que je m'explique.

Jeune autrefois, par vous dans le monde conduit,
J'ai trop bien profité, pour n'être pas instruit
A quels discours malins le mariage expose.
Je sais que c'est un texte où chacun fait sa glose ;
Que des maris trompés tout rit dans l'univers,
Epigrammes, chansons, rondeaux, fables en vers,
Satire, comédie ; et sur cette matière,
J'ai vu tout ce qu'ont fait La Fontaine et Molière :
J'ai lu tout ce qu'ont dit Villon et Saint-Gelais,
Aristote, Marot, Bocace, Rabelais,
Et tous ces vieux recueils de satires naïves,
Des malices du sexe immortelles archives.

Mais, tout bien balancé, j'ai pourtant reconnu,
Que de ces contes vains le monde entretenu,
N'en a pas de l'hymen moins vu fleurir l'usage ;
Que sous ce joug moqué, tout à la fin s'engage :
Qu'à ce commun filet, les railleurs mêmes pris,
Ont été très-souvent de commodes maris ;
Et que, pour être heureux sous ce joug salutaire,
Tout dépend, en un mot, du bon choix qu'on sait faire.
Enfin, il faut ici parler de bonne foi,
Je vieillis, et ne puis regarder sans effroi,
Ces Neveux affamés, dont l'importun visage
De mon bien à mes yeux fait déjà le partage.
Je crois déjà les voir au moment annoncé
Qu'à la fin, sans retour, leur cher oncle est passé,
Sur quelques pleurs forcés, qu'ils auront soin qu'on voie,
Se faire consoler du sujet de leur joie.
Je me fais un plaisir, à ne vous rien céler,
De pouvoir, moi vivant, dans peu les désoler ;
Et trompant un espoir, pour eux si plein de charmes,
Arracher de leurs yeux de véritables larmes.
Vous dirai-je encor plus ? Soit faiblesse ou raison,
Je suis las de me voir le soir en ma maison
Seul avec des valets, souvent voleurs et traîtres,
Et toujours, à coup-sûr, ennemis de leurs maîtres.
Je ne me couche point, qu'aussitôt dans mon lit,
Un souvenir fâcheux n'apporte en mon esprit
Ces histoires de morts lamentables, tragiques,
Dont Paris tous les ans peut grossir ses chroniques.
Dépouillons-nous ici d'une vaine fierté.

## SATIRE X.

Nous naissons, nous vivons pour la société.
A nous-mêmes livrés dans une solitude,
Notre bonheur bientôt fait notre inquiétude ;
Et, si durant un jour, notre premier aïeul,
Plus riche d'une côte avait vécu tout seul,
Je doute en sa demeure, alors si fortunée,
S'il n'eût point prié Dieu d'abréger la journée.
N'allons donc point ici réformer l'univers,
Ni par de vains discours et de frivoles vers,
Etalant au public notre misantropie,
Censurer le lien le plus doux de la vie.
Laissons, croyez-moi, le monde tel qu'il est :
L'hyménée est un joug, et c'est ce qui m'en plaît.
L'homme en ses passions, toujours errant sans guide,
A besoin qu'on lui mette et le mors et la bride :
Son pouvoir malheureux ne sert qu'à le gêner,
Et pour le rendre libre, il le faut enchaîner.
C'est ainsi que souvent la main de Dieu l'assiste.
Ha bon ! voilà parler en docte Janséniste,
Alcippe, et sur ce point si savamment touché,
Desmares, dans saint Roch, n'aurait pas mieux
   prêché.
Mais c'est trop t'insulter, quittons la raillerie,
Parlons sans hiperbole et sans plaisanterie.
Tu viens de mettre ici l'hymen en son beau jour.
Entends donc, et permets que je prêche à mon
   tour.
 L'épouse que tu prends, sans tache en sa con-
  duite,
Aux vertus, m'a-t-on dit, dans Port-Royal ins-
  truite,
Aux loix de son devoir règle tous ses desirs.

Mais qui peut t'assurer, qu'invincible aux plaisirs,
Chez toi, dans une vie ouverte à la licence,
Elle conservera sa première innocence ?
Par toi-même bientôt conduite à l'opéra,
De quel œil penses-tu que ta sainte verra
D'un spectacle enchanteur la pompe harmonieuse,
Ces danses, ces héros à voix luxurieuse ?
Entendra ces discours sur l'amour seul roulans,
Ces doucereux Renauds, ces insensés Rolands :
Saura d'eux qu'à l'amour, comme au seul Dieu suprême,
On doit immoler tout, jusqu'à la vertu même :
Qu'on ne saurait trop tôt se laisser enflammer :
Qu'on n'a reçu du Ciel un cœur que pour aimer :
Et tous ces lieux communs de morale lubrique,
Que Lulli réchauffa des sons de sa musique ?
Mais de quels mouvemens, dans son cœur excités,
Sentira-t-elle alors tous ses sens agités ?
Je ne te réponds pas qu'au retour, moins timide,
Digne écolière enfin d'Angélique et d'Armide,
Elle n'aille à l'instant, pleine de ses doux sons,
Avec quelque Médor pratiquer ces leçons.
 Supposons toutefois, qu'encore fidèle et pure,
Sa vertu de ce choc revienne sans blessure :
Bientôt dans ce grand monde où tu vas l'entraîner,
Au milieu des écueils qui vont l'environner,
Crois-tu que, toujours ferme au bord du précipice,
Elle pourra marcher sans que le pied lui glisse ?
Que toujours insensible aux discours enchanteurs
D'un idolâtre amas de jeunes séducteurs,
Sa sagesse jamais ne deviendra folle ?
D'abord tu la verras, ainsi que dans Clélie,

## SATIRE X.

Recevant ses amans sous le doux nom d'amis,
S'en tenir avec eux aux petits soins permis :
Puis, bientôt en grande eau sur le fleuve de Tendre
Naviguer à souhait, tout dire et tout entendre.
Et ne présume pas que Vénus ou Satan,
Souffre qu'elle en demeure aux termes du roman.
Dans le crime il suffit qu'une fois on débute :
Une chute toujours attire une autre chute :
L'honneur est comme une île escarpée et sans bords,
On n'y peut plus rentrer dès qu'on en est dehors.
Peut-être avant deux ans ardente à te déplaire,
Eprise d'un cadet, ivre d'un mousquetaire,
Nous la verrons hanter les plus honteux brelans,
Donner chez la Cornu rendez-vous aux galans ;
De Phèdre dédaignant la pudeur enfantine,
Suivre à front découvert Z.... et Messaline ;
Conter pour grands exploits vingt hommes ruinés,
Blessés, battus pour elle, et quatre assassinés ;
Trop heureux, si toujours femme désordonnée,
Sans mesure et sans règle au vice abandonnée,
Par cent traits d'impudence aisés à ramasser,
Elle t'acquiert au moins un droit pour la chasser.
   Mais que deviendras-tu, si, folle en son caprice,
N'aimant que le scandale et l'éclat dans le vice,
Bien moins pour son plaisir, que pour t'inquiéter,
Au fond peu vicieuse, elle aime à coqueter ?
Entre nous, verras-tu d'un esprit bien tranquille,
Chez ta femme aborder et la cour et la ville ?
Hormis toi, tout chez toi rencontre un doux
   accueil :
L'un est payé d'un mot et l'autre d'un coup-d'œil.
Ce n'est que pour toi seul qu'elle est fière et chagrine ;

Aux autres elle est douce, agréable, badine:
C'est pour eux qu'elle étale et l'or et le brocard ;
Que chez toi se prodigue et le rouge et le fard,
Et qu'une main savante, avec tant d'artifice,
Bâtit de ses cheveux le galant édifice.
Dans sa chambre, crois-moi, n'entre point tout le jour,
Si tu veux posséder ta Lucrèce à ton tour.
Attends, discret mari, que la belle en cornette
Le soir ait étalé son teint sur sa toilette ;
Et dans quatre mouchoirs de sa beauté salis,
Envoie au blanchisseur ses roses et ses lis.
Alors tu peux entrer : mais, sage en sa présence,
Ne va pas murmurer de sa folle dépense.
D'abord, l'argent en main, paye, vite et comptant.
Mais non : fais mine un peu d'être mécontent,
Pour la voir aussitôt, de douleur oppressée,
Déplorer sa vertu si mal récompensée.
Un mari ne veut pas fournir à ses besoins :
Jamais femme, après tout, a-t-elle coûté moins ?
A cinq cents louis d'or, tout au plus chaque année !
Sa dépense en habits n'est-elle pas bornée ?
Que répondre ? Je vois qu'à de si justes cris,
Toi-même convaincu déjà tu t'attendris,
Tout prêt à la laisser, pourvu qu'elle s'appaise,
Dans ton coffre à pleins sacs puiser tout à son aise.
A quoi bon en effet t'allarmer de si peu ?
Hé, que serait-ce donc, si le démon du jeu,
Versant dans son esprit sa ruineuse rage,
Tous les jours mis par elle à deux doigts du naufrage,

Tu voyais tous tes biens au sort abandonnés,
Devenir le butin d'un pique ou d'un sonnez !
Le doux charme pour toi ! de voir chaque journée
De nobles champions ta femme environnée,
Sur une table longue, et façonnée exprès,
D'un tournois de Bassette ordonner les apprêts :
Ou, si par un arrêt la grossière police,
D'un jeu si nécessaire interdit l'exercice,
Ouvrir sur cette table un champ au Lansquenet,
Ou promener trois dés chassés de son cornet :
Puis sur une autre table avec un air plus sombre,
S'en aller méditer une vole au jeu d'Hombre ;
S'écrier sur un as mal-à-propos jetté,
Se plaindre d'un Gâno qu'on n'a point écouté :
Ou, querellant tout bas le Ciel qu'elle regarde,
A la Bête gémir d'un roi venu sans garde.
Chez elle en ces emplois l'aube du lendemain
Souvent la trouve encor les cartes à la main.
  Alors pour se coucher, les quittant, non sans peine,
Elle plaint le malheur de la Nature humaine,
Qui veut qu'en un sommeil, où tout s'ensevelit,
Tant d'heures, sans jouer, se consument au lit.
Toutefois en partant la troupe la console,
Et d'un prochain retour chacun donne parole.
C'est ainsi qu'une femme en doux amusemens
Sait du temps qui s'envole employer les momens ;
C'est ainsi que souvent, par une forcenée,
Une triste famille à l'Hôpital traînée,
Voit ses biens en décret sur tous les murs écrits,
De sa déroute illustre effrayer tout Paris.
  Mais que plutôt son jeu mille fois te ruine,

Que si la famélique et honteuse Lésine,
Venant mal-à-propos la saisir au collet,
Elle te réduisait à vivre sans valet,
Comme ce Magistrat de hideuse mémoire,
Dont je veux bien ici te crayonner l'histoire.
    Dans la robe on vantait son illustre maison ;
Il était plein d'esprit, de sens et de raison ?
Seulement pour l'argent un peu trop de faiblesse,
De ses vertus en lui ravalait la noblesse.
Sa table toutefois, sans superfluité,
N'avait rien que d'honnête en sa frugalité.
Chez lui deux bons chevaux de pareille encolure,
Trouvaient dans l'écurie une pleine pâture ;
Et du foin que leur bouche au râtelier laissait,
De surcroît une mule encor se nourrissait.
Mais cette soif de l'or, qui le brûlait dans l'âme,
Le fit enfin songer à choisir une femme ;
Et l'honneur dans ce choix ne fut point regardé.
Vers son triste penchant son naturel guidé,
Le fit dans une avare et sordide famille,
Chercher un monstre affreux sous l'habit d'une
    fille,
Et sans trop s'enquérir d'où la laide venait,
Il sut, ce fut assez, l'argent qu'on lui donnait.
    Rien ne le rebuta ; ni sa vue éraillée,
Ni sa masse de chair bizarrement taillée ;
Et trois cents mille francs, avec elle obtenus,
La firent à ses yeux plus belle que Vénus.
Il l'épouse ; et bientôt son hôtesse nouvelle,
Le prêchant, lui fit voir qu'il était, auprès d'elle,
Un vrai dissipateur, un parfait débauché.
Lui-même le sentit, reconnut son péché,

Se confessa prodigue, et plein de repentance,
Offrit, sur ses avis, de régler sa dépense.
Aussitôt de chez eux tout rôti disparut.
Le pain bis renfermé d'une moitié décrut.
Les deux chevaux, la mule, au marché s'envolèrent,
Deux grands laquais, à jeun, sur le soir s'en allèrent.
De ces coquins déjà l'on se trouvait lassé,
Et, pour n'en plus revoir, le reste fut chassé;
Deux servantes déjà largement souffletées,
Avaient, à coups de pieds, descendu les montées,
Et se voyant enfin hors de ce triste lieu,
Dans la rue en avaient rendu grâces à Dieu.
Un vieux valet restait seul, chéri de son maître,
Que toujours il servit, et qu'il avait vu naître,
Et qui de quelque somme amassée au bon temps,
Vivait encor chez eux, partie à ses dépens.
Sa vue embarrassait : il fallut s'en défaire ;
Il fut de la maison chassé comme un corsaire.
Voilà nos deux époux sans valets, sans enfans,
Tous seuls dans leurs logis, libres et triomphans :
Alors on ne mit plus de borne à la lésine ;
On condamna la cave, on ferma la cuisine.
Pour ne s'en point servir aux plus rigoureux mois,
Dans le fond d'un grenier on séquestra le bois.
L'un et l'autre dès lors vécut à l'aventure
Des présens, qu'à l'abri de la magistrature,
Le mari quelquefois des plaideurs extorquait,
Ou de ce que la femme aux voisins escroquait.
  Mais pour bien mettre ici leur crasse en tout son lustre,
Il faut voir du logis sortir ce couple illustre ;

Il faut voir le mari tout poudreux, tout souillé,
Couvert d'un vieux chapeau de cordon dépouillé,
Et de sa robe, en vain de pièces rajeunie,
A pied dans les ruisseaux traînant l'ignominie.
Mais qui pourrait compter le nombre de haillons,
De pièces, de lambeaux, de sales guenillons,
De chiffons ramassés dans la plus noire ordure,
Dont la femme aux bons jours composait sa parure ?
Décrirai-je ses bas en trente endroits percés ;
Ses souliers grimaçant vingt fois rapetassés,
Ses coëffes, d'où pendait au bout d'une ficelle
Un vieux masque pelé, presqu'aussi hideux qu'elle ?
Peindrai-je son jupon bigarré de latin,
Qu'ensemble composaient trois thèses de satin ;
Présent qu'en un procès sur certain privilége,
Firent à son mari les régens d'un collége ;
Et qui, sur cette juppe, à maint rieur encor
Derrière elle faisait lire *Argumentabor*.
Mais peut-être j'invente une fable frivole.
Démens donc tout Paris, qui prenant la parole,
Sur ce sujet encor de bons témoins pourvu,
Tout prêt à le prouver, te dira: Je l'ai vu ;
Vingt ans j'ai vu ce couple uni d'un même vice,
A tous mes habitans montrer que l'avarice
Peut faire, dans les biens, trouver la pauvreté,
Et nous réduire à pis que la mendicité.
Des voleurs qui, chez eux, pleins d'espérance entrèrent ;
De cette triste vie enfin les délivrèrent :
Digne et funeste fruit du nœud le plus affreux,
Dont l'Hymen ait jamais uni deux malheureux.
 Ce récit passe un peu l'ordinaire mesure,

Mais un exemple enfin si digne de censure,
Peut-il dans la satire occuper moins de mots ?
Chacun sait son métier ; suivons notre propos.
Nouveau prédicateur aujourd'hui, je l'avoue,
Ecolier, ou plutôt singe de Bourdaloue,
Je me plais à remplir mes sermons de portraits.
En voilà déjà trois, peints d'assez heureux traits,
La femme sans honneur, la coquette et l'avare,
Il faut encore y joindre la revêche bizarre,
Qui sans cesse, d'un ton par la colère aigri,
Gronde, choque, dément, contredit un mari.
Il n'est point de repos ni de paix avec elle :
Son mariage n'est qu'une longue querelle.
Laisse-t-elle un instant respirer son époux ?
Ses valets sont d'abord l'objet de son courroux ;
Et sur le ton grondeur, lorsqu'elle les harangue,
Il faut voir de quels mots elle enrichit la langue.
Ma plume ici, traçant ces mots par alphabet,
Pourrait d'un nouveau tome augmenter Richelet.
Tu crains peu d'essuyer cette étrange furie :
En trop bon lieu, dis-tu, ton épouse nourrie,
Jamais de tels discours ne te rendra martyr.
Mais eût-elle sucé la raison dans Saint-Cyr,
Crois-tu que d'une fille humble, honnête, charmante,
L'Hymen n'ait jamais fait de femme extravagante ?
Combien n'a-t-on point vu de belles aux doux yeux,
Avant le mariage, anges si gracieux,
Tout-à-coup se changeant en bourgeoises sauvages,
Vrais démons, apporter l'enfer dans leurs ménages,
Et découvrant l'orgueil de leurs rudes esprits,
Sous leur fontange altière asservir leurs maris ?
Et puis, quelque douceur dont brille ton épouse,

Penses-tu, si jamais elle devient jalouse,
Que son âme livrée à ses tristes soupçons,
De la raison encor écoute les leçons?
Alors, Alcippe, alors tu verras ses œuvres;
Résous-toi, pauvre époux, à vivre de couleuvres!
A la voir tous les jours, dans ses fougueux accès,
A ton geste, à ton rire intenter un procès:
Souvent de ta maison, gardant les avenues,
Les cheveux hérissés, t'attendre au coin des rues,
Te trouver en des lieux de vingt portes fermés,
Et partout où tu vas, dans ses yeux enflammés,
T'offrir non pas d'Isis la tranquille Euménide,
Mais la vraie Alecto peinte dans l'Enéide,
Un tison à la main, chez le roi Latinus,
Soufflant sa rage au sein d'Amate et de Turnus.
Mais quoi? je chausse ici le cothurne tragique.
Reprenons au plutôt le brodequin comique,
Et d'objets moins affreux songeons à te parler.
Dis-moi donc, laissant là cette folle hurler,
T'accoutumes-tu mieux de ces douces Ménades,
Qui, dans leurs vains chagrins, sans mal toujours
    malades,
Se font, des mois entiers sur un lit effronté,
Traiter d'une visible et parfaite santé?
Et douze fois par jour, dans leur molle indolence,
Aux yeux de leurs maris tombent en défaillance?
Quel sujet, dira l'un, peut donc si fréquemment
Mettre ainsi cette belle au bord du monument?
La Parque ravissant ou son fils ou sa fille,
A-t-elle moissonné l'espoir de sa famille?
Non, il est question de réduire un mari,
A chasser un valet dans la maison chéri,

Et qui, parce qu'il plaît, a trop su lui déplaire ;
Ou de rompre un voyage utile et nécessaire,
Mais qui la priverait huit jours de ses plaisirs,
Et qui loin d'un galant, objet de ses desirs...
O ! que pour la punir de cette comédie,
Ne lui vois-je une vraie et triste maladie !
Mais, ne nous fâchons point : peut-être avant deux jours,
Courtois et Denyau, mandés à son secours,
Digne ouvrage de l'art dont Hippocrate traite,
Lui sauront bien ôter cette santé d'athlète :
Pour consumer l'humeur qui fait son embonpoint,
Lui donner sagement le mal qu'elle n'a point ;
En suyant de Fagon les maximes énormes,
Au tombeau mérité la mettre dans les formes.
Dieu veuille avoir son âme, et nous délivrer d'eux !
Pour moi, grand ennemi de leur art hasardeux,
Je ne puis cette fois que je ne les excuse.
Mais à quels vains discours est-ce que je m'amuse ?
Il faut sur des sujets plus grands, plus curieux,
Attacher de ce pas ton esprit et tes yeux.
Qui s'offrira d'abord ? Bon, c'est cette savante,
Qu'estime Roberval, et que Sauveur fréquente.
D'où vient qu'elle a l'œil trouble et le teint si terni ?
C'est que sur le calcul, dit-on, de Cassini,
Un astrolabe en main, elle a dans sa gouttière,
A suivre Jupiter, passé la nuit entière.
Gardons de la troubler : sa science, je croi,
Aura pour s'occuper ce jour plus d'un emploi.
D'un nouveau microscope on doit en sa présence
Tantôt chez Daléncé faire l'expérience ;
Puis d'une femme morte avec son embrion,

Il faut chez Duverney voir la dissection.
Rien n'échappe aux regards de notre curieuse.
Mais qui vient sur ses pas ? C'est une Précieuse,
Reste de ces esprits jadis si renommés,
Que, d'un coup de son art, Molière a diffamés.
De tous leurs sentimens cette noble héritière
Maintient encore ici leur secte façonnière.
C'est chez elle toujours que les fades auteurs
S'en vont se consoler du mépris des lecteurs.
Elle y reçoit leur plainte, et sa docte demeure,
Aux Perrins, aux Coras, est ouverte à toute heure;
Là, du faux bel-esprit se tiennent les bureaux:
Là, tous les vers sont bons, pourvu qu'ils soient
    nouveaux.
Au mauvais goût public la belle y fait la guerre,
Plaint Pradon opprimé des sifflets du parterre,
Rit des vains amateurs du grec et du latin,
Dans la balance met Aristote et Cotin;
Puis d'une main encor plus fine et plus habile,
Pèse sans passion Chapelain et Virgile,
Remarque en ce dernier beaucoup de pauvreté,
Mais pourtant confessant qu'il a quelque beauté;
Ne trouve en Chapelain, quoi qu'ait dit la satire,
Autre défaut, sinon qu'on ne saurait le lire;
Et pour faire goûter son livre à l'univers,
Croit qu'il faudrait en prose y mettre tous les vers.

  A quoi bon m'étaler cette bizarre école,
Du mauvais sens, dis-tu, prêché par une folle?
De livres et d'écrits, bourgeois admirateur,
Vais-je épouser ici quelque apprentie auteur?
Savez-vous que l'épouse avec qui je me lie,
Compte entre ses parens des princes d'Italie?

Sort d'aïeux dont les noms...... Je t'entends et je vo
D'où vient que tu t'es fait secrétaire du Roi :
Il fallait de ce titre appuyer ta naissance.
Cependant t'avoûrai-je ici mon insolence ?
Si quelque objet pareil chez moi, deçà les monts,
Pour m'épouser entrait avec tous ces grands noms,
Le sourcil rehaussé d'orgueilleuses chimères,
Je lui dirais bientôt : Je connais tous vos pères ;
Je sais qu'ils ont brillé dans ce fameux combat,
Où, sous l'un des Valois, Anguien sauva l'Etat.
D'Hozier n'en convient pas : mais, quoi qu'il en puiss
   être,
Je ne suis point si sot que d'épouser mon maître.
Ainsi donc au plutôt délogeant de ces lieux,
Allez, princesse, allez, avec tous vos aïeux,
Sur le pompeux débris des lances espagnoles,
Coucher, si vous voulez, aux champs de Cérisoles :
Ma maison ni mon lit ne sont point faits pour vous.

 J'admire, poursuis-tu, votre noble courroux ;
Souvenez-vous pourtant que ma famille illustre,
De l'assistance au sceau ne tire point son lustre ;
Et que, né dans Paris de magistrats connus,
Je ne suis point ici de ces nouveaux venus,
De ces nobles sans nom, que par plus d'une voie,
La province souvent en guêtres nous envoie.
Mais eussé-je comme eux des meûniers pour parens,
Mon épouse vint-elle encor d'aïeux plus grands,
On ne la verrait point, vantant son origine,
A son triste mari reprocher la farine.
Son cœur toujours nourri dans la dévotion,
De trop bonne heure apprit l'humiliation :
Et pour vous détromper de la pensée étrange,

Que l'hymen aujourd'hui la corrompe et la change,
Sachez qu'en notre accord elle a, pour premier
    point,
Exigé qu'un époux ne la contraindrait point
A traîner après elle un pompeux équipage,
Ni surtout de souffrir, par un profane usage,
Qu'à l'église jamais, devant le Dieu jaloux,
Un fastueux carreau soit vu sous ses genoux.
Telle est l'humble vertu qui, dans son âme em-
    preinte.....
Je le vois bien, tu vas épouser une sainte :
Et dans tout ce grand zèle il n'est rien d'affecté.
Sais-tu bien cependant, sous cette humilité,
L'orgueil que quelquefois nous cache une bigote,
Alcippe, et connais-tu la nation dévote ?
Il te faut de ce pas en tracer quelques traits,
Et par ce grand portrait finir tous mes portraits.
  A Paris, à la Cour, on trouve, je l'avoue,
Des femmes dont le zèle est digne qu'on le loue,
Qui s'occupent du bien en tout tems, en tout lieu.
J'en sais une chérie et du monde et de Dieu,
Humble dans les grandeurs, sage dans la fortune,
Qui gémit, comme Esther, de sa gloire importune,
Que le vice lui-même est contraint d'estimer,
Et que, sur ce tableau, d'abord tu vas nommer.
Mais pour quelques vertus, si pures, si sincères,
Combien y trouve-t-on d'impudentes faussaires,
Qui, sous un vain dehors d'austère piété,
De leurs crimes secrets cherchent l'impunité,
Et couvrent de Dieu même, empreint sur leur visage,
De leurs honteux plaisirs l'affreux libertinage ?
N'attends pas qu'à tes yeux j'aille ici l'étaler ;

Il vaut mieux le souffrir que de le dévoiler.
De leurs galans exploits les Bussis, les Brantomes,
Pourraient avec plaisir te compiler des tomes ;
Mais pour moi, dont le front trop aisément rougit,
Ma bouche a déjà peur de t'en avoir trop dit.
Rien n'égale en fureur, en monstrueux caprices,
Une fausse vertu qui s'abandonne aux vices.

  De ces femmes pourtant l'hypocrite noirceur,
Au moins pour un mari garde quelque douceur.
Je les aime encor mieux qu'une bigote altière,
Qui, dans son sot orgueil, aveugle et sans lumière,
A peine sur le seuil de la dévotion,
Pense atteindre au sommet de la perfection :
Qui du soin qu'elle prend de me gêner sans cesse,
Va quatre fois par mois se vanter à confesse ;
Et les yeux vers le ciel, pour se le faire ouvrir,
Offre à Dieu les tourmens qu'elle me fait souffrir.

  Sur cent pieux devoirs aux Saints elle est égale.
Elle lit Rodriguez, fait l'oraison mentale,
Va pour les malheureux quêter dans les maisons,
Hante les hôpitaux, visite les prisons,
Tous les jours à l'église entend jusqu'à six messes ;
Mais de combattre en elle, et dompter ses faiblesses,
Sur le fard, sur le jeu, vaincre sa passion,
Mettre un frein à son luxe, à son ambition,
Et soumettre l'orgueil de son esprit rebelle ;
C'est ce qu'en vain le ciel voudrait exiger d'elle.
Et peut-il, dira-t-elle, en effet l'exiger ?
Elle a son directeur ; c'est à lui d'en juger.
Il faut sans différer, savoir ce qu'il en pense.
Bon ! vers nous à propos je le vois qui s'avance.
Qu'il paraît bien nourri ! quel vermillon ! quel teint !

Le printemps dans sa fleur sur son visage est peint.
Cependant, à l'entendre, il se soutient à peine,
Il eut encor hier la fièvre et la migraine :
Et sans les prompts secours qu'on prit soin d'apporter,
Il serait sur son lit peut-être à tremblotter.
Mais de tous les mortels, grâce aux dévotes âmes,
Nul n'est si bien soigné qu'un directeur de femmes.
Quelque léger dégoût vient-il le travailler ?
Une froide vapeur le fait-elle bâiller ?
Un escadron coëffé d'abord court à son aide :
L'une chauffe un bouillon, l'autre apprête un remède,
Chez lui sirops exquis, ratafias vantés,
Confitures surtout volent de tous côtés ;
Car de tous mets sucrés, secs, en pâte, ou liquides,
Les estomacs dévots toujours furent avides :
Le premier masse-pain pour eux, je crois, se fit,
Et le premier citron à Rouen fut confit.
Notre docteur bientôt va lever tous ses doutes,
Du paradis, pour elle, il applanit les routes,
Et loin, sur ses défauts, de la mortifier,
Lui-même prend le soin de la justifier.
Pourquoi vous allarmer d'une vaine censure ?
Du rouge qu'on vous voit, on s'étonne, on murmure ;
Mais a-t-on, dira-t-il, sujet de s'étonner ?
Est-ce qu'à faire peur on veut vous condamner ?
Aux usages reçus il faut qu'on s'accommode ;
Une femme surtout doit tribut à la mode.
L'orgueil brille, dit-on, sur vos habits ;
L'œil à peine soutient l'éclat de vos rubis ;

Dieu veut-il qu'on étale un luxe si profane ?
Oui, lorsqu'à l'étaler notre rang nous condamne.
Mais ce grand jeu chez vous, comment l'autoriser!
Le jeu fut de tout tems permis pour s'amuser.
On ne peut pas toujours travailler, prier, lire ;
Il vaut mieux s'occuper à jouer qu'à médire.
Le plus grand jeu joué dans cette intention,
Peut même devenir une bonne action.
Tout est sanctifié par une âme pieuse.
Vous êtes, poursuit-on, avide, ambitieuse,
Sans cesse vous brûlez de voir tous vos parens
Engloutir à la Cour, charges, dignités, rangs.
Votre bon naturel en cela pour eux brille ;
Dieu ne nous défend point d'aimer notre famille.
D'ailleurs tous vos parens sont sages, vertueux :
Il est bon d'empêcher ces emplois fastueux
D'être donnés peut-être à des âmes mondaines,
Eprises du néant des vanités humaines.
Laissez-là, croyez-moi, gronder les indévots ;
Et sur votre salut demeurez en repos.
    Sur tous ces points douteux c'est ainsi qu'il pro-
       nonce.
Alors, croyant d'un ange entendre la réponse,
Sa dévote s'incline, et calmant son esprit,
A cet ordre d'en-haut sans réplique souscrit.
Ainsi, pleine d'erreurs, qu'elle croit légitimes,
Sa tranquille vertu conserve tous ses crimes,
Dans un cœur tous les jours nourri du sacrement,
Maintient la vanité, l'orgueil, l'entêtement,
Et croit que devant Dieu ses fréquens sacriléges
Sont, pour entrer au ciel, d'assurés priviléges.
Voilà les dignes fruits des soins de son docteur.

Encore est-ce beaucoup, si ce guide imposteur,
Par les chemins fleuris d'un charmant Quiétisme
Tout-à-coup l'amenant au vrai Molinosisme,
Il ne lui fait bientôt, aidé de Lucifer,
Goûter en Paradis les plaisirs de d'enfer.
  Mais, dans ce doux état, molle, délicieuse,
La hais-tu plus, dis-moi, que cette bilieuse,
Qui follement outrée en sa sévérité,
Baptisant son chagrin du nom de piété,
Dans sa charité fausse, où l'amour-propre abonde,
Croit que c'est aimer Dieu que haïr tout le monde;
Il n'est rien où d'abord son soupçon attaché
Ne présume du crime, et ne trouve un péché.
Pour une fille honnête et pleine d'innocence,
Croit-elle en ses valets voir quelque complaisance?
Réputés criminels les voilà tous chassés,
Et chez elle à l'instant par d'autres remplacés.
Son mari, qu'une affaire appelle dans la ville,
Et qui chez lui sortant a tout laissé tranquille,
Se trouve assez surpris, rentrant dans la maison,
De voir que le portier lui demande son nom ;
Et que parmi ses gens, changés en son absence,
Il cherche vainement quelqu'un de connaissance.
  Fort bien : le trait est bon. Dans les femmes,
   dis-tu,
Enfin vous m'approuvez, ni vice, ni vertu.
Voilà le sexe peint d'une noble manière!
Et Théophraste même, aidé de la Bruyère,
Ne m'en pourrait pas faire un plus riche tableau.
C'est assez : il est tems de quitter le pinceau :
Vous avez désormais épuisé la satire.
Epuisé, cher Alcippe ! Ah ! tu me ferais rire !

Sur ce vaste sujet si j'allais tout tracer,
Tu verrais sous ma main des tomes s'amasser.
Dans le sexe j'ai peint la piété caustique :
Et que serait-ce donc, si censeur plus tragique,
J'allais t'y faire voir l'Athéisme établi,
Et non moins que l'honneur, le Ciel mis en oubli ?
Si j'allais t'y montrer plus d'une Capanée,
Pour souveraine loi mettant la destinée,
Du tonnerre dans l'air bravant les vains carreaux,
Et nous parlant de Dieu du ton de Desbarreaux ?
 Mais sans aller chercher cette femme infernale,
T'ai-je encor peint, dis-moi, la fantasque inégale,
Qui m'aimant le matin, souvent me hait le soir ?
T'ai-je peint la maligne aux yeux faux, au cœur
  noir ?
T'ai-je encore exprimé la brusque impertinente ?
T'ai-je tracé la vieille à morgue dominante,
Qui veut, vingt ans encore après le sacrement,
Exiger d'un mari les respects d'un amant ?
T'ai-je fait voir de joie une belle animée,
Qui souvent d'un repas sortant toute enfumée,
Fait, même à ses amans, trop faibles d'estomac,
Redouter ses baisers pleins d'ail et de tabac ?
T'ai-je encore décrit la dame brelandière,
Qui des joueurs chez soi se fait cabaretière ;
Et souffre des affronts que ne souffrirait pas
L'hôtesse d'une auberge à dix sous par repas ?
Ai-je offert à tes yeux ces tristes Tisiphones,
Ces monstres pleins d'un fiel que n'ont point les
  lionnes,
Qui prenant en dégoût les fruits nés de leur flanc,

S'irritent sans raison contre leur propre sang;
Toujours en des fureurs que les plaintes aigrissent,
Battant dans leurs enfans l'époux qu'elles haïssent;
Et font de leur maison, digne de Phalaris,
Un séjour de douleurs, de larmes et de cris?
Enfin, t'ai-je dépeint la superstitieuse?
La pédante au ton fier? la bourgeoise ennuyeuse?
Celle qui de son chat fait son seul entretien?
Celle qui toujours parle et ne dit jamais rien?
Il en est des milliers: mais ma bouche enfin lasse,
Des trois quarts pour le moins veut bien te faire
  grâce.
 J'entends : c'est pousser loin la modération.
Ah! finissez, dis-tu, la déclamation.
Pensez-vous qu'ébloui de vos vaines paroles,
J'ignore qu'en effet tous ces discours frivoles
Ne sont qu'un badinage, un simple jeu d'esprit
D'un censeur dans le fond qui folâtre et qui rit,
Plein du même projet qui vous vint dans la tête,
Quand vous plaçâtes l'homme au-dessous de la bête?
Mais enfin vous et moi c'est assez badiner :
Il est tems de conclure; et pour tout terminer,
Je ne dirai qu'un mot. La fille qui m'enchante,
Noble, sage, modeste, humble, honnête, tou-
  chante,
N'a pas un des défauts que vous m'avez fait voir.
Si par un sort pourtant qu'on ne peut concevoir,
La belle tout-à-coup rendue insociable,
D'ange, ce sont vos mots, se transformait en diable,
Vous me verriez bientôt, sans me désespérer,
Lui dire : Hé bien, madame, il faut nous séparer:

Nous ne sommes pas faits, je le vois, l'un pour
    l'autre.
Mon bien se monte à tant : tenez, voilà le vôtre :
Partez : délivrons-nous d'un mutuel souci.
    Alcippe, tu crois donc qu'on se sépare ainsi ?
Pour sortir de chez toi sur cette offre offensante,
As-tu donc oublié qu'il faut qu'elle y consente ?
Et crois-tu qu'aisément elle puisse quitter
Le savoureux plaisir de t'y persécuter ?
Bientôt son procureur, pour elle usant sa plume,
De ses prétentions va t'offrir un volume.
Car, grâce au droit reçu chez les Parisiens,
Gens de douce nature, et maris bons chrétiens,
Dans ses prétentions une femme est sans borne.
Alcippe, à ce discours je te trouve un peu morne.
Des arbitres, dis-tu, pourront nous accorder.
Des arbitres..... Tu crois l'empêcher de plaider ;
Sur ton chagrin déjà contente d'elle-même,
Ce n'est point tous ses droits, c'est le procès qu'ell
    aime.
Pour elle un bout d'arpent qu'il faudra disputer,
Vaut mieux qu'un fief entier acquis sans con-
    tester.
Avec elle il n'est point de droit qui s'éclaircisse,
Point de procès si vieux qui ne se rajeunisse ;
Et sur l'art de former un nouvel embarras,
Devant elle Rolet mettrait pavillon bas.
Crois-moi, pour la fléchir trouve enfin quelque
    voie :
Ou je ne réponds pas dans peu qu'on ne te voie
Sous le faix des procès, abattu, consterné,

Triste, à pied, sans laquais, maigre, sec, ruiné,
Vingt fois dans ton malheur résolu de te pen-
   dre ;
Et pour comble de maux, réduit à la reprendre.

# SATIRE XI.

## A MONSIEUR DE VALINCOUR.

*Le sujet de cette Satire est le vrai et le faux honneur. L'Auteur, après avoir parlé des méprises de la plupart des hommes, au sujet de ce qu'ils appellent l'honneur, établit enfin que le vrai et le solide honneur consiste dans la justice, sans laquelle toutes les autres prétendues bonnes qualités ne sont que de faux brillans. Cette Satire fut commencée vers le mois de Novembre 1698.*

Oui, l'honneur, VALINCOUR, est chéri dans le monde :
Chacun, pour l'exalter, en paroles abonde ;
A s'en voir revêtu, chacun met son bonheur :
Et tout crie ici bas, l'honneur ! vive l'honneur !
Entendons discourir sur les bancs des galères,
Ce forçat abhorré même de ses confrères ;
Il plaint, par un arrêt injustement donné,
L'honneur en sa personne à ramer condamné.
En un mot, parcourons et la mer et la terre :
Interrogeons marchands, financiers, gens de guerre,
Courtisans, magistrats ; chez eux, si je les croi,

L'intérêt ne peut rien, l'honneur seul fait la loi.
Cependant, lorsqu'aux yeux leur portant la lanterne,
J'examine au grand jour l'esprit qui les gouverne,
Je n'aperçois par-tout que folle ambition,
Faiblesse, iniquité, fourbe, corruption;
Que ridicule orgueil de soi-même idolâtre.
Le monde, à mon avis, est comme un grand théâtre,
Où chacun en public, l'un par l'autre abusé,
Souvent à ce qu'il est, joue un rôle opposé.
Tous les jours on y voit, orné d'un faux visage,
Impudemment le fou représenter le sage,
L'ignorant s'ériger en savant fastueux,
Et le plus vil faquin trancher du vertueux.
Mais quelque fol espoir dont leur orgueil les berce,
Bientôt on les connaît, et la vérité perce.
On a beau se farder aux yeux de l'univers,
A la fin, sur quelqu'un de nos vices couverts,
Le public malin jette un œil inévitable;
Et bientôt la censure, au regard formidable,
Sait, le crayon en main, marquer nos endroits faux,
Et nous développer avec tous nos défauts.
Du mensonge toujours le vrai demeure maître.
Pour paraître honnête homme, en un mot, il faut l'être:
Et jamais, quoi qu'il fasse, un mortel ici-bas,
Ne peut aux yeux du monde être ce qu'il n'est pas.
En vain ce misantrope, aux yeux tristes et sombres

Veut, par un air riant, en éclaircir les ombres :
Le ris sur son visage est en mauvaise humeur ;
L'agrément fuit ses traits, ses caresses font peur ;
Ses mots les plus flatteurs paraissent des rudesses,
Et la vanité brille en toutes ses bassesses.
Le naturel toujours sort et sait se montrer ;
Vainement on l'arrête, on le force à rentrer :
Il rompt tout, perce tout, et trouve enfin passage.
Mais loin de mon projet, je sens que je m'engage :
Revenons de ce pas à mon texte égaré.
L'honneur par-tout, disais-je, est du monde admiré :
Mais l'honneur en effet qu'il faut que l'on admire,
Quel est-il, VALINCOUR, pourras-tu me le dire ?
L'ambitieux le met souvent à tout brûler :
L'avare, à voir chez lui le Pactole rouler ;
Un faux brave, à vanter sa prouesse frivole ;
Un vrai fourbe, à jamais ne garder sa parole ;
Ce poëte, à noircir d'insipides papiers ;
Ce marquis, à savoir frauder ses créanciers ;
Un libertin, à rompre et jeûnes et carême ;
Un fou perdu d'honneur, à braver l'honneur même.
L'un d'eux a-t-il raison ? qui pourrait le penser ?
Qu'est-ce donc que l'honneur que tout doit embrasser ?
Est-ce de voir, dis-moi, vanter notre éloquence ?
D'exceller en courage, en adresse, en prudence ?
De voir à notre aspect tout trembler sous les cieux ?
De posséder enfin mille dons précieux ?
Mais avec tous ces dons de l'esprit et de l'âme,
Un roi même, souvent peut n'être qu'un infâme

Qu'un Hérode, un Tibère effroyable à nommer.
Où donc est cet honneur qui seul doit nous char-
  mer ?
Quoi qu'en ses beaux discours Saint-Evremont
  nous prône,
Aujourd'hui j'en croirai Sénèque avant Pétrone.
  Dans le monde il n'est rien de beau que l'équité :
Sans elle, la valeur, la force, la bonté,
Et toutes les vertus dont s'éblouit la terre,
Ne sont que faux brillans et que morceaux de verre.
Un injuste guerrier, terreur de l'univers,
Qui, sans sujet, courant chez cent peuples divers,
S'en va tout ravager jusqu'aux rives du Gange,
N'est qu'un plus grand voleur que du Tertre et
  Saint-Ange.
Du premier des Césars on vante les exploits !
Mais dans quel tribunal, jugé suivant les lois,
Eût-il pu disculper son injuste manie ?
Qu'on livre son pareil en France à la Reynie,
Dans trois jours nous verrons le Phénix des guer-
  riers
Laisser sur l'échafaud sa tête et ses lauriers.
C'est d'un roi que l'on tient cette maxime auguste,
Que jamais on est grand qu'autant que l'on est
  juste.
Rassemblez à-la-fois Mithridate et Sylla ;
Joignez-y Tamerlan, Genseric, Attila ;
Tous ces fiers conquérans, rois, princes, capi-
  taines,
Sont moins grands à mes yeux que ce bourgeois
  d'Athènes,

Qui sut, pour tous exploits, doux, modéré, frugal,
Toujours vers la justice aller d'un pas égal.
Oui, la justice en nous est la vertu qui brille :
Il faut de ses couleurs qu'ici-bas tout s'habille.
Dans un mortel chéri tout injuste qu'il est,
C'est quelqu'air d'équité qui séduit et qui plaît.
A cet unique appât l'âme est vraiment sensible.
Même aux yeux de l'injuste, un injuste est horrible ;
Et tel qui n'admet point la probité chez lui,
Souvent à la rigueur l'exige chez autrui.
Disons plus : il n'est point d'âme livrée au vice,
Où l'on ne trouve encor des traces de justice.
Chacun de l'équité ne fait pas son flambeau,
Tout n'est pas Caumartin, Bignon, ni d'Aguesseau.
Mais jusqu'en ces pays, où tout vit de pillage,
Chez l'Arabe et le Scythe, elle est de quelque usage ;
Et du butin acquis en violant les lois,
C'est elle entr'eux qui fait le partage et le choix.
 Mais allons voir le vrai jusqu'en sa source même.
Un dévot aux yeux creux, et d'abstinence blême,
S'il n'a point le cœur juste, est affreux devant Dieu.
L'évangile au chrétien ne dit en aucun lieu,
Sois dévot ; il nous dit : Sois doux, simple, équi-
    table.
Car d'un dévot souvent, au chrétien véritable,
La distance est deux fois plus longue, à mon avis,
Que du pôle antarctique au détroit de Davis.
Encor par ce dévot, ne crois pas que j'entende
Tartuffe ou Molinos et sa mystique bande.
J'entends un faux chrétien, mal instruit, mal
    guidé,

Et qui de l'évangile en vain persuadé,
N'en a jamais conçu l'esprit ni la justice ;
Un chrétien qui s'en sert pour disculper le vice,
Qui toujours près des grands, qu'il prend soin
 d'abuser,
Sur leurs faibles honteux sait les autoriser ;
Et croit pouvoir au ciel, par ses folles maximes,
Avec le sacrement faire entrer tous les crimes.
Des faux dévots pour moi voilà le vrai héros.
Mais, pour borner enfin tout ce vague propos,
Concluons qu'ici-bas le seul honneur solide,
C'est de prendre toujours la vérité pour guide ;
De regarder en tout la raison et la loi ;
D'être doux pour tout autre, et rigoureux pour soi :
D'accomplir tout le bien que le Ciel nous inspire,
Et d'être juste enfin : ce seul mot veut tout dire.
Je doute que le flot des vulgaires humains
A ce discours pourtant donne aisément les mains ;
Et pour t'en dire ici la raison historique,
Souffre que je l'habille en fable allégorique.
 Sous le bon roi Saturne, ami de la douceur,
L'Honneur, cher VALINCOUR, et l'Equité sa sœur,
De leurs sages conseils éclairant tout le monde,
Régnaient, chéris du ciel, dans une paix profonde.
Tout vivait en commun sous ce couple adoré :
Aucun n'avait d'enclos, ni de champ séparé.
La vertu n'était point sujette à l'Ostracisme,
Ni ne s'appelait point alors un Jansénisme.
L'Honneur, beau par soi-même, et sans vains orne-
  mens,
N'étalait point aux yeux l'or ni les diamans ;

Et, jamais ne sortant de ses devoirs austères,
Maintenait de sa sœur les règles salutaires.
Mais une fois au ciel par les Dieux appelé,
Il demeura long-temps au séjour étoilé.
  Un Fourbe cependant, assez haut de corsage,
Et qui lui ressemblait de geste et de visage,
Prend son temps, et par-tout ce hardi suborneur
S'en va chez les humains crier qu'il est l'Honneur;
Qu'il arrive du ciel, et que, voulant lui-même
Seul porter désormais le faix du diadême,
De lui seul il prétend qu'on reçoive la loi.
A ces discours trompeurs le monde ajoute foi.
L'innocente Equité, honteusement bannie,
Trouve à peine un désert où fuir l'ignominie.
Aussitôt, sur un trône éclatant de rubis,
L'imposteur monte orné de superbes habits.
La Hauteur, le Dédain, l'Audace l'environnent,
Et le Luxe et l'Orgueil de leurs mains le couronnent.
Tout fier, il montre alors un front plus sourcilleux,
Et le Mien et le Tien, deux frères pointilleux,
Par son ordre amenant les procès et la guerre,
En tous lieux de ce pas vont partager la terre;
En tous lieux, sous les noms de bon droit et de tort,
Vont chez elle établir le seul droit du plus fort.
Le nouveau roi triomphe, et, sur ce droit inique
Bâtit de vaines lois un code fantastique :
Avant tout aux mortels prescrit de se venger,
L'un l'autre au moindre affront les force à s'égorger;
Et dans leur âme, en vain, de remords combattue,

Trace en lettres de sang ces deux mots : *Meurs*, ou *Tue*.

Alors, ce fut alors, sous ce vrai Jupiter,
Qu'on vit naître ici-bas le noir siècle de fer.
Le frère au même instant s'arma contre le frère :
Le fils trempa ses mains dans le sang de son père :
La soif de commander enfanta les tyrans,
Du Tanaïs au Nil porta les conquérans :
L'ambition passa pour la vertu sublime ;
Le crime heureux fut juste, et cessa d'être crime.
On ne vit plus que haine, et que division,
Qu'envie, effroi, tumulte, horreur, confusion.

Le véritable Honneur sur la voûte céleste
Est enfin averti de ce trouble funeste ;
Il part sans différer, et descendu des cieux,
Va par-tout se montrer dans les terrestres lieux :
Mais il n'y fait plus voir qu'un visage incommode :
On y peut plus souffrir ses vertus hors de mode ;
Et lui-même, traité de fourbe et d'imposteur,
Est contraint de ramper aux pieds du séducteur.
Enfin, las d'essuyer outrage sur outrage,
Il livre les humains à leur triste esclavage ;
S'en va trouver sa sœur, et dès ce même jour,
Avec elle s'envole au céleste séjour.
Depuis, toujours ici, riche de leur ruine,
Sur les tristes mortels le faux Honneur domine,
Gouverne tout, fait tout dans ce bas univers,
Et peut-être est-ce lui qui m'a dicté ces vers.
Mais en fût-il l'auteur, je conclus de sa fable,
Que ce n'est qu'en Dieu seul qu'est l'honneur véritable.

# DISCOURS
## DE L'AUTEUR,
Pour servir d'Apologie à la Satire suivante.

Quelque heureux succès qu'ayent eu mes Ouvrages, j'avais résolu, depuis leur dernière édition, de ne plus rien donner au public; et quoiqu'à mes heures perdues, il y a environ cinq ans (1) j'eusse encore fait contre l'Equivoque une satire, que tous ceux à qui je l'ai communiquée, ne jugeaient pas inférieure à mes autres écrits, bien loin de la publier, je la tenais soigneusement cachée, et je ne croyais pas que, moi vivant, elle dût jamais voir le jour. Ainsi donc, aussi soigneux désormais de me faire oublier, que j'avais été autrefois curieux de faire parler de moi, je jouissais, à mes infirmités près, d'une assez grande tranquillité, lorsque tout d'un coup j'ai appris qu'on débitait dans le monde, sous mon nom, quantité de méchans écrits et entre autres une pièce en vers (2) contre les Jésuites, également odieuse et insipide, et où l'on me faisait, en mon propre nom, dire à toute leur Société les injures les plus atroces et les plus grossières. J'avoue que cela m'a donné un très-grand chagrin. Car, bien que tous les gens sensés ayent connu sans peine que la pièce n'était point de moi, et qu'il n'y ait eu que de très-petits esprits qui ayent présumé que j'en pouvais être l'auteur, la vérité est pourtant que je n'ai pas regardé comme un médiocre affront, de me voir

---

(1) Ce Discours fut composé en 1710.
(2) L'Ouvrage dont il s'agit ici, était une Epître d'environ soixante vers.

soupçonné, même par des ridicules, d'avoir fait un ouvrage si ridicule.

J'ai donc cherché les moyens les plus propres pour me laver de cette infamie ; et tout bien considéré, je n'ai point trouvé de meilleur expédient, que de faire imprimer ma Satire contre l'Equivoque; parce qu'en la lisant, les moins éclairés, même de ces petits esprits, ouvriraient peut-être les yeux, et verraient manifestement le peu de rapport qu'il y a de mon style, même à l'âge où je suis, au style bas et rampant de l'auteur de ce pitoyable Ecrit. Ajoutez à cela que je pouvais mettre à la tête de ma satire, en la donnant au public, un avertissement en manière de préface, où je me justifierais pleinement, et tirerais tout le monde d'erreur. C'est ce que je fais aujourd'hui ; et j'espère que le peu que je viens de dire, produira l'effet que je me suis proposé. Il ne me reste donc plus maintenant qu'à parler de la satire pour laquelle est fait ce Discours.

Je l'ai composée par le caprice du monde le plus bizarre, et par une espèce de dépit et de colère poëtique, s'il le faut ainsi dire, qui me saisit à l'occasion de ce que je vais raconter. Je me promenais dans mon jardin d'Auteuil, et rêvais en marchant à un poëme que je voulais faire contre les mauvais Critiques de notre siècle. J'en avais déjà même composé quelques vers, dont j'étais assez content. Mais voulant continuer, je m'aperçus qu'il y avait dans ces vers une équivoque de langue; et m'étant sur-le champ mis en devoir de la corriger, je n'en pus jamais venir à bout. Cela m'irrita de telle manière, qu'au lieu de m'appliquer davantage à réformer cette équivoque, et de poursuivre mon poëme contre les faux critiques, la folle pensée me vint de faire contre l'Equivoque même, une satire qui pût me venger de tous les chagrins qu'elle m'a causés depuis que je me mêle d'écrire. Je vis bien que je ne rencontrerais pas de médiocres difficultés à mettre en vers un sujet si sec. Et même, il s'en présenta d'abord une qui m'arrêta tout court. Ce fut de savoir duquel des deux genres, masculin ou féminin, je ferais le mot Equivoque. Beaucoup d'habiles Ecrivains, ainsi que le remarque Vaugelas, le faisant masculin, je me déterminai pourtant assez vite au féminin, comme au plus usité des deux : et bien loin que cela empêchât l'exécution de mon projet, je crus que ce ne serait pas une méchante plaisanterie de commencer ma satire par cette difficulté même. C'est ainsi que je m'engageai dans la composition de cet ouvrage. Je croyais d'abord faire tout au plus cinquante ou soixante vers ; mais ensuite les pensées me venant en foule, et les choses que j'avais à reprocher à l'Equivoque se multipliant à mes yeux, j'ai poussé ces vers jusqu'à près de trois cent cinquante.

C'est au Public maintenant à voir si j'ai bien ou mal réussi. Je n'emploierai point ici, non plus que dans les préfaces de mes autres Ecrits, mon adresse et ma rhétorique à le prévenir en ma faveur. Tout ce que je puis lui dire, c'est que j'ai travaillé cette pièce avec le même soin que toutes mes autres Poësies. Une chose pourtant, dont il est bon que les Jésuites soient avertis, c'est qu'en attaquant l'Equivoque, je n'ai pas pris ce mot dans toute l'étroite rigueur de sa signification grammaticale, le mot Equivoque, en ce sens-là, ne voulant dire qu'une ambiguité de paroles ; mais que je l'ai pris, comme le prend ordinairement le commun des hommes, pour toutes sortes d'ambiguités de sens, de pensées, d'expressions, et enfin pour tous ces abus et toutes ces méprises de l'esprit humain, qui font qu'il prend souvent une chose pour une autre. Et c'est dans ce sens que j'ai dit que l'idolâtrie avait pris naissance de l'Equivoque ; les hommes, à mon avis, ne pouvant pas s'équivoquer plus lourdement, que de prendre des pierres, de l'or et du cuivre pour Dieu. J'ajouterai à cela, que la Providence divine, ainsi que je l'établis clairement dans ma satire, n'ayant permis chez eux cet horrible aveuglement, qu'en punition de ce que leur premier père avait prêté l'oreille aux promesses du démon, j'ai pu conclure infailliblement que l'idolâtrie est un fruit, ou, pour mieux dire, un véritable enfant de l'Equivoque. Je ne vois donc pas qu'on me puisse faire sur cela aucune bonne critique ; surtout ma satire étant un pur jeu d'esprit, où il serait ridicule d'exiger une précision géométrique de pensées et de paroles.

Mais il y a une autre objection plus importante et plus considérable, qu'on me fera peut-être au sujet des propositions de morale relâchée que j'attaque dans la dernière partie de mon ouvrage. Car ces propositions ayant été, à ce qu'on prétend, avancées par quantité de Théologiens, même célèbres, la moquerie que j'en fais, peut, dira-t-on, diffamer en quelque sorte ces Théologiens, et causer ainsi une espèce de scandale dans l'Eglise. A cela je réponds premièrement : qu'il n'y a aucune des propositions que j'attaque, qui n'ait été plus d'une fois condamnée par toute l'Eglise, et tout récemment encore par deux des plus grands Papes qui ayent depuis long-temps rempli le Saint-Siège. Je dis en second lieu, qu'à l'exemple de ces célèbres Vicaires de Jésus-Christ, je n'ai point nommé les Auteurs de ces propositions, ni aucun de ces Théologiens dont on dit que je puis causer la diffamation, et contre lesquels même j'avoue que je ne puis rien décider, puisque je n'ai point lu, ni ne suis d'humeur à lire leurs Ecrits : ce qui serait pourtant absolument nécessaire pour prononcer sur les accusations que l'on forme contre eux ; leurs accusateurs pouvant les avoir mal entendus, et s'être trompés dans l'intelligence des passages où ils prétendent que sont ces erreurs dont ils les accusent. Je soutiens en troisième lieu, qu'il est contre la droite raison de penser que je puisse exciter quelque scandale dans l'Eglise, en traitant de ridicules des propositions rejetées de toute l'Eglise, et plus dignes encore, par leur absurdité, d'être sifflées de tous les fidèles, que réfutées sérieusement. C'est ce que je me crois obligé de dire pour me justifier. Que si après cela il se trouve encore quelques Théologiens qui se figurent qu'en décriant ces propositions, j'ai eu en vue de les décrier eux-mêmes, je déclare que cette fausse idée qu'ils ont de moi, ne saurait venir que des mauvais artifices de l'Equivoque, qui, pour se venger des injures que je lui dis dans ma pièce, s'efforce d'intéresser dans sa cause ces Théologiens, en me faisant penser ce que je n'ai pas pensé, et dire ce que je n'ai point dit.

Voilà, ce me semble, bien des paroles, et peut-être trop de paroles employées pour justifier un aussi peu considérable ouvrage qu'est la satire qu'on va voir. Avant néanmoins que de finir, je ne crois pas me pouvoir dispenser d'apprendre aux lecteurs, qu'en attaquant, comme je fais dans ma satire, ces erreurs, je ne me suis point fié à mes seules lumières ; mais qu'ainsi que je l'ai pratiqué, il y a environ dix ans, à l'égard de mon Epître de l'Amour de Dieu, j'ai, non seulement consulté sur mon ouvrage tout ce que je connais de plus habiles Docteurs ; mais que je l'ai donné à examiner au Prélat de l'Eglise, qui, par l'étendue de ses connaissances et par l'éminence de sa dignité, est le plus capable et le plus en droit de me prescrire ce que je dois penser sur ces matières ; je veux dire M. le Cardinal de Noailles, mon Archevêque. J'ajouterai que ce pieux et savant Cardinal a eu trois semaines ma satire entre les mains, et qu'à mes instantes prières, après l'avoir lue et relue plus d'une fois, il me l'a enfin rendue, en me comblant d'éloges, et m'a assuré qu'il n'y avait trouvé à redire qu'un seul mot, que j'ai corrigé sur-le-champ, et sur lequel je lui ai donné une entière satisfaction. Je me flatte donc qu'avec une approbation si authentique, si sûre et si glorieuse, je puis marcher la tête levée, et dire hardiment des critiques qu'on pourra faire désormais contre la doctrine de mon ouvrage, que ce ne sauraient être que de vaines subtilités d'un tas de misérables sophistes formés dans l'école du mensonge, et aussi affidés amis de l'Equivoque, qu'opiniâtres ennemis de Dieu, du bon sens et de la vérité.

# SATIRE XII.
## SUR
## L'ÉQUIVOQUE.

*On vient de voir, dans le discours précédent, ce qui a donné lieu à la composition de cette Satire. L'Équivoque n'est point prise dans la rigueur de sa signification grammaticale, mais pour toutes sortes d'ambiguïtés de sens, de pensées ou d'expressions, qui font souvent prendre une chose pour une autre. Cette pièce fut composée en 1705.*

Du langage français, bizarre Hermaphrodite,
De quel genre te faire, Equivoque maudite,
Ou maudit? car sans peine aux Rimeurs hasardeux
L'usage encor, je crois, laisse le choix des deux.
Tu ne me réponds rien. Sors d'ici, fourbe insigne,
Mâle aussi dangereux que femelle maligne,
Qui crois rendre innocens les discours imposteurs;
Tourment des écrivains; juste effroi des lecteurs;
Par qui de mots confus sans cesse embarrassée,
Ma plume, en écrivant, cherche en vain ma pensée.
Laisse-moi, va charmer de tes vains agrémens
Les yeux faux et gâtés de tes louches amans;
Et ne viens point ici de ton ombre grossière
Envelopper mon style, ami de la lumière.

Tu sais bien que jamais chez toi, dans mes discours,
Je n'ai d'un faux brillant emprunté le secours.
Fuis donc. Mais non, demeure; un Démon qui m'inspire,
Veut qu'encore une utile et dernière Satire,
De ce pas en mon livre exprimant tes noirceurs,
Se vienne, en nombre pair, joindre à ses onze sœurs;
Et je sens que ta vue échauffe mon audace.
Viens, approche: voyons, malgré l'âge et sa glace,
Si ma Muse aujourd'hui, sortant de sa langueur,
Pourra trouver encor un reste de vigueur.
Mais où tend, dira-t-on, ce projet fantastique?
Ne vaudrait-il pas mieux dans mes vers, moins caustique,
Répandre de tes jeux le sel réjouissant,
Que d'aller contre toi, sur ce ton menaçant,
Pousser jusqu'à l'excès ma critique boutade?
Je ferais mieux, j'entends, d'imiter Benserade.
C'est par lui qu'autrefois mise en ton plus beau jour
Tu sus, trompant les yeux du peuple et de la Cour,
Leur faire, à la faveur de tes bluettes folles,
Goûter comme bons mots tes quolibets frivoles.
Mais ce n'est plus le temps : le Public détrompé,
D'un pareil enjoûment ne se sent plus frappé.
Tes bons mots autrefois délices des ruelles,
Approuvés chez les grands, applaudis chez les belles,
Hors de mode aujourd'hui chez nos plus froids badins,
Sont des collets-montés et des vertugadins.
Le lecteur ne sait plus admirer dans Voiture
De ton froid jeu de mots l'insipide figure.
C'est à regret qu'on voit cet Auteur si charmant,

Et pour mille beaux traits vanté si justement,
Chez toi cherchant toujours quelque finesse aigue,
Présenter au lecteur sa pensée ambigue,
Et souvent du faux sens d'un proverbe affecté,
Faire de son discours la piquante beauté.
 Mais laissons-là le tort qu'à ses brillans ouvrages,
Fit le plat agrément de tes vains badinages.
Parlons des maux sans fin que ton sens de travers,
Source de toute erreur, sema dans l'univers:
Et, pour les contempler jusque dans leur naissance,
Dès le temps nouveau né, quand la Toute-Puissance
D'un mot forma le ciel, l'air, la terre et les flots,
N'est-ce pas toi, voyant le monde à peine éclos,
Qui, par l'éclat trompeur d'une funeste pomme,
Et tes mots ambigus, fit croire au premier homme
Qu'il allait, en goûtant de ce morceau fatal,
Comblé de tout savoir, à Dieu se rendre égal?
Il en fit sur-le-champ la folle expérience.
Mais tout ce qu'il acquit de nouvelle science,
Fut que, triste et honteux de voir sa nudité,
Il sut qu'il n'était plus, grâce à sa vanité,
Qu'un chétif animal pétri d'un peu de terre,
A qui la faim, la soif, par-tout faisaient la guerre,
Et qui, courant toujours de malheur en malheur,
A la mort arrivait enfin par la douleur.
Oui, de tes noirs complots et de ta triste rage,
Le genre humain perdu fut le premier ouvrage;
Et bien que l'homme alors parut si rabaissé,
Par toi contre le ciel un orgueil insensé,
Armant de ses neveux la gigantesque engeance,
Dieu résolut enfin, terrible en sa vengeance,

D'abîmer sous les eaux tous ces audacieux.
Mais avant qu'il lâchât les écluses des cieux,
Par un fils de Noé fatalement sauvée,
Tu fus, comme serpent, dans l'arche conservée :
Et d'abord poursuivant tes projets suspendus,
Chez les mortels restans, encor tout éperdus,
De nouveau tu semas tes captieux mensonges,
Et remplis leurs esprits de fables et de songes :
Tes voiles offusquant leurs yeux de toutes parts,
Dieu disparut lui-même à leurs troubles regards.
Alors tout ne fut plus que stupide ignorance,
Qu'impiété sans borne en son extravagance.
Puis, de cent dogmes faux la superstition,
Répandant l'idolâtre et folle illusion,
Sur la terre en tous lieux disposée à les suivre,
L'art se tailla des Dieux d'or, d'argent et de cuivre ;
Et l'artisan lui-même humblement prosterné
Aux pieds du vain métal par sa main façonné,
Lui demanda les biens, la santé, la sagesse.
Le monde fut rempli de Dieux de toute espèce :
On vit le peuple fou, qui du Nil boit les eaux,
Adorer les serpens, les poissons, les oiseaux,
Aux chiens, aux chats, aux boucs, offrir des sacri-
        fices,
Conjurer l'ail, l'oignon, d'être à ses vœux propices,
Et croire follement maîtres de ses destins,
Ces Dieux nés du fumier porté dans ses jardins.
Bientôt te signalant par mille faux miracles,
Ce fut toi qui partout fis parler les oracles.
C'est par ton double sens dans leurs discours jetté,
Qu'ils surent, en mentant, dire la vérité,

Et sans crainte, rendant leurs réponses Normandes,
Des peuples et des rois engloutir les offrandes.

Ainsi, loin du vrai jour, par toi toujours conduit,
L'homme ne sortit plus de son épaisse nuit.
Pour mieux tromper ses yeux, ton adroit artifice
Fit à chaque vertu prendre le nom d'un vice;
Et par toi, de splendeur faussement revêtu,
Chaque vice emprunta le nom d'une vertu.
Par toi l'humilité devint une bassesse,
La candeur se nomma grossièreté, rudesse.
Au contraire, l'aveugle et folle ambition,
S'appela des grands cœurs la belle passion :
Du nom de fierté noble on orna l'impudence,
Et la fourbe passa pour exquise prudence :
L'audace brilla seule aux yeux de l'univers;
Et pour vraiment héros, chez les hommes pervers,
On ne reconnut plus qu'usurpateurs iniques,
Que tyranniques rois, censés grands politiques,
Qu'infames scélérats à la gloire aspirans,
Et voleurs revêtus du nom de conquérans.

Mais à quoi s'attacha ta savante malice ?
Ce fut surtout à faire ignorer la justice.
Dans les plus claires lois ton ambiguité
Répandant son adroite et fine obscurité,
Aux yeux embarrassés des Juges les plus sages,
Tout sens devint douteux, tout mot eut deux visages :
Plus on crut pénétrer, moins on fut éclairci;
Le texte fut souvent par la glose obscurci :
Et, pour comble de maux, à tes raisons frivoles
L'éloquence prêtant l'ornement des paroles,
Tous les jours accablé sous leur commun effort,

## SATIRE XII.

Le vrai passa pour faux, et le bon droit eut tort.
Voilà comment déchu de sa grandeur première,
Concluons, l'homme enfin perdit toute lumière,
Et, par tes yeux trompeurs se figurant tout voir,
Ne vit, ne sût plus rien, ne put plus rien savoir.

   De la raison pourtant, par le vrai Dieu guidée,
Il resta quelque trace encor dans la Judée.
Chez les hommes ailleurs sous ton joug gémissans,
Vainement on chercha la vertu, le droit sens :
Car, qu'est-ce loin de Dieu que l'humaine sagesse ?
Et Socrate, l'honneur de la profane Grèce,
Qu'était-il, en effet, de près examiné,
Qu'un mortel par lui-même au seul mal entraîné ;
Et, malgré la vertu dont il faisait parade,
Très-équivoque ami du jeune Alcibiade ?
Oui, j'ose hardiment l'affirmer contre toi,
Dans le monde idolâtre, asservi sous ta loi,
Par l'humaine raison de clarté dépourvue,
L'humble et vraie équité fut à peine entrevue ;
Et, par un sage altier, au seul faste attaché,
Le bien même accompli souvent fut un péché.

   Pour tirer l'homme enfin de ce désordre extrême,
Il fallut qu'ici-bas Dieu, fait homme lui-même,
Vînt du sein lumineux de l'éternel séjour,
De tes dogmes trompeurs dissiper le faux jour.
A l'aspect de ce Dieu, les démons disparurent ;
Dans Delphe, dans Délos, tes oracles se turent :
Tout marqua, tout sentit sa venue en ces lieux:
L'estropié marcha, l'aveugle ouvrit les yeux.
Mais bientôt contre lui ton audace rebelle,
Chez la nation même à son culte fidelle,

## SATIRE XII.

De tous côtés arma tes nombreux sectateurs,
Prêtres, pharisiens, rois, pontifes, docteurs;
C'est par eux que l'on vit la Vérité suprême,
De mensonge et d'erreur accusée elle-même;
Au tribunal humain le Dieu du ciel traîné,
Et l'auteur de la vie à mourir condamné.
Ta fureur toutefois à ce coup fut déçue,
Et pour toi ton audace eut une triste issue.
Dans la nuit du tombeau ce Dieu précipité
Se releva soudain tout brillant de clarté.
Et partout sa doctrine en peu de temps portée,
Fut du Gange et du Nil et du Tage écoutée.
Des superbes autels, à leur gloire dressés,
Tes ridicules Dieux tombèrent renversés.
On vit en mille endroits leurs honteuses statues
Pour le plus bas usage utilement fondues,
Et gémir vainement, Mars, Jupiter, Vénus,
Urnes, vases, trépieds, vils meubles devenus.
Sans succomber pourtant tu soutins cet orage,
Et sur l'idolâtrie enfin perdant courage,
Pour embarrasser l'homme en des nœuds plus subtils,
Tu courus chez Satan brouiller de nouveaux fils.

    Alors, pour seconder ta triste frénésie,
Arriva de l'enfer ta fille l'Hérésie :
Ce monstre, dès l'enfance, à ton école instruit,
De tes leçons bientôt te fit goûter le fruit.
Par lui l'erreur, toujours finement apprêtée,
Sortant pleine d'attraits de sa bouche empestée,
De son mortel poison tout courut s'abreuver,
Et l'Eglise elle-même eut peine à s'en sauver.
Elle-même deux fois presque toute Arienne,

Sentit chez soi trembler la vérité chrétienne ;
Lorsqu'attaquant le Verbe et sa divinité,
D'une syllabe impie un saint mot augmenté
Remplit tous les esprits d'aigreurs si meurtrières,
Et fit du sang chrétien couler tant de rivières.
Le fidèle, au milieu de ces troubles confus,
Quelque temps égaré, ne se reconnut plus :
Et, dans plus d'un affreux et ténébreux concile,
Le mensonge parut vainqueur de l'évangile.
Mais à quoi bon ici, du profond des enfers,
Nouvel historien de tant de maux soufferts,
Rappeler Arius, Valentin et Pélage,
Et tous ces fiers démons que toujours d'âge en âge,
Dieu, pour faire éclaircir à fond ses vérités,
A permis qu'aux chrétiens l'enfer ait suscités ?
Laissons hurler là-bas tous ces damnés antiques,
Et bornons nos regards aux troubles fanatiques,
Que ton horrible fille ici sut émouvoir,
Quand Luther et Calvin, remplis de ton savoir,
Et soi-disans choisis pour réformer l'Eglise,
Vinrent du célibat affranchir la Prêtrise ;
Et des vœux les plus saints blâmant l'austérité,
Aux moines, las du joug, rendre la liberté.
Alors, n'admettant plus d'autorité visible,
Chacun fut de la foi censé juge infaillible,
Et, sans être approuvé par le Clergé romain,
Tout Protestant fut Pape une Bible à la main.
De cette erreur dans peu naquirent plus de sectes,
Qu'en Automne on ne voit de bourdonnans insectes
Fondre sur les raisins nouvellement mûris ;
Ou qu'en toutes saisons sur les murs à Paris,

On ne voit affichés de recueils d'amourettes,
De vers, de contes bleus, de frivoles sornettes,
Souvent peu recherchés du public nonchalant,
Mais vantés à coup sûr du Mercure galant.
Ce ne fut plus partout que fous Anabaptistes,
Qu'orgueilleux Puritains, qu'exécrables Déistes.
Le plus vil artisan eut ses dogmes à soi,
Et chaque chrétien fut de différente loi.
La Discorde, au milieu de ces sectes altières,
En tous lieux cependant déploya ses bannières;
Et ta fille, au secours des vains raisonnemens
Appelant le ravage et les embrâsemens,
Fit en plus d'un pays, aux villes désolées,
Sous l'herbe en vain chercher leurs Eglises brûlées.
L'Europe fut un champ de massacre et d'horreur:
Et l'orthodoxe même, aveugle en sa fureur,
De tes dogmes trompeurs nourrissant son idée,
Oublia la douceur aux chrétiens commandée;
Et crut, pour venger Dieu de ses fiers ennemis,
Tout ce que Dieu défend, légitime et permis.
Au signal tout-à-coup donné pour le carnage,
Dans les villes partout, théâtres de leur rage,
Cent mille faux zélés le fer en main courans,
Allèrent attaquer leurs amis, leurs parens,
Et, sans distinction, dans tout sein hérétique,
Pleins de joie enfoncer un poignard catholique:
Car quel lion, quel tigre, égale en cruauté
Une injuste fureur qu'arme la piété?
Ces fureurs jusqu'ici du vain peuple admirées,
Etaient pourtant toujours de l'Eglise abhorrées:
Et dans ton grand crédit pour te bien conserver,

Il fallait que le Ciel parût les approuver.
Ce chef-d'œuvre devait couronner ton adresse.
Pour y parvenir donc, ton active souplesse,
Dans l'école abusant tes grossiers écrivains,
Fit croire à leurs esprits ridiculement vains,
Qu'un sentiment impie, injuste, abominable,
Par deux ou trois d'entre eux réputé soutenable,
Prenait chez eux un sceau de probabilité,
Qui même contre Dieu lui donnait sûreté ;
Et qu'un chrétien pouvait, rempli de confiance,
Même en le condamnant, le suivre en conscience.

 C'est sur ce beau principe, admis si follement,
Qu'aussitôt tu posas l'énorme fondement
De la plus dangereuse et terrible morale,
Que Lucifer, assis dans la chaire infernale,
Vomissant contre Dieu ses monstreux sermons,
Ait jamais enseignée aux novices démons.
Soudain, au grand honneur de l'Eglise payenne,
On entendit prêcher dans l'école chrétienne,
Que sous le joug du vice un pécheur abattu,
Pouvait, sans aimer Dieu, ni même la vertu,
Par la seule frayeur au sacrement unie,
Admis au Ciel, jouir de la gloire infinie ;
Et que les clefs en main, sur ce seul passe-port,
Saint-Pierre à tous venans devait ouvrir d'abord.

 Ainsi, pour éviter l'éternelle misère,
Le vrai zèle chrétien n'étant plus nécessaire,
Tu sus, dirigeant bien en eux l'intention,
De tout crime laver la coupable action.
Bientôt se parjurer cessa d'être un parjure ;
L'argent à tout denier se prêta sans usure.

## SATIRE XII.

Sans simonie, on put contre un bien temporel
Hardiment échanger un bien spirituel ;
Du soin d'aider le pauvre on dispensa l'avare ;
Et même chez les rois le superflu fut rare.
C'est alors qu'on trouva, pour sortir d'embarras,
L'art de mentir tout haut, en disant vrai tout bas.
C'est alors qu'on apprit, qu'avec un peu d'adresse,
Sans crime un prêtre peut vendre trois fois sa Messe ;
Pourvu que laissant là son salut à l'écart,
Lui-même en la disant, n'y prenne aucune part.
C'est alors que l'on sut qu'on peut, pour une pomme,
Sans blesser la justice, assassiner un homme.
Assassiner ? Ah! non, je parle improprement ;
Mais que, prêt à la perdre, on peut innocemment,
Surtout ne la pouvant sauver d'une autre sorte,
Massacrer le voleur qui fuit et qui l'emporte.
Enfin, ce fut alors que, sans se corriger,
Tout pécheur..... Mais où vais-je aujoud'hui m'engager ?
Veux-je d'un Pape illustre armé contre tes crimes,
A tes yeux mettre ici toute la Bulle en rimes ?
Exprimer tes détours burlesquement pieux,
Pour disculper l'impur, le gourmand, l'envieux ;
Tes subtils faux-fuyans, pour sauver la mollesse,
Le larcin, le duel, le luxe, la paresse ;
En un mot, faire voir à fond développés
Tous ces dogmes affreux d'anathême frappés,
Que sans peur débitant tes distinctions folles,
L'erreur encor pourtant maintient dans tes écoles.
   Mais sur ce seul projet soudain puis-je ignorer
A quels nombreux combats il faut me préparer ?

J'entends déjà d'ici tes Docteurs frénétiques
Hautement me compter au rang des hérétiques;
M'appeler scélérat, traître, fourbe, imposteur,
Froid plaisant, faux bouffon, vrai calomniateur;
De Pascal, de Wendrock, copiste misérable,
Et, pour tout dire enfin, janséniste exécrable.
J'aurai beau condamner, en tous sens expliqués,
Les cinq dogmes fameux par ta main fabriqués,
Blâmer de tes Docteurs la morale risible;
C'est, selon eux, prêcher un jansénisme horrible;
C'est nier qu'ici-bas, par l'amour appelé,
Dieu pour tous les humains voulut être immolé.

 Prévenons tout ce bruit; trop tard dans le naufrage,
Confus, on se repent d'avoir bravé l'orage.
Alte-là donc, ma plume. Et toi, sors de ces lieux,
Monstre, à qui par un trait des plus capricieux,
Aujourd'hui terminant ma course satirique,
J'ai prêté dans mes vers une âme allégorique.
Fuis, va chercher ailleurs tes patrons bien-aimés,
Dans ces pays par toi rendus si renommés,
Où l'Orne répand ses eaux, et que la Sarthe arrose;
Ou, si plus sûrement tu veux gagner ta cause,
Porte la dans Trévoux, à ce beau tribunal,
Où de nouveaux Midas un Sénat monacal,
Tous les mois appuyé de ta sœur l'Ignorance,
Pour juger Apollon, tient, dit-on, sa séance.

# FIN DES SATIRES.

# ÉPITRES.

# ÉPITRES.

## ÉPITRE I.
### AU ROI.

*L'auteur dépeint dans cette Epître les douceurs et les avantages de la Paix. Cette pièce fut composée en 1669, pour seconder les intentions de M. Colbert, qui toujours attentif au progrès des arts et des sciences, voyait avec peine que le Roi pensait à rompre la paix qui avait été heureusement conclue à Aix-la-Chapelle l'année précédente.*

GRAND ROI, c'est vainement qu'abjurant la Satire,
Pour Toi seul désormais j'avais fait vœu d'écrire.
Dès que je prends la plume, Apollon éperdu
Semble me dire : Arrête, insensé, que fais-tu ?
Sais-tu dans quels périls aujourd'hui tu t'engages ?
Cette mer où tu cours est célèbre en naufrages.
Ce n'est pas qu'aisément, comme un autre, à ton char
Je ne pusse attacher *Alexandre* et *César ;*
Qu'aisément je ne pusse, en quelque ode insipide,
T'exalter aux dépens et de *Mars* et d'*Alcide,*
Te livrer le *Bosphore,* et d'un vers incivil
Proposer au *Sultan* de Te céder le *Nil.*

Mais pour Te bien louer, une raison sévère
Me dit qu'il faut sortir d'une route vulgaire:
Qu'après avoir joué tant d'auteurs différens,
Phébus même aurait peur s'il entrait sur les rangs:
Que par des vers tout neufs, avoués du Parnasse,
Il faut de mes dégoûts justifier l'audace :
Et si ma muse enfin n'est égale à mon Roi,
Que je prête aux Cotins des armes contre moi.
Est-ce là cet auteur, l'effroi de la Pucelle,
Qui devait des bons vers nous tracer le modèle?
Ce censeur, diront-ils, qui nous réformait tous,
Quoi! ce critique affreux n'en sait pas plus que
   nous.
N'avons-nous pas cent fois, en faveur de la France,
Comme lui, dans nos vers, pris *Memphis* et *By-*
  *zance ;*
Sur les bords de l'*Euphrate* abattu le *Turban,*
Et coupé, pour rimer, *les Cèdres du Liban,*
De quel front aujourd'hui vient-il sur nos brisées,
Se revêtir encor de nos phrases usées?
 Que répondrai-je alors? Honteux et rebuté,
J'aurais beau me complaire en ma propre beauté,
Et de mes tristes vers admirateur unique,
Plaindre en les relisant l'ignorance publique :
Quelque orgueil en secret dont s'aveugle un au-
   teur,
Il est fâcheux, GRAND ROI, de se voir sans lecteur,
Et d'aller, du récit de ta gloire immortelle,
Habiller, chez Françœur, le sucre et la canelle.
Ainsi, craignant toujours un funeste accident,
J'imite de Conrart le silence prudent :
Je laisse aux plus hardis l'honneur de la carrière,

Et regarde le champ, assis sur la barrière.
Malgré moi toutefois, un mouvement secret
Vient flatter mon esprit qui se tait à regret.
Quoi, dis-je, tout chagrin, dans ma verve infertile,
Des vertus de mon roi spectateur inutile,
Faudra-t-il sur sa gloire attendre à m'exercer,
Que ma tremblante voix commence à se glacer?
Dans un si beau projet, si ma muse rebelle,
N'ose le suivre aux champs de Lille et de Bruxelle,
Sans le chercher aux bords de l'Escaut et du Rhin,
La paix l'offre à mes yeux plus calme et plus serein.
Oui, Grand Roi, laissons-là les siéges, les batailles ;
Qu'un autre aille en rimant renverser des murailles;
Et souvent sur tes pas marchant sans ton aveu,
S'aille couvrir de sang, de poussière et de feu.
A quoi bon d'une muse au carnage animée,
Echauffer ta valeur déjà trop allumée ?
Jouissons à loisir du fruit de tes bienfaits,
Et ne nous lassons point des douceurs de la paix.

Pourquoi ces éléphans, ces armes, ce bagage,
Et ces vaisseaux tout prêts à quitter le rivage?
Disait au Roi Pyrrhus un sage confident,
Conseiller très-sensé d'un roi très-imprudent.
Je vais, lui dit ce prince, à Rome où l'on m'appe'le.
Quoi faire ? L'assiéger. L'entreprise est fort belle,
Et digne seulement d'Alexandre ou de vous:
Mais Rome prise enfin, Seigneur, où courons-nous?
Du reste des Latins la conquête est facile.
Sans doute on les peut vaincre : est-ce tout ? La Sicile
De là nous tend les bras, et bientôt sans effort.

Syracuse reçoit nos vaisseaux dans son port.
Bornez-vous là vos pas ? Dès que nous l'aurons prise,
Il ne faut qu'un bon vent, et Carthage est conquise.
Les chemins sont ouverts: qui peut nous arrêter ?
Je vous entends, Seigneur, nous allons tout dompter :
Nous allons traverser les sables de Lybie,
Asservir en passant l'Egypte, l'Arabie,
Courir de-là le Gange en de nouveaux pays,
Faire trembler le Scythe aux bords du Tanaïs,
Et ranger sous nos lois tout ce vaste hémisphère:
Mais de retour enfin que prétendez-vous faire ?
Alors, cher Cinéas, victorieux, contens,
Nous pourrons rire à l'aise et prendre du bon temps,
Hé, Seigneur, dès ce jour, sans sortir de l'Epire,
Du matin jusqu'au soir qui vous défend de rire ?
Le conseil était sage et facile à goûter :
Pyrrhus vivait heureux, s'il eût pu l'écouter.
Mais à l'ambition d'opposer la prudence,
C'est aux prélats de cour prêcher la résidence.

Ce n'est pas que mon cœur de travail ennemi,
Approuve un fainéant sur le trône endormi ;
Mais quelque vains lauriers que promette la guerre,
On peut être héros sans ravager la terre.
Il est plus d'une gloire. En vain aux conquérans
L'honneur, parmi les rois, donne les premiers rangs:
Entre les grands héros ce sont les plus vulgaires.
Chaque siècle est fécond en heureux téméraires ;
Chaque siècle produit des favoris de Mars :
La Seine a des Bourbons, le Tibre a des Césars.
On a vu mille fois des fanges Méotides

Sortir des conquérans, Goths, Vandales, Gépides.
Mais un roi vraiment roi, qui, sage en ses projets,
Sache en un calme heureux maintenir ses sujets,
Qui du bonheur public ait cimenté sa gloire,
Il faut, pour le trouver, courir toute l'histoire.
La terre compte peu de ces rois bienfaisans:
Le ciel à les former se prépare long-temps.
Tel fut cet empereur, sous qui Rome adorée
Vit renaître les jours de Saturne et de Rhée;
Qui rendit de son joug l'univers amoureux;
Qu'on n'alla jamais voir sans revenir heureux!
Qui soupirait le soir, si sa main fortunée
N'avait par ses bienfaits signalé la journée.
Le cours ne fut pas long d'un empire si doux!
 Mais où cherché-je ailleurs ce qu'on trouve chez nous?
Grand Roi, sans recourir aux histoires antiques,
Ne t'avons-nous pas vu dans les plaines Belgiques,
Quand l'ennemi vaincu désertant ses remparts,
Au-devant de ton joug courait de toutes parts,
Toi-même te borner au fort de ta victoire,
Et chercher dans la paix une plus juste gloire?
Ce sont-là les exploits que tu dois avouer:
Et c'est par là, Grand Roi, que je te veux louer.
Assez d'autres, sans moi d'un style moins timide,
Suivront aux champs de Mars ton courage rapide:
Iront de ta valeur effrayer l'univers,
Et camper devant Dôle au milieu des hivers.
Pour moi, loin des combats, sur un ton moins terrible,
Je dirai les exploits de ton règne paisible.
Je peindrai les plaisirs en foule renaissans,

Les oppresseurs du peuple à leur tour gémissans.
On verra par quels soins ta sage prévoyance
Au fort de la famine entretint l'abondance.
On verra les abus par ta main réformés ;
La licence et l'orgueil en tous lieux réprimés ;
Du débris des traitans ton épargne grossie ;
Des subsides affreux la rigueur adoucie ;
Le soldat dans la paix sage et laborieux ;
Nos artisans grossiers rendus industrieux ;
Et nos voisins frustrés de ces tributs serviles
Que payait à leur art le luxe de nos villes.
Tantôt je tracerai tes pompeux bâtimens,
Du loisir d'un héros nobles amusemens.
J'entends déjà frémir les deux mers étonnées,
De voir leurs flots unis aux pieds des Pyrénées.
Déjà de tous côtés la chicane aux abois
S'enfuit au seul aspect de tes nouvelles lois.
O que ta main par-là va sauver de pupilles !
Que de savans plaideurs désormais inutiles !
Qui ne sent point l'effet de tes soins généreux ?
L'univers, sous ton règne, a-t-il des malheureux ?
Est-il quelque vertu dans les glaces de l'Ourse,
Ni dans ces lieux brûlés où le jour prend sa source,
Dont la triste indigence ose encore approcher,
Et qu'en foule tes dons d'abord n'aillent chercher ?
C'est par toi qu'on va voir les muses enrichies,
De leur longue disette à jamais affranchies.
GRAND ROI, poursuis toujours, assure leur repos.
Sans elles un héros n'est pas long-temps héros.
Bientôt, quoi qu'il ait fait, la mort d'une ombre
    noire,
Enveloppe avec lui son nom et son histoire.

# ÉPITRE I.

En vain, pour s'exempter de l'oubli du cercueil,
Achille mit vingt fois tout Ilion en deuil.
En vain, malgré les vents, aux bords de l'Hespérie,
Enée, enfin, porta ses dieux et sa patrie :
Sans le secours des vers, leurs noms tant publiés,
Seraient depuis mille ans avec eux oubliés.
Non, à quelques hauts faits que ton destin t'appelle,
Sans le secours soigneux d'une muse fidelle,
Pour t'immortaliser tu fais de vains efforts :
Apollon te la doit ; ouvre-lui tes trésors.
En Poëtes fameux rends nos climats fertiles :
Un Auguste aisément peut faire des Virgiles.
Que d'illustres témoins de ta vaste bonté,
Vont pour Toi déposer à la postérité !

    Pour moi, qui sur ton nom déjà brûlant d'écrire,
Sens au bout de ma plume expirer la satire,
Je n'ose de mes vers vanter ici le prix.
Toutefois, si quelqu'un de mes faibles écrits
Des ans injurieux peut éviter l'outrage,
Peut-être pour ta gloire aura-t-il son usage ?
Et comme tes exploits, étonnant les lecteurs,
Seront à peine crus sur la foi des auteurs ;
Si quelque esprit malin les veut traiter de fables,
On dira quelque jour, pour les rendre croyables :
Boileau, qui dans ses vers pleins de sincérité,
Jadis à tout son siècle a dit la vérité ;
Qui mit à tout blâmer son étude et sa gloire,
A pourtant de ce roi parlé comme l'histoire.

# ÉPITRE II.
# A MONSIEUR L'ABBÉ DES ROCHES.

*La principale raison pour laquelle l'Auteur composa cette Epître, fut pour conserver la fable de l'Huître et des Plaideurs, qu'il avait retranchée de l'Epître précédente. Il y décrit en peu de mots la sottise de ceux qui ont la fureur de plaider.*

A quoi bon réveiller mes muses endormies,
Pour tracer aux auteurs des règles ennemies ?
Pense-tu qu'aucun d'eux veuille subir mes lois,
Ni suivre une raison qui parle par ma voix ?
O le plaisant Docteur qui, sur les pas d'Horace,
Vient prêcher, diront-ils, la réforme au Parnasse !
Nos écrits sont mauvais ! les siens valent-ils mieux ?
J'entends déjà d'ici Linière furieux,
 Qui m'appelle au combat : sans prendre un plus
   long terme.
De l'encre, du papier, dit-il, qu'on nous enferme :
Voyons quide nous deux, plus aisé dans ses vers,
Aura plus tôt rempli la page et le revers.
Moi donc qui suis peu fait à ce genre d'escrime,
Je le laisse tout seul verser rime sur rime ;
Et souvent de dépit contre moi s'exerçant,

Punir de mes défauts le papier innocent.
Mais toi qui ne crains point qu'un rimeur te noir-
cisse,
Que fais-tu cependant, seul en ton bénéfice?
Attends-tu qu'un fermier payant, quoiqu'un peu
tard,
De ton bien pour le moins daigne te faire part?
Vas-tu, grand défenseur des droits de ton Eglise,
De tes moines mutins réprimer l'entreprise?
Crois-moi, dût Auzanet t'assurer du succès,
Abbé, n'entreprends point, même un juste procès.
N'imite point ces fous dont la sotte avarice
Va de ses revenus engraisser la Justice;
Qui toujours assignant, et toujours assignés,
Souvent demeurent gueux de vingt procès gagnés.
Soutenons bien nos droits : sot est celui qui donne :
C'est ainsi devers Caen que tout Normand raisonne.
　Ce sont-là les leçons, dont un père Manceau
Instruit son fils no vice au sortir du berceau.
Mais pour toi, qui, nourri bien en-deça de l'Oise,
As sucé la vertu Picarde et Champenoise,
Non, non, tu n'iras point, ardent bénéficier,
Faire enrouer pour toi Corbin ni le Mazier.—
Toutefois, si jamais quelque ardeur bilieuse
Allumait dans ton cœur l'humeur litigieuse,
Consulte-moi d'abord ; et pour la réprimer,
Retiens-bien la leçon que je te vais rimer.
　Un jour, dit un auteur, n'importe en quel cha-
pitre,
Deux voyageurs à jeun rencontrèrent une huître ;
Tous deux la contestaient, lorsque dans leur chemin,

La Justice passa la balance à la main.
Devant elle à grand bruit ils expliquent la chose :
Tous deux avec dépens veulent gagner leur cause.
La Justice, pesant ce droit litigieux,
Demande l'huître, l'ouvre, et l'avale à leurs yeux;
Et par ce bel arrêt terminant la bataille,
Tenez, voilà, dit-elle, à chacun une écaille.
Des sottises d'autri nous vivons au Palais :
Messieurs, l'huître était bonne. Adieu, vivez en paix.

# ÉPITRE III.

## A M. ARNAULD.

*Le sujet de cette Épître est la mauvaise honte qui empêche le retour vers le bien, lorsqu'on s'en est une fois écarté. Elle fut composée en 1673.*

Oui, sans peine, au travers des sophismes de
  Claude,
Arnauld, des novateurs tu découvres la fraude,
Et romps de leurs erreurs les filets captieux.
Mais que sert que ta main leur dessille les yeux,
Si toujours dans leur âme une pudeur rebelle,
Près d'embrasser l'église, au prêche les rappelle?
Non, ne crois pas que Claude, habile à se tromper,
Soit insensible aux traits dont tu sais le frapper :
Mais un démon l'arrête, et quand ta voix l'attire,
Lui dit : Si tu te rends, sais-tu ce qu'on va dire?
Dans son heureux retour lui montre un faux mal-
  heur,
Lui peint de Charenton l'hérétique douleur;
Et balançant Dieu même en son âme flottante,
Fait mourir dans son cœur la vérité naissante.
Des superbes mortels le plus affreux lien,
 N'en doutons point, Arnauld, c'est la honte du
  bien.
Des plus nobles vertus cette adroite ennemie
Peint l'honneur à nos yeux des traits de l'infamie.

Asservit nos esprits sous un joug rigoureux,
Et nous rend l'un et l'autre esclaves et malheu-
 reux :
Par elle la vertu devient lâche et timide.
Vois-tu ce libertin, en public intrépide,
Qui prêche contre un Dieu que dans son âme il
 croit ?
Il irait embrasser la vérité qu'il voit ;
Mais de ses faux amis il craint la raillerie,
Et ne brave ainsi Dieu que par poltronnerie.

   C'est-là de tous nos maux le fatal fondement,
Des jugemens d'autrui nous tremblons follement ;
Et chacun l'un de l'autre adorant les caprices,
Nous cherchons hors de nous nos vertus et nos vices :
Misérables jouets de notre vanité,
Faisons au moins l'aveu de notre infirmité.
A quoi bon, quand la fièvre en nos artères brûle,
Faire de notre mal un secret ridicule ?
Le feu sort de vos yeux pétillans et troublés ;
Votre pouls inégal marche à pas redoublés ;
Quelle fausse pudeur à feindre vous oblige ?
Qu'avez-vous ? Je n'ai rien. Mais.... Je n'ai rien,
 vous dis-je,
Répondra ce malade à se taire obstiné.
Mais cependant voilà tout son corps gangrené ;
Et la fièvre demain se rendant la plus forte,
Un bénitier aux pieds, va l'étendre à la porte.
Prévenons sagement un si juste malheur.
Le jour fatal est proche et vient comme un voleur,
Avant qu'à nos erreurs le Ciel nous abandonne,
Profitons de l'instant que de grâce il nous donne.

Hâtons-nous ; le temps fuit, et nous traîne avec soi ;
Le moment où je parle est déjà loin de moi.
Mais quoi, toujours la honte en esclave nous lie !
Oui, c'est toi qui nous perds, ridicule folie :
C'est toi qui fis tomber le premier malheureux,
Le jour que d'un faux bien, sottement amoureux,
Et n'osant soupçonner sa femme d'imposture,
Au démon par pudeur il vendit la nature.
Hélas ! avant ce jour qui perdit ses neveux,
Tous les plaisirs couraient au-devant de ses vœux ;
La faim aux animaux ne faisait point la guerre :
Le blé pour se donner, sans peine ouvrant la terre,
N'attendait point qu'un bœuf pressé de l'aiguillon,
Traçât à pas tardifs un pénible sillon.
La vigne offrait partout des grappes toujours plei-
    nes,
Et des ruisseaux de lait serpentaient dans les
    plaines.
Mais, de ce jour, Adam déchu de son état,
D'un tribut de douleurs paya son attentat.
Il fallut qu'au travail son corps rendu docile,
Forçât la terre avare à devenir fertile.
Le chardon importun hérissa les guérêts :
Le serpent venimeux rampa dans les forêts ;
La canicule en feu désola les campagnes :
L'aquilon en fureur gronda sur les montagnes.
Alors, pour se couvrir durant l'âpre saison,
Il fallut aux brebis dérober leur toison.
La peste en même-temps, la guerre et la famine
Des malheureux humains jurèrent la ruine :
Mais aucun de ces maux n'égala les rigueurs

Que la mauvaise honte exerça dans les cœurs.
De ce nid à l'instant sortirent tous les vices.
L'avare des premiers en proie à ses caprices,
Dans un infâme gain mettant l'honnêteté,
Pour toute honte alors compta la pauvreté,
L'honneur et la vertu n'osèrent plus paroître.
La piété chercha les déserts et le cloître.
Depuis, on n'a point vu de cœur si détaché,
Qui par quelque lien ne tînt à ce péché.
Triste et funeste effet du premier de nos crimes.
Moi-même, ARNAULD, ici, qui te prêche en ces
    rimes,
Plus qu'aucun des mortels, par la honte abattu,
En vain j'arme contre elle une faible vertu.
Ainsi, toujours douteux, chancelant et volage,
A peine du limon, où le vice m'engage,
J'arrache un pied timide, et sors en m'agitant,
Que l'autre m'y reporte, et s'embourbe à l'instant.
Car si, comme aujourd'hui, quelque rayon de zèle,
Allume dans mon cœur une clarté nouvelle,
Soudain aux yeux d'autrui s'il faut la confirmer
D'un geste, d'un regard je me sens allarmer;
Et même sur ces vers que je te viens d'écrire,
Je tremble en ce moment de ce que l'on va dire.

# ÉPITRE IV.
## AU ROI.

*Le sujet de cette Épitre est la campagne de 1672. Parmi les événemens qui la rendirent si glorieuse au Roi, le Poëte choisit le passage du Rhin par l'armée de France, le 12 Juin 1672, comme le sujet le plus brillant, et par conséquent le plus susceptible des ornemens de la poésie. Cette pièce fut imprimée au mois d'Août 1672.*

En vain, pour te louer, ma muse toujours prête,
Vingt fois de la Hollande a tenté la conquête :
Ce pays, où cent murs n'ont pu te résister,
GRAND ROI, n'est pas en vers si facile à dompter.
Des villes que tu prends, les noms durs et barbares
N'offrent de toutes parts que syllabes bizarres ;
Et, l'oreille effrayée, il faut depuis l'Issel,
Pour trouver un beau mot, courir jusqu'au Tessel.
Oui, partout de son nom chaque place munie,
Tient bon contre le vers, en détruit l'harmonie.
Et qui peut, sans frémir, aborder Wœrden ?
Quel vers ne tomberait au seul nom de Heusden ?
Quelle muse à rimer en tous lieux disposée,
Oserait approcher des bords du Zui-derzée ?
Comment en vers heureux assiéger Doësbourg,
Zutphen, Wageninghen, Harderwic, Knotzem-
      bourg.
Il n'est fort, entre ceux que tu prends par centaines,
Qui ne puisse arrêter un rimeur six semaines ;
Et partout sur le Whal, ainsi que sur le Leck,

Le vers est en déroute, et le poëte à sec.
  Encor si tes exploits moins grands et moins ra-
      pides,
Laissaient prendre courage à nos muses timides,
Peut-être avec le temps, à force d'y rêver,
Par quelque coup de l'art nous pourrions nous
    sauver.
Mais dès qu'on veut tenter cette vaste carrière,
Pégase s'effarouche, et recule en arrière.
Mon Apollon s'étonne, et Nimègue est à Toi,
Que ma muse est encore au camp devant Orsoi.
Aujourd'hui toutefois mon zèle m'encourage,
Il faut au moins du Rhin tenter l'heureux passage.
Un trop juste devoir veut que nous l'essayions.
Muses, pour le tracer, cherchez tous vos crayons.
Car, puisqu'en cet exploit tout paraît incroyable,
Que la vérité pure y ressemble à la fable,
De tous vos ornemens vous pouvez l'égayer.
Venez donc et surtout gardez bien d'ennuyer.
Vous savez des grands vers les disgrâces tragiques,
Et souvent on ennuie en termes magnifiques.
  Au pied du mont Adulle, entre mille roseaux,
Le Rhin tranquille et fier du progrès de ses eaux,
Appuyé d'une main sur son urne penchante,
Dormait au bruit flatteur de son onde naissante,
Lorsqu'un cri tout-à-coup suivi de mille cris,
Vient d'un calme si doux retirer ses esprits.
Il se trouble, il regarde, et partout sur ses rives,
Il voit fuir à grands pas ses Naïades craintives,
Qui toutes accourant vers leur humide roi,
Par un récit affreux redoublent son effroi.
Il apprend qu'un héros conduit par la victoire,

# ÉPITRE IV.

A de ses bords fameux flétri l'antique gloire;
Que Rhimberg et Vesel, terrassés en deux jours,
D'un joug déjà prochain menacent tout son cours.
Nous l'avons vu, dit l'une, affronter la tempête
De cent foudres d'airain tournés contre sa tête.
Il marche vers Tholus, et tes flots en courroux,
Au prix de sa fureur, sont tranquilles et doux.
Il a de Jupiter la taille et le visage;
Et depuis ce Romain, dont l'insolent passage
Sur un pont en deux jours trompa tous tes efforts,
Jamais rien de si grand n'a paru sur tes bords.
 Le Rhin tremble et frémit à ces tristes nouvelles;
Le feu sort à travers ses humides prunelles:
« C'est donc trop peu, dit-il, que l'Escaut, en
   deux mois,
» Ait appris à couler sous de nouvelles lois!
» Et de mille remparts mon onde environnée
» De ces fleuves sans nom suivra la destinée!
» Ah! périssent mes eaux, ou par d'illustres coups
» Montrons qui doit céder des mortels ou de nous ».
A ces mots, essuyant sa barbe limoneuse,
Il prend, d'un vieux guerrier, la figure poudreuse.
Son front cicatrisé rend son air furieux,
Et l'ardeur du combat étincelle en ses yeux.
En ce moment il part, et couvert d'une nue,
Du fameux fort de Skink prend la route connue.
Là, contemplant son cours, il voit de toutes parts,
Ses pâles défenseurs par la frayeur épars:
Il voit cent bataillons, qui loin de se défendre,
Attendent sur des murs l'ennemi pour se rendre.
Confus, il les aborde; et renforçant sa voix:
« Grands arbitres, dit-il, des querelles des rois,

7

« Est-ce ainsi que votre âme aux périls aguerrie,
» Soutient sur ces remparts l'honneur et la patrie ?
» Votre ennemi superbe, en cet instant fameux,
» Du Rhin, près de Tholus, fend les flots écumeux.
» Du moins, en vous montrant, sur la rive opposée,
» N'oseriez-vous saisir une victoire aisée ?
» Allez, vils combattans, inutiles soldats,
» Laissez là ces mousquets trop pesans pour vos bras,
» Et la faulx à la main, parmi vos marécages,
» Allez couper vos joncs, et presser vos laitages ;
» Ou, gardant les seuls bords qui vous peuvent cou-
   vrir,
» Avec moi de ce pas venez vaincre ou mourir ».
 Ce discours d'un guerrier que la colère enflamme,
Ressuscite l'honneur déjà mort en leur âme :
Et leurs cœurs s'allumant d'un reste de chaleur,
La honte fait en eux l'effet de la valeur.
Ils marchent droit au fleuve, où Louis en personne,
Déjà prêt à passer, instruit, dispose, ordonne.
Par son ordre, Grammont le premier dans les flots
S'avance soutenu des regards du héros.
Son coursier écumant sous un maître intrépide,
Nage tout orgueilleux de la main qui le guide.
Revel le suit de près : sous ce chef redouté
Marche des Cuirassiers l'escadron indompté.
Mais déjà devant eux une chaleur guerrière
Emporte loin du bord le bouillant Lesdiguière,
Vivonne, Nantouillet, et Coissin et Salart :
Chacun d'eux au péril veut la première part.
Vendôme que soutient l'orgueil de sa naissance,
Au même instant dans l'onde, impatient s'élance.
La Salle, Beringhen, Nogent, d'Ambre, Cavois

Fendent les flots tremblans sous un si noble poids.
Louis, les animant du feu de son courage,
Se plaint de sa grandeur qui l'attache au rivage.
Par ses soins cependant trente légers vaisseaux,
D'un tranchant aviron déjà coupent les eaux.
Cent guerriers s'y jettant, signalent leur audace.
Le Rhin les voit d'un œil qui porte la menace.
Il s'avance en courroux: le plomb vole à l'instant,
Et pleut de toutes parts sur l'escadron flottant.
Du salpêtre, en fureur, l'air s'échauffe et s'allume,
Et des coups redoublés tout le rivage fume.
Déjà du plomb mortel, plus d'un brave est atteint;
Sous les fougueux coursiers l'onde écume et se plaint
De tant de coups affreux, la tempête orageuse,
Tient un temps sur les eaux, la fortune douteuse;
Mais Louis, d'un regard, sait bientôt la fixer:
Le destin à ses yeux n'oserait balancer.
Bientôt avec Grammont, courent Mars et Bellone
Le Rhin, à leur aspect, d'épouvante frissonne;
Quand, pour nouvelle allarme à ses esprits glacés,
Un bruit s'épand qu'Enguien et Condé sont passés;
Condé, dont le seul nom fait tomber les murailles,
Force les escadrons, et gagne les batailles:
Enguien de son hymen, le seul et digne fruit,
Par lui, dès son enfance, à la victoire instruit.
L'ennemi renversé fuit, et gagne la plaine:
Le Dieu lui-même cède au torrent qui l'entraîne,
Et seul, désespéré, pleurant ses vains efforts,
Abandonne à Louis la victoire et ses bords.
Du Fleuve, ainsi dompté, la déroute éclatante
A Wurts jusqu'en son camp va porter l'épouvante:
Wurts, l'espoir du pays, et l'appui de ses murs,

# ÉPITRE IV.

Wurts... ah! quel nom, Grand Roi! quel Hector
    que ce Wurts!
Sans ce terrible nom, mal né pour les oreilles,
Que j'allais à tes yeux étaler de merveilles!
Bientôt on eût vu Skink dans mes vers emporté,
De ses fameux remparts démentir la fierté.
Bientôt.. Mais Wurts s'oppose à l'ardeur qui m'a-
    nime.
Finissons, il est temps : aussi bien si la rime
Allait mal à propos m'engager dans Arnheim,
Je ne sais, pour sortir, de porte qu'Hildesheim.
  O! que le ciel soigneux de notre poésie,
Grand Roi, ne nous fit-il plus voisins de l'Asie!
Bientôt victorieux de cent peuples altiers,
Tu nous aurais fourni des rimes à milliers.
Il n'est plaine en ce lieu si sèche et si stérile,
Qui ne soit en beaux mots partout riche et fertile.
Là, plus d'un bourg fameux par son antique nom,
Vient offrir à l'oreille un agréable son.
Quel plaisir de te suivre aux rives de Scamandre!
D'y trouver d'Ilion la poétique cendre :
De juger si les Grecs, qui brisèrent ses tours,
Firent plus en dix ans, que Louis en dix jours!
Mais pourquoi sans raison désespérer ma veine?
Est-il dans l'Univers de place si lointaine,
Où ta valeur, Grand Roi, ne te puisse porter,
Et ne m'offre bientôt des exploits à chanter?
Non, non, ne faisons plus de plaintes inutiles;
Puisqu'ainsi dans deux mois tu prends quarante
    villes,
Assuré des bons vers dont ton bras me répond,
Je t'attends dans deux ans aux bords de l'Hellespont.

# ÉPITRE V.

## A MONSIEUR DE GUILLERAGUES.

*L'Auteur fait voir dans cette Épître, que la véritable félicité consiste dans la connaissance de soi-même, et qu'on se trompe quand on cherche son bonheur autre part que chez soi. Cette pièce fut composée en 1674, et publiée l'année suivante.*

Esprit né pour la Cour, et maître en l'art de plaire,
Guilleragues, qui sais et parler et te taire,
Apprends-moi si je dois ou me taire, ou parler.
Faut-il dans la satire encor me signaler,
Et dans ce champ fécond en plaisantes malices,
Faire encore aux auteurs redouter mes caprices ?
Jadis, non sans tumulte, on m'y vit éclater,
Quand mon esprit plus jeune, et prompt à s'irriter,
Aspirait moins au nom de discret et de sage :
Que mes cheveux plus noirs ombrageaient mon visage.
Maintenant que le temps a mûri mes desirs,
Que mon âge, amoureux de plus sages plaisirs,

Bientôt s'en va frapper à son neuvième lustre ;
J'aime mieux mon repos qu'un embarras illustre.
Que d'une égale ardeur mille auteurs animés,
Aiguisent contre moi leurs traits envenimés ;
Que tout, jusqu'à Pinchêne, et m'insulte et m'accable ;
Aujourd'hui vieux lion, je suis doux et traitable ;
Je n'arme point contre eux mes ongles émoussés.
Ainsi que mes chagrins mes beaux jours sont passés.
Je ne sens plus l'aigreur de ma bile première,
Et laisse aux froids rimeurs une libre carrière.
   Ainsi donc, philosophe à la raison soumis,
Mes défauts désormais sont mes seuls ennemis.
C'est l'erreur que je fuis, c'est la vertu que j'aime :
Je songe à me connaître, et me cherche en moi-même ;
C'est là l'unique étude où je veux m'attacher.
Que l'Astrolabe en main un autre aille chercher
Si le Soleil est fixe, ou tourne sur son axe ;
Si Saturne à nos yeux peut faire un parallaxe :
Que Rohaut vainement sèche pour concevoir
Comment tout étant plein, tout a pu se mouvoir ;
Ou que Bernier compose et le sec et l'humide
Des corps ronds et crochus errans parmi le vide :
Pour moi sur cette mer qu'ici-bas nous courons,
Je songe à me pourvoir d'esquif et d'avirons,
A régler mes desirs, à prévenir l'orage,
A sauver, s'il se peut, ma raison du naufrage.
   C'est au repos d'esprit que nous aspirons tous :
Mais ce repos heureux se doit chercher en nous.
Un fou rempli d'erreurs, que le trouble accompagne,

Et malade à la ville, ainsi qu'à la campagne,
En vain monte à cheval pour tromper son ennui;
Le chagrin monte en croupe, et galoppe avec lui.
Que crois-tu qu'Alexandre, en ravageant la terre,
Cherche parmi l'horreur, le tumulte et la guerre?
Possédé d'un ennui qu'il ne saurait dompter,
Il craint d'être à soi-même, et songe à s'éviter.
C'est-là ce qui l'emporte aux lieux où naît l'Aurore.
Où le Perse est brûlé de l'astre qu'il adore.
De nos propres malheurs auteurs infortunés,
Nous sommes loin de nous à toute heure entraînés.
A quoi bon ravir l'or au sein du nouveau monde?
Le bonheur tant cherché sur la terre et sur l'onde,
Est ici, comme aux lieux où mûrit le Coco;
Et se trouve à Paris, de même qu'à Cusco :
On ne le tire point des veines du Potose.
Qui vit content de rien, possède toute chose.
Mais sans cesse ignorans de nos propres besoins,
Nous demandons au Ciel ce qu'il nous faut le moins.

 O! que si cet hiver un rhume salutaire,
Guérissant de tous maux mon avare beau-père,
Pouvait, bien confessé, l'étendre en un cercueil,
Et remplir sa maison d'un agréable deuil!
Que mon âme, en ce jour de joie et d'opulence,
D'un superbe convoi plaindrait peu la dépense!
Disait le mois passé, doux, honnête et soumis,
L'héritier affamé de ce riche commis,
Qui, pour lui préparer cette douce journée,
Tourmenta quarante ans sa vie infortunée.
La mort vient de saisir le vieillard cathéreux,
Voilà son gendre riche : en est-il plus heureux?

Tout fier du faux éclat de sa vaine richesse,
Déjà nouveau seigneur il vante sa noblesse :
Quoique fils de meûnier encor blanc du moulin,
Il est prêt à fournir ses titres en vélin.
En mille vains projets à toute heure il s'égare.
Le voilà fou, superbe, impertinent, bizarre,
Rêveur, sombre, inquiet, à soi-même ennuyeux :
Il vivrait plus content, si comme ses aïeux,
Dans un habit conforme à sa vraie origine,
Sur le mulet encor il chargeait la farine.
   Mais ce discours n'est pas pour le peuple ignorant,
Que le faste éblouit d'un bonheur apparent.
L'argent, l'argent, dit-on ; sans lui tout est stérile ;
La vertu sans l'argent n'est qu'un meuble inutile.
L'argent en honnête homme érige un scélérat ;
L'argent seul au Palais peut faire un magistrat.
Qu'importe qu'en tous lieux on me traite d'infâme,
Dit ce fourbe sans foi, sans honneur et sans âme ;
Dans mon coffre tout plein de rares qualités,
J'ai cent mille vertus en louis bien comptés.
Est-il quelque talent que l'argent ne me donne ?
C'est ainsi qu'en son cœur ce Financier raisonne.
Mais pour moi, que l'éclat ne saurait décevoir,
Qui mets au rang des biens l'esprit et le savoir,
J'estime autant Patru, même dans l'indigence,
Qu'un commis engraissé des malheurs de la France.
   Non que je sois du goût de ce Sage insensé,
Qui, d'un argent commode, esclave embarrassé,
Jeta tout dans la mer, pour crier : Je suis libre.
De la droite raison je sens mieux l'équilibre :
Mais je tiens qu'ici-bas, sans faire tant d'apprêts,

# ÉPITRE V.

La vertu se contente, et vit à peu de frais.
Pourquoi donc s'égarer en des projets si vagues?
Ce que j'avance ici, crois-moi, cher Guilleragues,
Ton ami, dès l'enfance, ainsi l'a pratiqué.
Mon père, soixante ans au travail appliqué,
En mourant, me laissa pour rouler et pour vivre,
Un revenu léger, et son exemple à suivre.
Mais bientôt amoureux d'un plus noble métier,
Fils, frère, oncle, cousin, beau-frère de greffier,
Pouvant charger mon bras d'une utile liasse,
J'allai loin du Palais errer sur le Parnasse.
La famille en pâlit, et vit en frémissant,
Dans la poudre du greffe un poëte naissant.
On vit avec horreur une muse effrénée
Dormir chez un greffier la grasse matinée.
Dès lors à la richesse il fallut renoncer :
Ne pouvant l'acquérir, j'appris à m'en passer;
Et sur-tout redoutant la basse servitude,
La libre vérité fut toute mon étude.
Dans ce métier, funeste à qui veut s'enrichir,
Qui l'eût cru, que pour moi le sort dût se fléchir?
Mais du plus grand des Rois la bonté sans limite
Toujours prête à courir au-devant du mérite,
Crut voir dans ma franchise un mérite inconnu,
Et d'abord de ses dons enfla mon revenu.
La brigue ni l'envie, à mon bonheur contraires,
Ni les cris douloureux de mes vains adversaires,
Ne purent dans leur course arrêter ses bienfaits.
C'est est trop : mon bonheur a passé mes souhaits.
Qu'à son gré désormais la fortune me joue;
On me verra dormir au branle de sa roue.

Si quelque soin encor agite mon repos,
C'est l'ardeur de louer un si fameux héros.
Ce soin ambitieux me tirant par l'oreille,
La nuit, lorsque je dors, en sursaut me réveille ;
Me dit que ses bienfaits dont j'ose me vanter,
Par des vers immortels ont dû se mériter.
C'est-là le seul chagrin qui trouble encor mon âme.
Mais si dans le beau feu du zèle qui m'enflamme,
Par un ouvrage enfin des critiques vainqueur,
Je puis sur ce sujet satisfaire mon cœur,
Guilleragues, plains-toi de mon humeur légère,
Si jamais entraîné d'une ardeur étrangère,
Ou d'un vil intérêt reconnaissant la loi,
Je cherche mon bonheur autre part que chez moi.

# ÉPITRE VI.

## A M. DE LAMOIGNON.

*Cette Épître a été composée en l'année 1667. L'Auteur y décrit les douceurs dont il jouit à la campagne, et les chagrins qui l'attendent à la ville. Horace a fait une Satire sur le même sujet; elle est la sixième du Livre 2.*

Oui, Lamoignon, je fuis les chagrins de la ville,
Et contre eux la campagne est mon unique asile.
Du lieu qui m'y retient veux-tu voir le tableau?
C'est un petit village, ou plutôt un hameau,
Bâti sur le penchant d'un long rang de collines,
D'où l'œil s'égare au loin dans les plaines voisines.
La Seine au pied des monts, que son flot vient laver,
Voit du sein de ses eaux vingt îles s'élever,
Qui, partageant son cours, en diverses manières,
D'une rivière seule y forment vingt rivières.
Tous ses bords sont couverts de saules non plantés,
Et de noyers souvent du passant insultés.
Le village au-dessus forme un amphithéâtre.
L'habitant ne connaît ni la chaux, ni le plâtre:
Et dans le roc, qui cède et se coupe aisément,
Chacun sait de sa main creuser un logement.
La maison du Seigneur, seule un peu plus ornée,
Se présente au-dehors de murs environnée.
Le soleil en naissant la regarde d'abord,
Et le mont la défend des outrages du Nord.
   C'est là, cher Lamoignon, que mon esprit tranquille,

Met à profit les jours que la Parque me file.
Ici, dans un vallon bornant tous mes desirs,
J'achète à peu de frais de solides plaisirs.
Tantôt, un livre en main, errant dans les prairies,
J'occupe ma raison d'utiles rêveries :
Tantôt cherchant la fin d'un vers que je construi,
Je trouve au coin d'un bois le mot qui m'avait fui.
Quelquefois à l'appât d'un hameçon perfide,
J'amorce en badinant le poisson trop avide ;
Ou d'un plomb qui suit l'œil et part avec l'éclair,
Je vais faire la guerre aux habitans de l'air.
Une table, au retour, propre et non magnifique,
Nous présente un repas agréable et rustique.
Là, sans s'assujétir aux dogmes du Broussain,
Tout ce qu'on boit est bon, tout ce qu'on mange
    est sain.
La maison le fournit, la fermière l'ordonne,
Et mieux que Bergerat l'appétit l'assaisonne.
O fortuné séjour! ô champs aimés des cieux!
Que pour jamais, foulant vos prés délicieux,
Ne puis-je ici fixer ma course vagabonde,
Et connu de vous seuls oublier tout le monde!
    Mais à peine du sein de vos vallons chéris
Arraché malgré moi, je rentre dans Paris ;
Qu'en tous lieux les chagrins m'attendent au pas-
    sage.
Un cousin abusant d'un fâcheux parentage,
Veut qu'encor tout poudreux, et sans me débotter,
Chez vingt juges pour lui j'aille solliciter.
Il faut voir de ce pas les plus considérables :
L'un demeure au Marais, et l'autre aux Incurables
Je reçois vingt avis qui me glacent d'effroi :

# ÉPITRE VI.

Hier, dit-on, de vous on parla chez le Roi,
Et d'attentat horrible on traita la satire.
Et le Roi, que dit-il ? Le Roi se prit à rire.
Contre vos derniers vers on est fort en courroux ;
Pradon a mis au jour un livre contre vous,
Et chez le chapelier du coin de notre place,
Autour d'un Caudebec j'en ai lu la préface.
L'autre jour sur un mot la Cour vous condamna.
Le bruit court qu'avant-hier on vous assassina.
Un écrit scandaleux sous votre nom se donne.
D'un Pasquin qu'on a fait, au Louvre on vous
   soupçonne.
Moi ? Vous ; on nous l'a dit dans le Palais-Royal.
Douze ans sont écoulés depuis le jour fatal,
Qu'un Libraire imprimant les essais de ma plume,
Donna, pour mon malheur, un trop heureux vo-
   lume;
Toujours, depuis ce temps, en proie aux sots
   discours,
Contre eux la vérité m'est un faible secours.
Vient-il de la province une satire fade,
D'un plaisant du pays insipide boutade :
Pour la faire courir on dit qu'elle est de moi :
Et le sot campagnard le croit de bonne foi.
J'ai beau prendre à témoin et la Cour et la ville.
Non ; à d'autres, dit-il ; on connaît votre style :
Combien de temps ces vers vous ont-ils bien coûté ?
Ils ne sont point de moi, Monsieur, en vérité ;
Peut-on m'attribuer ces sottises étranges ?
Ah ! Monsieur, vos mépris vous servent de louanges.
 Ainsi de cent chagrins dans Paris accablé,
Juge, si toujours triste, interrompu, troublé,

ÉPITRE VI.

Lamoignon, j'ai le temps de courtiser les muses.
Le monde, cependant, se rit de mes excuses,
Croit que pour m'inspirer sur chaque événement,
Apollon doit venir au premier mandement.
 Un bruit court que le Roi va tout réduire en poudre,
Et dans Valencienne est entré comme un foudre;
Que Cambrai, des Français l'épouvantable écueil,
A vu tomber enfin ses murs et son orgueil;
Que devant Saint-Omer, Nassau par sa défaite,
De Philippe vainqueur rend la gloire complète.
Dieu sait comme les vers chez vous s'en vont couler
Dit d'abord un ami qui veut me cajoler;
Et dans ce temps guerrier et fécond en Achilles,
Croit que l'on fait les vers comme l'on prend les villes.
Mais moi, dont le génie est mort en ce moment,
Je ne sais que répondre à ce vain compliment;
Et justement confus de mon peu d'abondance,
Je me fais un chagrin du bonheur de la France.
Qu'heureux est le mortel, qui du monde ignoré,
Vit content de soi-même en un coin retiré!
Que l'amour de ce rien qu'on nomme Renommée,
N'a jamais enivré d'une vaine fumée;
Qui, de sa liberté, forme tout son plaisir,
Et ne rend qu'à lui seul compte de son loisir!
Il n'a point à souffrir d'affronts ni d'injustices,
Et du peuple inconstant il brave les caprices.
Mais nous autres faiseurs de livres et d'écrits,
Sur les bords du Permesse aux louanges nourris,
Nous ne saurions briser nos fers et nos entraves:
Du lecteur dédaigneux honorables esclaves,

## ÉPITRE VI.

Du rang où notre esprit une fois s'est fait voir,
Sans un fâcheux éclat nous ne saurions déchoir.
Le public, enrichi du tribu de nos veilles,
Croit qu'on doit ajouter merveilles sur merveilles.
Au comble parvenus, il veut que nous croissions :
Il veut, en vieillissant, que nous rajeunissions.
Cependant tout décroît, et moi-même à qui l'âge
D'aucune ride encor n'a flétri le visage,
Déjà moins plein de feu, pour animer ma voix
J'ai besoin du silence et de l'ombre des bois.
Ma muse qui se plaît dans leurs routes perdues,
Ne saurait plus marcher sur le pavé des rues.
Ce n'est que dans ces bois propres à m'exciter,
Qu'Apollon quelquefois daigne encor m'écouter.
Ne demande donc plus par quelle humeur sauvage,
Tout l'été, loin de toi, demeurant au village,
J'y passe obstinément les ardeurs du Lion,
Et montre pour Paris si peu de passion.
C'est à toi, Lamoignon, que le rang, la naissance,
Le mérite éclatant, et la haute éloquence
Appellent dans Paris aux sublimes emplois,
Qu'il sied bien d'y veiller pour le maintien des loix,
Tu dois là tous tes soins au bien de la patrie :
Tu ne t'en peux bannir que l'orphelin ne crie ;
Que l'oppresseur ne montre un front audacieux ;
Et Thémis, pour voir clair, a besoin de tes yeux.
Mais pour moi, de Paris citoyen inhabile,
Qui ne lui puis fournir qu'un rêveur inutile,
Il me faut du repos, des prés et des forêts.
Laisse-moi donc ici, sous leurs ombrages frais,
Attendre que Septembre ait ramené l'Automne,
Et que Cérès contente ait fait place à Pomone.

Quand Bacchus comblera de ses nouveaux bienfaits
Le vendangeur ravi de ployer sous le faix,
Aussitôt ton ami redoutant moins la ville,
T'ira joindre à Paris, pour s'enfuir à Bâville.
Là, dans le seul loisir que Thémis t'a laissé,
Tu me verras souvent à te suivre empressé,
Pour monter à cheval rappelant mon audace,
Apprenti cavalier, galoper sur ta trace.
Tantôt sur l'herbe assis au pied de ces côteaux,
Où Policrène épand ses libérales eaux,
Lamoignon, nous irons, libres d'inquiétude,
Discourir des vertus dont tu fais ton étude,
Chercher quels sont les biens véritables ou faux,
Si l'honnête homme en soi doit souffrir des défauts,
Quel chemin le plus droit à la gloire nous guide,
Ou la vaste science, ou la vertu solide.
C'est ainsi que chez toi tu sauras m'attacher.
Heureux! si les fâcheux, prompts à nous y chercher,
N'y viennent point semer l'ennuyeuse tristesse.
Car dans ce grand concours d'hommes de toute
   espèce,
Que sans cese à Bâville attire le devoir,
Au lieu de quatre amis qu'on attendait le soir,
Quelquefois de fâcheux arrivent trois volées,
Qui, du parc à l'instant, assiégent les allées.
Alors sauve qui peut, et quatre fois heureux,
Qui sait pour s'échapper quelque antre ignoré d'eux.

# ÉPITRE VII.
## A M. RACINE.

*Le sujet de cette Epître est l'utilité qu'on peut retirer de la jalousie de ses ennemis, et en particulier des bonnes et des mauvaises critiques. Elle fut composée à l'occasion de la tragédie de Phèdre et Hippolyte, que M. Racine fit représenter pour la première fois, le premier Janvier 1677.*

Que tu sais bien, RACINE, à l'aide d'un acteur,
Emouvoir, étonner, ravir un spectateur!
Jamais Iphigénie, en Aulide immolée,
N'a coûté tant de pleurs à la Grèce assemblée,
Que dans l'heureux spectacle à nos yeux étalé,
En a fait, sous son nom, verser la Chanmeslé.
Ne crois pas toutefois par tes savans ouvrages,
Entraînant tous les cœurs, gagner tous les suffrages.
Sitôt que d'Apollon un génie inspiré,
Trouve loin du vulgaire un chemin ignoré,
En cent lieux contre lui les cabales s'amassent :
Ses rivaux obscurcis autour de lui croassent;
Et son trop de lumière importunant les yeux,
De ses propres amis lui fait des envieux.
La mort seule ici bas, en terminant sa vie,
Peut calmer sur son nom l'injustice et l'envie,
Faire au poids du bon sens peser tous ses écrits,
Et donner à ses vers leur légitime prix.

Avant qu'un peu de terre, obtenu par prière,
Pour jamais sous la tombe eût enfermé Molière;
Mille de ses beaux traits, aujourd'hui si vantés,
Furent des sots esprits à nos yeux rebutés.
L'ignorance et l'erreur, à ses naissantes pièces,
En habits de marquis, en robes de comtesses,
Venaient pour diffamer son chef-d'œuvre nouveau,
Et secouaient la tête à l'endroit le plus beau.
Le Commandeur voulait la scène plus exacte.
Le Vicomte indigné sortait au second acte.
L'un, défenseur zélé des bigots mis en jeu,
Pour prix de ses bons mots le condamnait au feu :
L'autre, fougueux marquis, lui déclarant la guerre,
Voulait venger la Cour immolée au parterre.
Mais sitôt que d'un trait de ses fatales mains
La Parque l'eût rayé du nombre des humains,
On reconnut le prix de sa muse éclipsée :
L'aimable comédie avec lui terrassée,
En vain d'un coup si rude espéra revenir,
Et sur ses brodequins ne put plus se tenir.
Tel fut chez nous le sort du théâtre comique.
Toi donc, qui l'élevant sur la scène tragique,
Suis les pas de Sophocle, et seul de tant d'esprits,
De Corneille vieilli sais consoler Paris,
Cesse de t'étonner, si l'envie animée,
Attachant à ton nom sa rouille envenimée,
La calomnie en main, quelquefois te poursuit :
En cela, comme en tout, le ciel qui nous conduit,
Racine, fait briller sa profonde sagesse.
Le mérite en repos s'endort dans la paresse :
Mais par les envieux un génie excité

Au comble de son art est mille fois monté.
Plus on veut l'affaiblir, plus il croît et s'élance.
Au Cid persécuté Cinna doit sa naissance ;
Et peut-être ta plume aux censeurs de Pyrrhus
Doit les plus nobles traits dont tu peignis Burrhus.
Moi-même, dont la gloire ici moins répandue
Des pâles envieux ne blesse point la vue,
Mais qu'une humeur trop libre, un esprit peu
       soumis,
De bonne heure a pourvu d'utiles ennemis,
Je dois plus à leur haine, il faut que je l'avoûe,
Qu'au faible et vain talent dont la France me loûe.
Leur venin, qui sur moi brûle de s'épancher,
Tous les jours en marchant m'empêche de broncher.
Je songe à chaque trait que ma plume hasarde,
Que d'un œil dangereux leur troupe me regarde.
Je sais, sur leurs avis, corriger mes erreurs,
Et je mets à profit leurs malignes fureurs.
Sitôt que sur un vice ils pensent me confondre,
C'est en me guérissant que je sais leur répondre :
Et plus en criminel ils pensent m'ériger,
Plus croissant en vertu je songe à me venger.
Imite mon exemple, et lorsqu'une cabale,
Un flot de vingt auteurs follement te ravale,
Profite de leur haine et de leur mauvais sens :
Ris du bruit passager de leurs cris impuissans.
Que peut contre tes vers une ignorance vaine ?
Le parnasse français, ennobli par ta veine,
Contre tous ces complots saura te maintenir,
Et soulever pour toi l'équitable avenir.
Et qui, voyant un jour la douleur vertueuse

De Phèdre, malgré soi, perfide, incestueuse,
D'un si noble travail justement étonné,
Ne bénira d'abord le siècle fortuné,
Qui, rendu plus fameux par tes illustres veilles,
Vit naître sous ta main ces pompeuses merveilles?
   Cependant laisse ici gronder quelques censeurs,
Qu'aigrissent de tes vers les charmantes douceurs.
Et qu'importe à nos vers que Perrin les admire,
Que l'auteur du Jonas s'empresse pour les lire;
Qu'ils charment de Senlis le poëte idiot,
Ou le sec traducteur du français d'Amyot:
Pourvu qu'avec éclat leurs rimes débitées
Soient du peuple, des grands, des provinces
             goûtées;
Pourvu qu'ils puissent plaire au plus puissant des
             rois;
Qu'à Chantilli, Condé les souffre quelquefois,
Qu'Enguien en soit touché, que Colbert et Vi-
             vonne,
Que la Rochefoucault, Marsillac et Pompone,
Et mille autres qu'ici je ne puis faire entrer,
A leurs traits délicats se laissent pénétrer?
Et plût au ciel encor, pour couronner l'ouvrage,
Que Montauzier voulût leur donner son suffrage:
C'est à de tels lecteurs que j'offre mes écrits.
Mais pour un tas grossier de frivoles esprits,
Admirateurs zélés de toute œuvre insipide,
Que non loin de la place où Brioché préside,
Sans chercher dans les vers ni cadence, ni son,
Il s'en aille admirer le savoir de Pradon.

# ÉPITRE VIII.
## AU ROI.

*L'Auteur appelait ordinairement cette Épître-ci son remerciment. En effet, il y marque plus particulièrement que dans le reste de ses ouvrages, la reconnaissance qu'il avait des bienfaits dont Sa Majesté l'avait gratifié. Elle fut composée en 1675; mais il ne la fit paraître que l'année suivante.*

GRAND ROI, cesse de vaincre, ou je cesse d'écrire.
Tu sais bien que mon style est né pour la satire :
Mais mon esprit contraint de la désavouer,
Sous ton règne étonnant ne veut plus que louer.
Tantôt dans les ardeurs de ce zèle incommode,
Je songe à mesurer les syllabes d'une Ode;
Tantôt d'une Enéide auteur ambitieux,
Je me forme déjà le plan audacieux.
Ainsi toujours flatté d'une douce manie,
Je sens de jour en jour dépérir mon génie;
Et mes vers en ce style ennuyeux, sans appas,
Déshonorent ma plume, et ne T'honorent pas.
 Encor si ta valeur, à tout vaincre obstinée,
Nous laissait pour le moins respirer une année,
Peut-être mon esprit, prompt à ressusciter,
Du temps qu'il a perdu saurait se racquitter.
 Sur ses nombreux défauts, merveilleux à décrire,
Le siècle m'offre encor plus d'un bon mot à dire.

Mais à peine Dinan et Limbourg sont forcés,
Qu'il faut chanter Bouchain et Condé terrassés.
Ton courage affamé de péril et de gloire,
Court d'exploits en exploits, de victoire en victoire :
Souvent ce qu'un seul jour te voit exécuter,
Nous laisse pour un an d'actions à conter.
 Que si quelquefois las de forcer des murailles,
Le soin de tes sujets te rappelle à Versailles,
Tu viens m'embarrasser de mille autres vertus :
Te voyant de plus près, je T'admire encor plus :
Dans les nobles douceurs d'un séjour plein de
  charmes,
Tu n'es pas moins héros qu'au milieu des allarmes.
De ton trône agrandi portant seul tout le faix,
Tu cultives les arts, Tu répands les bienfaits;
Tu sais récompenser jusqu'aux muses critiques.
Ah! crois-moi, c'en est trop. Nous autres satiriques,
Propres à relever les sottises du temps,
Nous sommes un peu nés pour être mécontens.
Notre muse souvent paresseuse et stérile,
A besoin, pour marcher, de colère et de bile.
Notre style languit dans un remercîment :
Mais, GRAND ROI, nous savons nous plaindre
  élégamment.
 O! que si je vivais sous les règnes sinistres
De ces rois nés valets de leurs propres ministres,
Et qui jamais en main ne prenant le timon,
Aux exploits de leur temps ne prêtaient que leur
  nom;
Que sans les fatiguer d'une louange vaine,
Aisément les bons mots couleraient de ma veine!
Mais toujours sous ton règne il faut se récrier!

# ÉPITRE VIII.

Toujours les yeux au ciel, il faut remercier !
Sans cesse à T'admirer ma critique forcée
N'a plus en écrivant de maligne pensée ;
Et mes chagrins sans fiel, et presqu'évanouis,
Font grâce à tout le siècle en faveur de Louis.
En tous lieux cependant la Pharsale approuvée,
Sans crainte de mes vers, va la tête levée.
La licence partout règne dans les écrits ;
Déjà le mauvais sens reprenant ses esprits,
Songe à nous redonner des poëmes épiques,
S'empare des discours mêmes académiques.
Perrin a de ses vers obtenu le pardon,
Et la scène Française est en proie à Pradon.
Et moi, sur ce sujet, loin d'exercer ma plume,
J'amasse de tes faits le pénible volume ?
Et ma muse occupée à cet unique emploi,
Ne regarde, n'entend, ne connaît plus que Toi.
   Tu le sais bien pourtant, cette ardeur empressée
N'est point en moi l'effet d'une âme intéressée.
Avant que tes bienfaits courussent me chercher,
Mon zèle impatient ne pouvait se cacher.
Je n'admirais que Toi : le plaisir de le dire
Vint m'apprendre à louer au sein de la satire.
Et depuis que tes dons sont venus m'accabler,
Loin de sentir mes vers avec eux redoubler,
Quelquefois, le dirai-je, un remords légitime,
Au fort de mon ardeur, vient refroidir ma rime.
Il me semble, GRAND ROI, dans mes nouveaux écrits,
Que mon encens payé n'est plus du même prix.
J'ai peur que l'univers, qui sait ma récompense,
N'impute mes transports à ma reconnaissance ;
Et que, par tes présens, mon vers décrédité,

N'ait moins de poids pour Toi dans la postérité.
    Toutefois je sais vaincre un remords qui te blesse :
Si tout ce qui reçoit des fruits de ta largesse,
A peindre tes exploits ne doit point s'engager,
Qui d'un si juste soin se pourra donc charger!
Ah! plutôt de nos sons redoublons l'harmonie :
Le zèle à mon esprit tiendra lieu de génie.
Horace tant de fois dans mes vers imité,
De vapeurs en son temps, comme moi, tourmenté,
Pour amortit le feu de sa rate indocile,
Dans l'encre quelquefois sut égayer sa bile.
Mais de la même main qui peignit Tullius,
Qui, d'affronts immortels, couvrit Tigellius,
Il sut fléchir Glycère, il sut vanter Auguste,
Et marquer sur sa lyre une cadence juste.
Suivons les pas fameux d'un si noble écrivain.
A ces mots quelquefois prenant la lyre en main;
Au récit que pour Toi je suis près d'entreprendre
Je crois voir les rochers accourir pour m'entendre;
Et déjà mon vers coule à flots précipités,
Quand j'entends le lecteur, qui me crie : Arrêtez;
Horace eut cent talens; mais la nature avare
Ne vous a rien donné qu'un peu d'humeur bizarre :
Vous passez en audace et Perse et Juvénal;
Mais sur le ton flatteur, Pinchêne est votre égal.
    A ce discours, GRAND ROI, que pourrai-je ré-
        pondre?
Je me sens, sur ce point, trop facile à confondre;
Et sans trop relever des reproches si vrais,
Je m'arrête à l'instant, j'admire, et je me tais.

# ÉPITRE IX.

## A MONSIEUR LE MARQUIS DE SEIGNELAY,

### SECRÉTAIRE D'ÉTAT.

*Cette Epître contient l'éloge du Vrai. L'Auteur y fait voir que* rien n'est beau que le Vrai, et que le Vrai seul est aimable. *Le poëte a fait briller ici tout son génie; et il a su réunir en cette pièce tout le sublime de la morale, avec toute la douceur de la poésie. Elle a été composée au commencement de l'année 1675.*

Dangereux ennemi de tout mauvais flatteur,
Seignelay, c'est en vain qu'un ridicule auteur,
Prêt à porter ton nom de l'Ebre jusqu'au Gange,
Croit te prendre aux filets d'une sotte louange.
Aussitôt ton esprit, prompt à se révolter,
S'échappe, et rompt le piége où l'on veut l'arrêter.
Il n'en est pas ainsi de ces esprits frivoles,
Que tout flatteur endort au son de ses paroles;
Qui, dans un vain sonnet, placés au rang des dieux,
Se plaisent à fouler l'Olympe radieux;
Et fiers du haut étage où la Serre les loge,
Avalent sans dégoût le plus grossier éloge.
Tu ne te repais point d'encens à si bas prix,

Non que tu sois pourtant de ces rudes esprits,
Qui regimbent toujours, quelque main qui les flatte.
Tu souffres la louange adroite et délicate,
Dont la trop forte odeur n'ébranle point les sens.
Mais un auteur, novice à répandre l'encens,
Souvent à son héros dans un bizarre ouvrage,
Donne de l'encensoir au travers du visage,
Va louer Monterey d'Oudenarde forcé,
Ou vante aux Electeurs Turenne repoussé.
Tout éloge imposteur blesse une âme sincère.
Si, pour faire sa cour à ton illustre père,
Seignelay, quelque auteur, d'un faux zèle emporté,
Au lieu de peindre en lui la noble activité,
La solide vertu, la vaste intelligence,
Le zèle pour son roi, l'ardeur, la vigilance,
La constante équité, l'amour pour les beaux arts,
Lui donnait les vertus d'Alexandre ou de Mars;
Et, pouvant justement l'égaler à Mécène,
Le comparait au fils de Pélée et d'Alcmène :
Ses yeux d'un tel discours faiblement éblouis,
Bientôt dans ce tableau reconnaîtraient LOUIS,
Et glaçant d'un regard la muse et le poëte,
Imposeraient silence à sa verve indiscrète.
Un cœur noble est content de ce qu'il trouve en lui,
Et ne s'applaudit point des qualités d'autrui.
Que me sert, en effet, qu'un admirateur fade
Vante mon embonpoint, si je me sens malade :
Si dans cet instant même, un feu séditieux
Fait bouillonner mon sang et pétiller mes yeux ?
Rien n'est beau que le vrai ; le vrai seul est aimable ;

Il doit régner par-tout, et même dans la fable,
De toute fiction l'adroite fausseté
Ne tend qu'à faire aux yeux briller la vérité.
　　Sais-tu pourquoi mes vers sont lus dans les pro-
　　　　vinces,
Sont recherchés du peuple, et reçus chez les
　　　　princes ?
Ce n'est pas que leurs sons agréables, nombreux,
Soient toujours à l'oreille également heureux ;
Qu'en plus d'un lieu le sens n'y gêne la mesure,
Et qu'un mot quelquefois n'y brave la césure :
Mais c'est qu'en eux le vrai, du mensonge vain-
　　　　queur,
Par-tout se montre aux yeux, et va saisir le cœur ;
Que le bien et le mal y sont prisés au juste ;
Que jamais un faquin n'y tint un rang auguste ;
Et que mon cœur, toujours conduisant mon esprit,
Ne dit rien aux lecteurs, qu'à soi-même il n'ait dit.
Ma pensée au grand jour par-tout s'offre et s'ex-
　　　　pose ;
Et mon vers, bien ou mal, dit toujours quelque
　　　　chose.
C'est par-là quelquefois que ma rime surprend.
C'est-là ce que n'ont point Jonas ni Childebrand ;
Ni tous ces vains amas de frivoles sornettes,
Montre, miroir d'amours, amitiés, amourettes ;
Dont le titre souvent est l'unique soutien,
Et qui parlant beaucoup, ne disent jamais rien.
　　Mais peut-être enivré des vapeurs de ma Muse,
Moi-même en ma faveur, Seignelay, je m'abuse.
Cessons de nous flatter : il n'est esprit si droit

Qui ne soit imposteur et faux par quelque endroit.
Sans cesse on prend le masque, et quittant la nature,
On craint de se montrer sous sa propre figure.
Par-là le plus sincère assez souvent déplaît.
Rarement un esprit ose être ce qu'il est.
Vois-tu cet importun que tout le monde évite,
Cet homme à toujours fuir, qui jamais ne vous quitte ?
Il n'est pas sans esprit ; mais né triste et pesant,
Il veut être folâtre, évaporé, plaisant :
Il s'est fait de sa joie une loi nécessaire,
Et ne déplaît enfin que pour vouloir trop plaire.
La simplicité plaît sans étude et sans art.
Tout charme en un enfant, dont la langue sans fard,
A peine du filet encor débarrassée,
Sait, d'un air innocent, bégayer sa pensée.
Le faux est toujours fade, ennuyeux, languissant :
Mais la nature est vraie, et d'abord on la sent.
C'est elle seule en tout qu'on admire et qu'on aime ;
Un esprit né chagrin plaît par son chagrin même.
Chacun pris dans son air, est agréable en soi.
Ce n'est que l'air d'autrui qui peut déplaire en moi.

 Ce Marquis était né doux, commode, agréable ;
On vantait en tous lieux son ignorance aimable.
Mais depuis quelques mois, devenu grand docteur,
Il a pris un faux air, une sotte hauteur :
Il ne veut plus parler que de rime et de prose :
Des auteurs décriés il prend en main la cause :
Il rit du mauvais goût de tant d'hommes divers,

Et va voir l'opéra seulement pour les vers.
Voulant se redresser, soi-même on s'estropie,
Et d'un original on fait une copie.
L'ignorance vaut mieux qu'un savoir affecté.
Rien n'est beau, je reviens, que par la vérité.
C'est par elle qu'on plaît, et qu'on peut long-temps plaire.
L'esprit lasse aisément si le cœur n'est sincère.
En vain par sa grimace un bouffon odieux,
A table nous fait rire, et divertit nos yeux,
Ses bons mots ont besoin de farine et de plâtre :
Prenez-le tête-à-tête, ôtez-lui son théâtre,
Ce n'est plus qu'un cœur bas, un coquin ténébreux ;
Son visage essuyé n'a plus rien que d'affreux.
J'aime un esprit aisé, qui se montre, qui s'ouvre,
Et qui plaît d'autant plus, que plus il se découvre.
Mais la seule vertu peut souffrir la clarté.
Le vice toujours sombre, aime l'obscurité :
Pour paraître au grand jour, il faut qu'il se déguise ;
C'est lui qui de nos mœurs a banni la franchise.

Jadis l'homme vivait au travail occupé ;
Et ne trompant jamais, n'était jamais trompé.
On ne connaissait point la ruse et l'imposture :
Le Normand même alors ignorait le parjure.
Aucun Rhéteur encor, arrangeant les discours,
N'avait d'un art menteur enseigné les détours.
Mais si-tôt qu'aux humains, faciles à séduire,
L'abondance eut donné le loisir de se nuire,
La mollesse amena la fausse vanité :

Chacun chercha pour plaire un visage emprunté.
Pour éblouir les yeux la fortune arrogante
Affecta d'étaler une pompe insolente :
L'or éclata par-tout sur les riches habits :
On polit l'émeraude, on tailla le rubis ;
Et la laine et la soie en cent façons nouvelles,
Apprirent à quitter leurs couleurs naturelles.
La trop courte beauté monta sur des patins,
La coquette tendit ses lacs tous les matins,
Et mettant la céruse et le plâtre en usage,
Composa de sa main les fleurs de son visage.
L'ardeur de s'enrichir chassa la bonne foi :
Le courtisan n'eut plus de sentimens à soi.
Tout ne fut plus que fard, qu'erreur, que trom-
    perie :
On vit par-tout régner la basse flatterie.
Le Parnasse sur-tout fécond en imposteurs,
Diffama le papier par ses propos menteurs.
De là vint cet amas d'ouvrages mercenaires,
Stances, odes, sonnets, épîtres liminaires,
Où toujours le héros passe pour sans pareil ;
Et, fût-il louche et borgne, est réputé soleil.
  Ne crois pas toutefois, sur ce discours bizarre,
Que d'un frivole encens malignement avare,
J'en veuille, sans raison frustrer, tout l'univers :
La louange agréable est l'âme des beaux vers.
Mais je tiens, comme toi, qu'il faut qu'elle soit
    vraie,
Et que son tour adroit n'ait rien qui nous effraie.
Alors, comme j'ai dit, tu la sais écouter,
Et sans crainte à tes yeux l'on pourrait t'exalter.

Mais sans t'aller chercher des vertus dans les nues,
Il faudrait peindre en toi des vérités connues,
Décrire ton esprit, ami de la raison ;
Ton ardeur pour ton roi, puisée en ta maison ;
A servir ses desseins, ta vigilance heureuse,
Ta probité sincère, utile, officieuse.
Tel qui hait à se voir peint en de faux portraits,
Sans chagrin voit tracer ses véritables traits.
Condé même, Condé, ce héros formidable,
Et non moins qu'aux Flamands, aux flatteurs redoutable,
Ne s'offenserait pas, si quelqu'adroit pinceau
Traçait de ses exploits le fidèle tableau :
Et dans Senef en feu contemplant sa peinture,
Ne désavoûrait pas Malherbe ni Voiture.
Mais malheur au poëte insipide, odieux,
Qui viendrait le glacer d'un éloge ennuyeux.
Il aurait beau crier : *Premier Prince du monde,*
*Courage sans pareil, lumière sans seconde :*
Ses vers jettés d'abord sans tourner le feuillet,
Iraient dans l'antichambre amuser Pacolet.

# PRÉFACE.

Je ne sais si les trois nouvelles Epîtres que je donne ici au Public auront beaucoup d'approbateurs : mais je sais bien que mes censeurs y trouveront abondamment de quoi exercer leur critique. Car tout y est extrêmement hasardé. Dans le premier de ces trois ouvrages, sous prétexte de faire le procès à mes derniers vers, je fais moi-même mon éloge, et n'oublie rien de ce qui peut être dit à mon avantage. Dans le second, je m'entretiens avec mon Jardinier de choses très-basses et très-petites ; et dans le troisième, je décide hautement du plus grand et du plus important point de la Religion, je veux dire de l'Amour de Dieu. J'ouvre donc un beau champ à ces censeurs, pour attaquer en moi le poëte orgueilleux, le villageois grossier et le théologien téméraire. Quelque fortes pourtant que soient leurs attaques, je doute qu'elles ébranlent la ferme résolution que j'ai prise il y a long-tems, de ne rien répondre, au moins sur le ton sérieux, à tout ce qu'ils écriront contre moi.

A quoi bon en effet perdre inutilement du papier? Si mes Epîtres sont mauvaises, tout ce que je dirai ne les fera pas trouver bonnes ; et si elles sont bonnes, tout ce qu'ils feront ne les fera pas trouver mauvaises. Le public n'est pas un juge qu'on puisse corriger, ni qui se règle par les passions d'autrui. Tout ce bruit, tous ces écrits qui se font ordinairement contre des ouvrages où l'on court, ne servent qu'à y faire encore plus courir, et à en mieux marquer le mérite. Il est de l'essence d'un bon livre d'avoir des censeurs ; et la plus grande disgrâce qui puisse arriver à un écrit qu'on met au jour, ce n'est pas que beaucoup de gens en disent du mal, c'est que personne n'en dise rien.

Je me garderai donc bien de trouver mauvais qu'on attaque mes trois Epîtres. Ce qu'il y a de certain, c'est que je les ai fort travaillées, et principalement celle de l'Amour de Dieu, que j'ai retouchée plus d'une fois, et où j'avoue que j'ai employé tout le peu que je puis avoir d'esprit et de lumière. J'avais dessein d'abord de la donner toute seule, les deux autres ne paraissant trop frivoles, pour être présentées au grand jour de l'impression avec un ouvrage si sérieux. Mais des amis très-sensés m'ont fait comprendre que ces deux Epîtres, quoique dans le style enjoué, étaient pourtant des Epîtres morales, où il n'était rien enseigné que de vertueux; qu'ainsi étant liées avec l'autre, bien loin de lui nuire, elles pourraient même faire une diversité agréable; et que d'ailleurs beaucoup d'honnêtes gens souhaitant de les avoir toutes trois ensemble, je ne pouvais pas avec bienséance me dispenser de leur donner une si légère satisfaction. Je me suis rendu à ce sentiment, et on les trouvera rassemblées ici dans un même cahier. Cependant comme il y a des gens de piété qui peut-être ne se soucieront guère de lire les entretiens que je puis avoir avec mon Jardinier et mes Vers, il est bon de les avertir qu'il y a ordre de leur distribuer à part la dernière, savoir, celle qui traite de l'Amour de Dieu; et que non-seulement je ne trouverai pas étrange qu'ils ne lisent que celle-là, mais que je me sens quelquefois moi-même en des dispositions d'esprit, où je voudrais de bon cœur n'avoir de ma vie composé que ce seul ouvrage qui vraisemblablement sera la dernière pièce de poésie qu'on aura de moi, mon génie pour les vers commençant à s'épuiser, et mes emplois historiques ne me laissant guère le tems de m'appliquer à chercher et à ramasser des rimes.

Voilà ce que j'avais à dire aux Lecteurs. Néanmoins, avant que de finir cette Préface, il ne sera pas hors de propos, ce me semble, de rassurer des personnes timides, qui n'ayant pas une fort grande idée de ma capacité en matière de théologie, douteront peut-être que tout ce que j'avance en mon Epître soit fort infaillible, et appréhenderont qu'en voulant les conduire, je ne les égare. Afin donc qu'elles marchent sûrement, je leur dirai, vanité à part, que j'ai lu plusieurs fois cette Epître à un fort grand nombre de Docteurs de Sorbonne, de Pères de l'Oratoire et de Jésuites très-célèbres, qui tous y ont applaudi, et en ont trouvé la doctrine très-saine et très-pure: Que beaucoup de Prélats illustres, à qui je l'ai récitée, en ont jugé comme eux. Que Monseigneur l'Evêque de Meaux (1), c'est-à-dire une des plus grandes lumières qui ayent éclairé

---

(1) M. *l'Evêque de Meaux.*] Jacques-Bénigne Bossuet.

# PRÉFACE.

'Eglise dans les derniers siècles, a eu long-temps mon ouvrage entre les mains, et qu'après l'avoir lu et relu plusieurs fois, il m'a non seulement donné son approbation, mais a trouvé bon que je publiasse à tout le monde qu'il me la donnait. Enfin, que pour mettre le comble à ma gloire, ce saint Archevêque (1), dans le Diocèse duquel j'ai le bonheur de me trouver, ce grand Prélat, dis-je, aussi éminent en doctrine et en vertus, qu'en dignité et en naissance, que le plus grand Roi de l'univers, par un choix visiblement inspiré du ciel a donné à la ville capitale de son royaume, pour assurer l'innocence et détruire l'erreur, Monseigneur l'Archevêque de Paris, en un mot, a bien daigné examiner soigneusement mon Epître, et a eu même la bonté de me donner sur plus d'un endroit des conseils que j'ai suivis, et m'a enfin aussi accordé son approbation, avec des éloges dont je suis également ravi et confus (2).

Au reste (3), comme il y a des gens qui ont publié que mon Epître n'était qu'une vaine déclamation, qui n'attaquait rien de réel, ni qu'aucun homme eût jamais avancé, je veux bien, pour l'intérêt de la vérité, mettre ici la proposition que j'y combats, dans la langue et dans les termes qu'on la soutient en plus d'une école. La voici : Attritio gehennæ metu sufficit, etiam

---

(1) *Ce saint Archevêque.*] Louis-Antoine de Noailles, Archevêque de Paris, ensuite Cardinal.

(2) *Dont je suis également ravi et confus.*] Dans la première édition de cette Préface, qui parut en 1665, l'auteur la finissait par ce petit article, qu'il supprima dans l'édition suivante, et que je rapporte ici pour ne rien dérober à la postérité, de ce que nous avons de lui.

« Je croyais n'avoir plus » rien à dire au lecteur. Mais » dans le tems même que cette » Préface était sous la presse, » on m'a apporté une misérable Epître en vers, que » quelque impertinent a fait » imprimer, et qu'on veut faire » passer pour mon ouvrage sur » l'Amour de Dieu. Je suis donc » obligé d'ajouter cet article, » afin d'avertir le Public, que » je n'ai fait d'Epître sur l'A» mour de Dieu, que celle » qu'on trouvera ici, l'autre » étant une pièce fausse et im» complette, composée de quel» ques vers que l'on m'a déro» bés, et de plusieurs qu'on m'a » ridiculement prêtés, aussi» bien que les notes téméraires » qui y sont. »

(3) *Au reste, etc.*] L'auteur ajouta cet article dans l'édition de 1701.

sine ullâ Dei dilectione, et sine ullo ad Deum offensum respectu; quia talis honesta et supernaturalis est.

*C'est cette proposition que j'attaque et que je soutiens fausse, abominable, et plus contraire à la vraie religion, que le Luthéranisme ni le Calvinisme. Cependant je ne crois pas qu'on puisse nier qu'on ne l'ait encore soutenue depuis peu, et qu'on ne l'ait même insérée dans quelques catéchismes, en des mots fort approchans des termes latins que je viens de rapporter.*

# ÉPITRE X.

## A MES VERS.

*L'auteur avait une grande prédilection pour cette pièce, et il l'appelait ordinairement ses inclinations. Il la composa en l'année 1695, pour fermer la bouche à une infinité de vils rimeurs qui avaient osé censurer ses ouvrages, et particulièrement sa satire X contre les femmes. L'idée en est prise d'une épître d'Horace, qui est la* XX.*<sup>e</sup> du livre 2.*

J'AI beau vous arrêter, ma remontrance est vaine :
Allez, partez, MES VERS, dernier fruit de ma veine ;
C'est trop languir chez moi dans un obscur séjour.
La prison vous déplaît ; vous cherchez le grand jour ;
Et déjà chez Barbin, ambitieux libelles,
Vous brûlez d'étaler vos feuilles criminelles.
Vains et faibles enfans dans ma vieillesse nés,
Vous croyez, sur les pas de vos heureux aînés,
Voir bientôt vos bons mots, passant du peuple aux
    princes,
Charmer également la ville et les provinces ;
Et par le prompt effet d'un sel réjouissant,
Devenir quelquefois proverbes en naissant.
Mais perdez cette erreur, dont l'appas vous amorce.
Le temps n'est plus, MES VERS, où ma muse en sa
    force,

## ÉPITRE X.

Du Parnasse français formant les nourrissons,
De si riches couleurs habillait ses leçons,
Quand mon esprit poussé d'un courroux légitime,
Vint devant la raison plaider contre la rime ;
A tout le genre humain sut faire le procès,
Et s'attaqua soi-même avec tant de succès ;
Alors il n'était point de lecteur si sauvage,
Qui ne se déridât en lisant mon ouvrage ;
Et qui, pour s'égayer, souvent dans ses discours,
D'un mot pris en mes vers, n'empruntât le secours.

   Mais aujourd'hui qu'enfin la vieillesse venue,
Sous mes faux cheveux blonds déjà toute chenue,
A jeté sur ma tête, avec ses doigts pesans,
Onze lustres complets, surchargés de trois ans,
Cessez de présumer, dans vos folles pensées,
Mes vers, de voir en foule à vos rimes glacées
Courir, l'argent en main, les lecteurs empressés.
Nos beaux jours sont finis, nos honneurs sont passés:
Dans peu vous allez voir vos froides rêveries,
Exciter du public les justes moqueries,
Et leur auteur jadis à Régnier préféré,
A Pinchêne, à Linière, à Perrin comparé.
Vous aurez beau crier : *O vieillesse ennemie !*
*N'a-t-il donc tant vécu que pour cette infamie ?*
Vous n'entendrez partout qu'injurieux brocards,
Et sur vous et sur lui fondre de toutes parts.

   Que veut-il, dira-t-on ? Quelle fougue indiscrète
Ramène sur les rangs encor ce vain athlète ?
Quels pitoyables vers ! quel style languissant !
Malheureux, laisse en paix ton cheval vieillissant,
De peur que tout-à-coup efflanqué, sans haleine,

Il ne laisse, en tombant, son maître sur l'arêne.
Ainsi s'expliqueront nos censeurs sourcilleux ;
Et bientôt vous verrez mille auteurs pointilleux,
Pièce à pièce épluchant vos sons et vos paroles,
Interdire chez vous l'entrée aux hyperboles ;
Traiter tout noble mot de terme hasardeux,
Et dans tous vos discours, comme monstres hideux,
Huer la métaphore et la métonymie,
(Grands mots que Pradon croit des termes de chy-
      mie :)
Vous soutenir qu'un lit ne peut être effronté ;
Que nommer la luxure est une impureté.
En vain contre ce flot d'aversion publique,
Vous tiendrez quelque temps ferme sur la boutique ;
Vous irez à la fin, honteusement exclus,
Trouver au magasin Pirame et Régulus,
Ou couvrir chez Thierry, d'une feuille encore neuve,
Les méditations de Buzée et d'Hayneuve :
Puis, en tristes lambeaux semés dans les marchés,
Souffrir tous les affronts au Jonas reprochés.
    Mais quoi, de ces discours bravant la vaine at-
      taque,
Déja comme les vers de Cinna, d'Andromaque,
Vous croyez à grands pas, chez la postérité,
Courir, marqués au coin de l'immortalité.
Hé bien, contentez donc l'orgueil qui vous enivre !
Montrez-vous, j'y consens : mais du moins, dans
      mon livre,
Commencez par vous joindre à mes premiers écrits.
C'est-là qu'à la faveur de vos frères chéris,
Peut-être enfin soufferts comme enfans de ma plume

## ÉPITRE X.

Vous pourrez vous sauver, épars dans le volume.
Que si même un jour le lecteur gracieux,
Amorcé par mon nom, sur vous tourne les yeux,
Pour m'en récompenser, MES VERS, avec usure,
De votre auteur alors faites-lui la peinture ;
Et surtout, prenez soin d'effacer bien les traits,
Dont tant de peintres faux ont flétri mes portraits.
Déposez hardiment, qu'au fond cet homme horrible,
Ce censeur qu'ils ont peint si noir et si terrible,
Fut un esprit doux, simple, ami de l'équité,
Qui, cherchant dans ses vers la seule vérité,
Fit, sans être malin, ses plus grandes malices,
Et qu'enfin sa candeur seule a fait tous ses vices.
Dites que, harcelé par les plus vils rimeurs,
Jamais, blessant leurs vers, il n'effleura leurs
   moeurs :
Libre dans ses discours, mais pourtant toujours
   sage ;
Assez faible de corps, assez doux de visage,
Ni petit, ni trop grand, très-peu voluptueux,
Ami de la vertu plutôt que vertueux.
  Que si quelqu'un, MES VERS, alors vous impor-
   tune,
Pour savoir mes parens, ma vie et ma fortune,
Contez-lui, qu'allié d'assez hauts magistrats,
Fils d'un père greffier, né d'aïeux avocats,
Dès le berceau perdant une fort jeune mère,
Réduit seize ans après à pleurer mon vieux père,
J'allai d'un pas hardi, par moi-même guidé,
Et de mon seul génie, en marchant secondé,
Studieux amateur et de Perse et d'Horace,

Assez près de Régnier m'asseoir sur le Parnasse :
Que par un coup du sort, au grand jour amené,
Et des bords du Permesse à la Cour entraîné,
Je sus, prenant l'essor, par des routes nouvelles,
Elever assez haut mes poétiques aîles ;
Que ce roi, dont le nom fait trembler tant de rois,
Voulut bien que ma main crayonnât ses exploits :
Que plus d'un grand m'aima jusques à la tendresse ;
Que ma vue à Colbert inspirait l'allégresse ;
Qu'aujourd'hui même encor de deux sens affaibli,
Retiré de la Cour, et non mis en oubli,
Plus d'un héros épris des fruits de mon étude,
Vient quelquefois chez moi goûter la solitude.

Mais des heureux regards, de mon astre étonnant,
Marquez bien cet effet, encor plus surprenant,
Qui dans mon souvenir aura toujours sa place :
Que de tant d'écrivains de l'école d'Ignace,
Etant, comme je suis, ami si déclaré,
Ce docteur toutefois si craint, si révéré,
Qui contre eux de sa plume épuisa l'énergie,
Arnauld, le grand Arnauld fit mon apologie.
Sur mon tombeau futur, MES VERS, pour l'honorer,
Courez en lettres d'or de ce pays vous placer.
Allez jusqu'où l'aurore en naissant voit l'Hydaspe,
Chercher pour l'y graver le plus précieux jaspe.
Surtout à mes rivaux, sachez bien l'étaler.

Mais je vous retiens trop. C'est assez vous parler :
Déjà plein du beau feu, qui pour vous le transporte,
Barbin impatient, chez moi frappe à la porte ;
Il vient pour vous chercher. C'est lui : j'entends sa
    voix.
Adieu, MES VERS, adieu pour la dernière fois.

# ÉPITRE XI.
# A MON JARDINIER.

*Dans cette Épître l'Auteur s'entretient avec son Jardinier, et par des discours proportionnés aux connaissances d'un villageois, il lui explique les difficultés de la poésie, et la peine qu'il y a sur-tout d'exprimer noblement et avec élégance les choses les plus communes et les plus sèches. De là il prend occasion de lui démontrer que le travail est nécessaire à l'homme pour être heureux. Cette Épître fut composée en 1695. Horace a aussi adressé une épître à son fermier : c'est la quatorzième du premier Livre.*

LABORIEUX valet du plus commode maître
Qui, pour te rendre heureux, ici-bas pouvait naître ;
Antoine, gouverneur de mon jardin d'Auteuil,
Qui diriges, chez moi, l'if et le chèvre-feuil,
Et sur mes espaliers, industrieux génie,
Sais si bien exercer l'art de la Quintinie ;
O ! que de mon esprit, triste et mal ordonné,
Ainsi que de ce champ, par toi si bien orné,
Ne puis-je faire ôter les ronces, les épines,
Et des défauts sans nombre arracher les racines !
    Mais parle : raisonnons. Quand du matin au soir,
Chez moi poussant la bêche, ou portant l'arrosoir,
Tu fais d'un sable aride une terre fertile,

Et rends tout mon jardin à tes lois si docile ;
Que dis-tu de m'y voir rêveur, capricieux,
Tantôt baissant le front, tantôt levant les yeux,
De paroles en l'air, par élans envolées,
Effrayer les oiseaux perchés dans mes allées ?
Ne soupçonnes-tu point, qu'agité du démon,
Ainsi que ce cousin des quatre Fils-Aimon,
Dont tu lis quelquefois la merveilleuse histoire,
Je rumine, en marchant, quelque endroit du gri-
⸺moire ?
Mais non : tu te souviens qu'au village on t'a dit,
Que ton maître est nommé, pour coucher par écrit
Les faits d'un Roi plus grand en sagesse, en vaillance,
Que Charlemagne aidé des douze Pairs de France.
Tu crois qu'il y travaille, et qu'au long de ce mur,
Peut-être en ce moment il prend Mons et Namur.

Que penserais-tu donc, si l'on t'allait apprendre,
Que ce grand chroniqueur des gestes d'Alexandre,
Aujourd'hui méditant un projet tout nouveau,
S'agite, se démène, et s'use le cerveau,
Pour te faire, à toi-même, en rimes insensées,
Un bizarre portrait de ses folles pensées ?
Mon maître, dirais-tu, passe pour un docteur,
Et parle quelquefois mieux qu'un prédicateur.
Sous ces arbres pourtant, de si vaines sornettes
Il n'irait point troubler la paix de ces fauvettes,
S'il lui fallait toujours, comme moi, s'exercer,
Labourer, couper, tondre, applanir, palisser,
Et dans l'eau de ces puits sans relâche tirée,
De ce sable étancher la soif demesurée.

Antoine, de nous deux tu crois donc, je le voi,

Que le plus occupé dans ce jardin, c'est toi.
O ! que tu changerais d'avis et de langage !
Si deux jours seulement, libre du jardinage,
Tout-à-coup devenu poëte et bel esprit,
Tu t'allais engager à polir un écrit,
Qui dît, sans s'avilir, les plus petites choses;
Fît des plus secs chardons, des œillets et des roses;
Et sût, même au discours de la rusticité,
Donner de l'élégance et de la dignité;
Un ouvrage, en un mot, qui juste en tous ses termes,
Sût plaire à d'Aguesseau, sût satisfaire Termes :
Sût, dis-je, contenter, en paraissant au jour,
Ce qu'ont d'esprits plus fins et la Ville et la Cour :
Bientôt de ce travail, revenu sec et pâle,
Et le teint plus jauni que de vingt ans de hâle,
Tu dirais, reprenant ta pelle et ton rateau,
J'aime mieux mettre encor cent arpens au niveau,
Que d'aller follement, égaré dans les nues,
Me lasser à chercher des visions cornues ;
Et pour lier des mots, si mal s'entr'accordans,
Prendre, dans ce jardin, la lune avec les dents.
Approche donc, et viens ; qu'un paresseux t'apprenne,
Antoine, ce que c'est que fatigue et que peine.
L'homme ici-bas, toujours inquiet et gêné,
Est, dans le repos même, au travail condamné ;
La fatigue l'y suit. C'est en vain qu'aux poëtes
Les neuf trompeuses sœurs, dans leurs douces retraites,
Promettent du repos sous leurs ombrages frais :
Dans ces tranquilles bois pour eux plantés exprès,

La cadence aussitôt, la rime, la césure ;
La riche expression, la nombreuse mesure ;
Sorcières, dont l'amour sait d'abord les charmer,
De fatigues sans fin viennent les consumer.
Sans cesse poursuivant ces fugitives Fées,
On voit sous les lauriers haleter les Orphées.
Leur esprit toutefois se plaît en son tourment,
Et se fait de sa peine un noble amusement.
Mais je ne trouve point de fatigue si rude,
Que l'ennuyeux loisir d'un mortel sans étude,
Qui jamais ne sortant de sa stupidité,
Soutient dans les langueurs de son oisiveté,
D'une lâche indolence, esclave volontaire,
Le pénible fardeau de n'avoir rien à faire :
Vainement offusqué de ses pensers épais,
Loin du trouble et du bruit il croit trouver la paix.
Dans le calme odieux de sa sombre paresse,
Tous les honteux plaisirs, enfans de la mollesse,
Usurpant sur son âme un absolu pouvoir,
De monstrueux desirs le viennent émouvoir,
Irritent de ses sens la fureur endormie,
Et le font le jouet de leur triste infamie.
Puis, sur leurs pas soudain arrivent les remords,
Et bientôt avec eux tous les fléaux du corps,
La pierre, la colique, et les gouttes cruelles :
Guénaud, Rainssant, Brayer, presque aussi tristes
        qu'elles,
Chez l'indigne mortel courent tous s'assembler,
De travaux douloureux le viennent accabler,
Sur le duvet d'un lit, théâtre de ses gênes,
Lui font scier des rocs, lui font fendre des chênes,

Et le mettent au point d'envier ton emploi.
Reconnais donc, Antoine, et conclus avec moi,
Que la pauvreté mâle, active et vigilante,
Est, parmi les travaux, moins lasse et plus con-
    tente,
Que la richesse oisive au sein des voluptés.
Je te vais sur cela prouver deux vérités :
L'une, que le travail aux hommes nécessaire,
Fait leur félicité, plutôt que leur misère ;
Et l'autre, qu'il n'est point de coupable en repos :
C'est ce qu'il faut ici montrer en peu de mots.
Suis-moi donc. Mais je vois sur ce début de prône,
Que ta bouche, déjà, s'ouvre large d'une aune,
Et que les yeux fermés tu baisses le menton.
Ma foi, le plus sûr est de finir ce sermon ;
Aussi bien, j'aperçois ces melons qui t'attendent ;
Et ces fleurs qui là-bas entre elles se demandent
S'il est fête au village, et pour quel saint nouveau
On les laisse aujourd'hui si long-temps manquer
    d'eau.

# ÉPITRE XII.
# À MONSIEUR L'ABBÉ RENAUDOT.

*Le sujet de cette épître est l'Amour de Dieu. Le dessein de l'Auteur, en traitant cette matière, a été de faire voir que la poésie, que bien des personnes regardent comme un amusement frivole, peut traiter les sujets les plus relevés. En effet, le poëte soutient ici les sentimens de la plus saine théologie sur l'Amour de Dieu, avec une vigueur et une noblesse dignes de son sujet.*

Docte abbé, tu dis vrai, l'homme au crime attaché,
En vain, sans aimer Dieu, croit sortir du péché.
Toutefois, n'en déplaise aux transports frénétiques
Du fougueux moine, auteur des troubles germaniques,
Des tourmens de l'enfer, la salutaire peur
N'est pas toujours l'effet d'une noire vapeur,
Qui de remords sans fruit agitant le coupable,
Aux yeux de Dieu le rend encor plus haïssable.
Cette utile frayeur, propre à nous pénétrer,
Vient souvent de la grâce en nous prête d'entrer,
Qui veut dans notre cœur se rendre la plus forte,
Et pour se faire ouvrir, déjà frappe à la porte.
  Si le pécheur, poussé de ce saint mouvement,

# ÉPITRE XII.

Reconnaissant son crime, aspire au sacrement,
Souvent Dieu tout-à-coup d'un vrai zèle l'en-
    flamme :
Le Saint-Esprit revient habiter en son âme,
Y convertit enfin les ténèbres en jour,
Et la crainte servile en filial amour.
C'est ainsi que souvent la sagesse suprême,
Pour chasser le démon, se sert du démon même.
   Mais lorsqu'en sa malice un pécheur obstiné,
Des horreurs de l'enfer, vainement étonné,
Loin d'aimer, humble fils, son véritable père,
Craint et regarde Dieu comme un tyran sévère,
Au bien qu'il nous promet ne trouve aucun appas,
Et souhaite en son cœur que ce Dieu ne soit
    pas :
En vain la peur sur lui remportant la victoire,
Aux pieds d'un prêtre il court décharger sa mé-
    moire :
Vil esclave toujours sous le joug du péché,
Au démon qu'il redoute il demeure attaché.
L'amour essentiel à notre pénitence
Doit être l'heureux fruit de notre repentance.
   Non, quoi que l'ignorance enseigne sur ce point,
Dieu ne fait jamais grâce à qui ne l'aime point.
A le chercher, la peur nous dispose et nous aide :
Mais il ne vient jamais que l'amour ne succède.
Cessez de m'opposer vos discours imposteurs,
Confesseurs insensés, ignorans séducteurs,
Qui, pleins de vains propos que l'erreur vous débite,
Vous figurez qu'en vous un pouvoir sans limite
Justifie à coup sûr tout pécheur alarmé,

Et que, sans aimer Dieu, l'on peut en être aimé.
    Quoi donc, cher Renaudot, un chrétien effroyable,
Qui jamais servant Dieu, n'ent d'objet que le diable,
Pourra, marchant toujours dans des sentiers maudits,
Par des formalités gagner le paradis ;
Et parmi les élus dans la gloire éternelle,
Pour quelques sacremens reçus sans aucun zèle,
Dieu fera voir aux yeux des Saints épouvantés,
Son ennemi mortel assis à ses côtés !
Peut-on se figurer de si folles chimères ?
On voit pourtant, on voit des docteurs même austères,
Qui les semant partout, s'en vont pieusement
De toute piété saper le fondement ;
Qui, le cœur infecté d'erreurs si criminelles,
Se disent hautement les purs, les vrais fidèles ;
Traitant d'abord d'impie et d'hérétique affreux,
Quiconque ose pour Dieu se déclarer contre eux.
De leur audace en vain les vrais chrétiens gémissent :
Prêts à la repousser les plus hardis mollissent ;
Et voyant contre Dieu le diable accrédité,
N'osent qu'en bégayant prêcher la vérité.
Mollirons-nous aussi ? Non, sans peur sur ta trace,
Docte abbé, de ce pas j'irai leur dire en face :
Ouvrez les yeux enfin, aveugles dangereux.
Oui, je vous le soutiens, il serait moins affreux
De ne point reconnaître un Dieu maître du monde,

# ÉPITRE XII.

Et qui règle à son gré le ciel, la terre et l'onde;
Qu'en avouant qu'il est, et qu'il sut tout former,
D'oser dire qu'on peut lui plaire sans l'aimer.
Un si bas, si honteux, si faux christianisme,
Ne vaut pas des Platons l'éclairé paganisme;
Et chérir les vrais biens, sans en savoir l'auteur,
Vaut mieux que, sans l'aimer, connaître un créa-
    teur.
Expliquons-nous pourtant : Par cette ardeur si
    sainte,
Que je veux qu'en un cœur amène enfin la crainte,
Je n'entends pas ici ce doux saisissement,
Ces transports pleins de joie et de ravissement,
Qui font des bienheureux la juste récompense,
Et qu'un cœur rarement goûte ici par avance.
Dans nous l'amour de Dieu fécond en saints desirs,
N'y produit pas toujours de sensibles plaisirs.
  ouvent le cœur qui l'a, ne le sait pas lui-même :
Tel craint de n'aimer pas, qui sincèrement aime;
Et tel croit au contraire être brûlant d'ardeur,
Qui n'eut jamais pour Dieu que glace et que froi-
    deur.
C'est ainsi quelquefois qu'un indolent mystique,
Au milieu des péchés tranquille fanatique,
Du plus parfait amour pense avoir l'heureux don,
Et croit posséder Dieu dans les bras du démon.
  Voulez-vous donc savoir, si la foi dans votre âme
Allume les ardeurs d'une sincère flamme ?
Consultez-vous vous-même. A ses règles soumis,
Pardonnez-vous sans peine à tous vos ennemis?
Combattez-vous vos sens? domptez-vous vos fai-
    blesses ?

9

Dieu, dans le pauvre, est-il l'objet de vos largesses?
Enfin, dans tous ses points, pratiquez-vous sa loi?
Oui, dites-vous. Allez, vous l'aimez, croyez-moi.
*Qui fait exactement ce que ma loi commande,*
*A pour moi*, dit ce Dieu, *l'amour que je demande.*
Faites-le donc, et sûr qu'il veut nous sauver tous,
Ne vous alarmez point pour quelques vains dégoûts,
Qu'en sa ferveur souvent la plus sainte âme éprouve :
*Marchez, courez à lui : qui le cherche, le trouve.*
Et plus de votre cœur il paraît s'écarter,
Plus par vos actions songez à l'arrêter.
Mais ne soutenez point cet horrible blasphême,
Qu'un sacrement reçu, qu'un prêtre, que Dieu
même,
Quoi que vos faux docteurs osent vous avancer,
De l'amour qu'on lui doit puissent vous dispenser.
Mais s'il faut qu'avant tout, dans une âme chrétienne,
Diront ces grands docteurs, l'amour de Dieu survienne,
Puisque ce seul amour suffit pour nous sauver,
De quoi le sacrement viendra-t-il nous laver?
Sa vertu n'est donc plus qu'une vertu frivole?
O le bel argument digne de leur école!
Quoi! dans l'amour divin, en nos cœurs allumé,
Le vœu du sacrement n'est-il pas renfermé ?
Un païen converti, qui croit un Dieu suprême,
Peut-il être chrétien, qu'il n'aspire au baptême?
Ni le chrétien en pleurs, être vraiment touché,
Qu'il ne veuille à l'église, avouer son péché?
Du funeste esclavage, où le démon nous traîne,
C'est le sacrement seul, qui peut rompre la chaîne ;

Aussi l'amour d'abord y court évidemment :
Mais lui-même il en est l'âme et le fondement.
Lorsqu'un pécheur ému d'une humble repentance,
Par les degrés prescrits, court à la pénitence,
S'il n'y peut parvenir, Dieu sait les supposer :
Le seul amour manquant, ne peut point s'excuser :
C'est par lui que dans nous, la grâce fructifie,
C'est lui qui nous ranime, et qui nous vivifie :
Pour nous rejoindre à Dieu, lui seul est le lien ;
Et sans lui, foi, vertus, sacremens, tout n'est rien.
  A ces discours pressans que saurait-on répondre ?
Mais approchez, je veux encor mieux vous confondre ;
Docteurs, dites-moi donc : quand nous sommes absous,
Le Saint-Esprit est-il, ou n'est-il pas en nous ?
S'il est en nous, peut-il, n'étant qu'amour lui-même,
Ne nous échauffer point de son amour suprême ?
Et s'il n'est pas en nous, Satan toujours vainqueur,
Ne demeure-t-il pas maître de notre cœur ?
Avouez donc qu'il faut qu'en nous l'amour renaisse ;
Et n'allez point, pour fuir la raison qui vous presse,
Donner le nom d'amour au trouble inanimé,
Qu'au cœur d'un criminel la peur seule a formé.
L'ardeur qui justifie, et que Dieu nous envoie,
Quoiqu'ici bas souvent inquiète et sans joie,
Est pourtant cette ardeur, ce même feu d'amour,
Dont brûle un bienheureux en l'éternel séjour.
Dans le fatal instant qui borne notre vie,
Il faut que de ce feu, notre âme soit remplie ;
Et Dieu, sourd à nos cris, s'il ne l'y trouve pas,

Ne l'y rallume plus après notre trépas.
Rendez-vous donc enfin à ces clairs syllogismes :
Et ne prétendez plus, par vos confus sophismes,
Pouvoir encore aux yeux du fidèle éclairé,
Cacher l'amour de Dieu dans l'école égaré.
Apprenez que la gloire où le ciel nous appelle ;
Un jour des vrais enfans doit couronner le zèle,
Et non les froids remords d'un esclave craintif,
Où crut voir Abelli quelque amour négatif.
　Mais quoi ! j'entends déjà plus d'un fier scolastique,
Qui me voyant ici, sur ce ton dogmatique,
En vers audacieux traiter ces points sacrés,
Curieux me demander où j'ai pris mes degrés ;
Et si, pour m'éclairer sur ces sombres matières,
Deux cents auteurs extraits m'ont prêté leurs lu-
　　mières.
Non. Mais pour décider que l'homme, qu'un chré-
　　tien,
Est obligé d'aimer l'unique auteur du bien,
Le Dieu qui le nourrit, le Dieu qui le fit naître,
Qui nous vint, par sa mort, donner un second être,
Faut-il avoir reçu le bonnet doctoral ?
Avoir extrait Gamache, Isambert et du Val ?
Dieu, dans son livre saint, sans chercher d'autre
　　ouvrage,
Ne l'a-t-il pas écrit lui-même à chaque page ?
De vains docteurs encore, ô prodige honteux !
Oseront nous en faire un problème douteux !
Viendront traiter d'erreur, digne de l'anathême,
L'indispensable loi d'aimer Dieu pour lui-même !
Et, par un dogme faux, dans nos jours enfanté,
Des devoirs du chrétien, rayer la charité !

Si j'allais consulter chez eux le moins sévère,
Et lui disais : Un fils doit-il aimer son père ?
Ah ! peut-on en douter, dirait-il brusquement ?
Et quand je leur demande en ce même moment :
L'homme ouvrage d'un Dieu seul bon et seul aimable,
Doit-il aimer ce Dieu, son père véritable ?
Leur plus rigide auteur n'ose le décider,
Et craint, en l'affirmant, de se trop hasarder.
   Je ne m'en puis défendre ; il faut que je t'écrive
La figure bizarre, et pourtant assez vive,
Que je sus l'autre jour employer en son lieu,
Et qui déconcerta ces ennemis de Dieu.
Au sujet d'un écrit, qu'on nous venait de lire,
Un d'entr'eux m'insulta, sur ce que j'osai dire
Qu'il faut, pour être absous d'un crime confessé,
Avoir, pour Dieu du moins, un amour commencé.
Ce dogme, me dit-il, est un pur calvinisme.
O ciel ! me voilà donc dans l'erreur, dans le schisme,
Et partant réprouvé? Mais, poursuivis-je alors,
Quand Dieu viendra juger les vivans et les morts,
Et des humbles agneaux, objets de sa tendresse,
Séparera des boucs la troupe pécheresse,
A tous il nous dira, sévère ou gracieux,
Ce qui nous fit impurs ou justes à ses yeux.
Selon vous donc, à moi réprouvé, bouc infâme :
Va brûler, dira-t-il, en l'éternelle flamme,
Malheureux, qui soutins que l'homme dut m'aimer ;
Et qui sur ce sujet trop prompt à déclamer,
Prétendis qu'il fallait, pour fléchir ma justice,
Que le pécheur touché de l'horreur de son vice,

De quelque ardeur pour moi sentît les mouvemens,
Et gardât le premier de mes commandemens.
Dieu, si je vous en crois, me tiendra ce langage ;
Mais à vous, tendre agneau, son plus cher héritage,
Orthodoxe ennemi d'un dogme si blâmé,
Venez, vous dira-t-il, venez mon bien-aimé :
Vous qui dans les détours de vos raisons subtiles,
Embarrassant les mots d'un des plus saints conciles,
Avez délivré l'homme, ô l'utile docteur !
De l'importun fardeau d'aimer son créateur ;
Entrez au ciel : venez, comblé de mes louanges,
Du besoin d'aimer Dieu désabuser les anges.
A de tels mots, si Dieu pouvait les prononcer,
Pour moi je répondrais, je crois sans l'offenser :
O ! que pour vous mon cœur moins dur et moins fa-
    rouche,
Seigneur, n'a-t-il, hélas ! parlé comme ma bouche !
Ce serait ma réponse à ce Dieu fulminant.
Mais vous, de ses douceurs objet fort surprenant,
Je ne sais pas comment, ferme en votre doctrine,
Des ironiques mots de sa bouche divine
Vous pourriez, sans rougeur et sans confusion,
Soutenir l'amertume et la dérision.
 L'audace du docteur, par ce discours frappée,
Demeura sans réplique à ma prosopopée.
Il sortit tout-à-coup et murmurant tout bas
Quelques termes d'aigreur, que je n'entendis pas,
S'en alla chez Binsfeld, ou chez Basile Ponce,
Sur l'heure à mes raisons chercher une réponse.

## FIN DES ÉPITRES.

# L'ART
# POÉTIQUE.

# AVERTISSEMENT

C'EST à M. Despréaux principalement que la France est redevable de cette justesse et de cette solidité qui se font remarquer dans les ouvrages de nos bons écrivains. Ce sont ses premières productions qui ont le plus contribué à bannir l'affectation et le mauvais goût. Mais c'était peu pour lui d'avoir corrigé les poëtes par sa critique, s'il ne les avait encore instruits par ses préceptes. Dans cette vue il forma le dessein de composer un Art Poétique.

Le célèbre M. Patru, à qui il communiqua son dessein, ne crut pas qu'il fût possible de l'exécuter avec succès. Il convenait qu'on pouvait bien expliquer les règles générales de la poésie, à l'exemple d'Horace; mais pour les règles particulières, ce détail ne lui paraissait pas propre à être mis en vers français; et il eut assez mauvaise opinion de notre poésie, pour la croire incapable de se soutenir dans des matières aussi sèches que le sont de simples préceptes.

Néanmoins les difficultés que ce judicieux critique prévoyait, bien loin d'effrayer notre poëte, ne servirent qu'à l'animer, et à lui donner une plus grande idée de son entreprise. Il commença dès-lors à travailler à son Art Poétique, et quelque tems après il en alla réciter le commencement à son ami, qui voyant la noble audace avec laquelle notre Auteur entrait en matière, changea de sentiment, et l'exhorta bien sérieusement à continuer.

L'Art Poétique passe communément pour le chef-d'œuvre de notre Auteur. Trois choses principalement le rendent considérable : la difficulté de l'entreprise, la beauté des vers, et l'utilité de l'ouvrage.

On peut même lui donner une autre louange que sa modestie lui faisait rejeter : c'est qu'il y a plus d'ordre dans sa poétique que dans celle d'Horace; et qu'il est entré bien plus avant que cet ancien dans le détail des règles de la poésie.

# L'ART POÉTIQUE.

## CHANT PREMIER.

*Dans ce premier Chant, l'Auteur donne des règles générales pour la poésie : mais ces règles n'appartiennent point si proprement à cet art, qu'elles ne puissent aussi être pratiquées utilement dans les autres genres d'écriture. Une courte digression renferme l'histoire de la poésie française, depuis Villon jusqu'à Malherbe.*

C'est en vain qu'au Parnasse un téméraire auteur,
Pense de l'art des vers atteindre la hauteur,
S'il ne sent point du ciel l'influence secrète,
Si son astre, en naissant, ne l'a formé poëte,
Dans son génie étroit il est toujours captif,
Pour lui Phébus est sourd, et Pégase est rétif.
  O vous donc qui, brûlant d'une ardeur périlleuse,
Courez du bel esprit la carrière épineuse,
N'allez pas sur des vers sans fruit vous consumer,
Ni prendre pour génie un amour de rimer:
Craignez d'un vain plaisir les trompeuses amorces,
Et consultez long-temps votre esprit et vos forces.

La Nature, fertile en esprits excellens,
Sait entre les auteurs partager les talens.
L'un peut tracer en vers une amoureuse flamme :
L'autre d'un trait plaisant aiguiser l'épigramme.
Malherbe d'un héros peut vanter les exploits ;
Racan, chanter Philis, les bergers et les bois.
Mais souvent un esprit, qui se flatte et qui s'aime,
Méconnaît son génie, et s'ignore soi-même.
Ainsi, tel autrefois qu'on vit avec Faret
Charbonner de ses vers les murs d'un cabaret,
S'en va, mal-à-propos, d'une voix insolente,
Chanter du peuple Hébreu la fuite triomphante ;
Et, poursuivant Moïse au travers des déserts,
Court avec Pharaon se noyer dans les mers.

  Quelque sujet qu'on traite, ou plaisant ou sublime,
Que toujours le bon sens s'accorde avec la rime ;
L'un l'autre vainement ils semblent se haïr,
La rime est une esclave, et ne doit qu'obéir :
Lorsqu'à la bien chercher d'abord on s'évertue,
L'esprit à la trouver aisément s'habitue ;
Au joug de la raison sans peine elle fléchit,
Et, loin de la gêner, la sert et l'enrichit.
Mais lorsqu'on la néglige, elle devient rebelle,
Et pour la ratrapper, le sens court après elle.
Aimez donc la raison : Que toujours vos écrits
Empruntent d'elle seule et leur lustre et leur prix.

  La plupart, emportés d'une fougue insensée,
Toujours loin du droit sens vont chercher leur pensée :
Ils croiraient s'abaisser dans leurs vers monstrueux,
S'ils pensaient ce qu'un autre a pu penser comme eux.

Evitons ces excès : laissons à l'Italie
De tous ces faux brillans l'éclatante folie.
Tout doit tendre au bon sens : mais pour y parvenir,
Le chemin est glissant et pénible à tenir :
Pour peu qu'on s'en écarte, aussitôt on se noie.
La raison, pour marcher, n'a souvent qu'une voie.

Un auteur, quelquefois trop plein de son objet,
Jamais sans l'épuiser n'abandonne un sujet.
S'il rencontre un palais, il m'en dépeint la face :
Il me promène après de terrasse en terrasse.
Ici s'offre un perron ; là règne un coridor :
Là ce balcon s'enferme en un balustre d'or.
Il compte des plafonds, les ronds et les ovales ;
*Ce ne sont que festons, ce ne sont qu'astragales.*
Je saute vingt feuillets pour en trouver la fin,
Et je me sauve à peine au travers du jardin.
Fuyez de ces auteurs l'abondance stérile
Et ne vous chargez point d'un détail inutile.
Tout ce qu'on dit de trop est fade et rebutant,
L'esprit rassasié le rejette à l'instant.
Qui ne sait se borner, ne sut jamais écrire.
Souvent la peur d'un mal nous conduit dans un pire.
Un vers était trop faible, et vous le rendez dur :
J'évite d'être long, et je deviens obscur.
L'un n'est point trop fardé, mais sa muse est trop nue :
L'autre a peur de ramper, il se perd dans la nue.

Voulez-vous du public mériter les amours ?
Sans cesse en écrivant variez vos discours.

Un style trop égal et toujours uniforme
En vain brille à nos yeux, il faut qu'il nous endorme:
On lit peu ces auteurs, nés pour nous ennuyer,
Qui toujours sur un ton semblent psalmodier.

 Heureux qui, dans ses vers, sait d'une voix légère,
Passer du grave au doux, du plaisant au sévère!
Son livre aimé du ciel, et chéri des lecteurs,
Est souvent chez Barbin entouré d'acheteurs.

 Quoi que vous écriviez, évitez la bassesse:
Le style le moins noble a pourtant sa noblesse.
Au mépris du bon sens, le burlesque effronté
Trompa les yeux d'abord, plut par sa nouveauté.
On ne vit plus en vers que pointes triviales:
Le Parnasse parla le langage des halles:
La licence à rimer alors n'eut plus de frein.
Apollon travesti devint un Tabarin.
Cette contagion infecta les provinces,
Du clerc et du bourgeois passa jusques aux princes.
Le plus mauvais plaisant eut ses approbateurs,
Et jusqu'à d'Assouci, tout trouva des lecteurs.
Mais de ce style enfin la cour désabusée,
Dédaigna de ces vers l'extravagance aisée;
Distingua le naïf du plat et du bouffon,
Et laissa la province admirer le Typhon.
Que ce style jamais ne souille votre ouvrage.
Imitons de Marot l'élégant badinage,
Et laissons le burlesque aux plaisans du pont-neuf.

 Mais n'allez point aussi, sur les pas de Brébeuf,
Même en une Pharsale, entasser sur les rives
*De morts et de mourans cent montagnes plain-*
  *tives.*

Prenez mieux votre ton. Soyez simple avec art,
Sublime sans orgueil, agréable sans fard.
 N'offrez rien au lecteur que ce qui peut lui plaire;
Ayez pour la cadence une oreille sévère.
Que toujours dans vos vers, le sens coupant les mots,
Suspende l'hémistiche, en marque le repos.
 Gardez qu'une voyelle, à courir trop hâtée,
Ne soit d'une voyelle en son chemin heurtée.
Il est un heureux choix de mots harmonieux.
Fuyez de mauvais sons le concours odieux :
Le vers le mieux rempli, la plus noble pensée
Ne peut plaire à l'esprit, quand l'oreille est blessée.
 Durant les premiers ans du Parnasse françois,
Le caprice tout seul faisait toutes les lois.
La rime, au bout des mots assemblés sans mesure,
Tenait lieu d'ornemens, de nombre et de césure.
Villon sut le premier, dans ces siècles grossiers,
Débrouiller l'art confus de nos vieux romanciers.
Marot bientôt après fit fleurir les Ballades,
Tourna des Triolets, rima des Mascarades,
A des refrains réglés asservit les Rondeaux,
Et montra pour rimer des chemins tout nouveaux.
Ronsard, qui le suivit, par une autre méthode,
Réglant tout, brouilla tout, fit un art à sa mode,
Et toutefois long-temps eut un heureux destin.
Mais sa muse, en français, parlant grec et latin,
Vit dans l'âge suivant, par un retour grotesque,
Tomber de ses grands mots, le faste pédantesque.
Ce poëte orgueilleux trébuché de si haut,
Rendit plus retenus Desportes et Bertaut.

Enfin Malherbe vint, et, le premier en France,
Fit sentir dans les vers une juste cadence :
D'un mot mis en sa place enseigna le pouvoir,
Et réduisit la muse aux règles du devoir.
Par ce sage écrivain la langue réparée
N'offrit plus rien de rude à l'oreille épurée.
Les stances avec grâce apprirent à tomber,
Et le vers sur le vers n'osa plus enjamber.
Tout reconnut ses lois ; et ce guide fidèle
Aux auteurs de ce temps sert encor de modèle.
Marchez donc sur ses pas ; aimez sa pureté,
Et de son tour heureux imitez la clarté.
Si le sens de vos vers tarde à se faire entendre,
Mon esprit aussitôt commence à se détendre ;
Et, de vos vains discours prompt à se détacher,
Ne suit point un auteur qu'il faut toujours chercher.

 Il est certains esprits, dont les sombres pensées
Sont d'un nuage épais toujours embarrassées :
Le jour de la raison ne le saurait percer.
Avant donc que d'écrire, apprenez à penser.
Selon que notre idée est plus ou moins obscure,
L'expression la suit, ou moins nette, ou plus pure :
Ce que l'on conçoit bien, s'énonce clairement,
Et les mots, pour le dire, arrivent aisément.

 Surtout qu'en vos écrits, la langue révérée,
Dans vos plus grands excès vous soit toujours sa‑
  crée.
En vain vous me frappez d'un son mélodieux,
Si le terme est impropre, ou le tour vicieux :
Mon esprit n'admet point un pompeux barbarisme,
Ni d'un vers ampoulé l'orgueilleux solécisme :

Sans la langue, en un mot, l'auteur le plus divin
Est toujours, quoiqu'il fasse, un méchant écrivain.
    Travaillez à loisir, quelque ordre qui vous presse,
Et ne vous piquez point d'une folle vitesse :
Un style si rapide, et qui court en rimant,
Marque moins trop d'esprit que peu de jugement.
J'aime mieux un ruissseau, qui, sur la molle arène,
Dans un pré plein de fleurs lentement se promène,
Qu'un torrent débordé, qui d'un cours orageux
Roule, plein de gravier, sur un terrain fangeux.
Hâtez-vous lentement; et sans perdre courage,
Vingt fois sur le métier remettez votre ouvrage;
Polissez-le sans cesse, et le repolissez :
Ajoutez quelquefois, et souvent effacez.
    C'est peu qu'en un ouvrage où les fautes fourmil-
            lent,
Des traits d'esprit semés de temps en temps pétillent :
Il faut que chaque chose y soit mise en son lieu;
Que le début, la fin, répondent au milieu;
Que d'un art délicat les pièces assorties
N'y forment qu'un seul tout de diverses parties;
Que jamais du sujet le discours s'écartant,
N'aille chercher trop loin quelque mot éclatant.
Craignez-vous pour vos vers la censure publique?
Soyez-vous à vous-même un sévère critique :
L'ignorance toujours est prête à s'admirer.
    Faites-vous des amis prompts à vous censurer :
Qu'ils soient de vos écrits les confidens sincères :
Et de tous vos défauts les zélés adversaires.
Dépouillez devant eux l'arrogance d'auteur;
Mais sachez de l'ami discerner le flatteur;

Tel vous semble applaudir, qui vous raille et vous joue.
Aimez qu'on vous conseille, et non pas qu'on vous loue.
Un flatteur aussitôt cherche à se récrier :
Chaque vers qu'il entend, le fait extasier.
Tout est charmant, divin, aucun mot ne le blesse :
Il trépigne de joie, il pleure de tendresse :
Il vous comble partout d'éloges fastueux.
La vérité n'a point cet air impétueux.
Un sage ami, toujours rigoureux, inflexible,
Sur vos fautes jamais ne vous laisse paisible :
Il ne pardonne point les endroits négligés :
Il renvoye en leur lieu les vers mal arrangés :
Il réprime des mots l'ambitieuse emphase :
Ici le sens le choque, et plus loin c'est la phrase :
Votre construction semble un peu s'obscurcir :
Ce terme est équivoque, il le faut éclaircir.
C'est ainsi que vous parle un ami véritable.
Mais souvent sur ses vers, un auteur intraitable,
A les protéger tous se croit intéressé,
Et d'abord prend en main le droit de l'offensé.
De ce vers, direz-vous, l'expression est basse.
Ah! Monsieur, pour ce vers, je vous demande grâce,
Répondra-t-il d'abord. Ce mot me semble froid,
Je le retrancherais. C'est le plus bel endroit.
Ce tour ne me plaît pas. Tout le monde l'admire.
Ainsi toujours constant à ne point se dédire ;
Qu'un mot dans son ouvrage ait paru vous blesser,
C'est un titre chez lui pour ne point l'effacer.
Cependant à l'entendre il chérit la critique ;

Vous avez sur ses vers un pouvoir despotique.
Mais tout ce beau discours, dont il vient vous flatter,
N'est rien qu'un piége adroit pour vous les réciter.
Aussitôt il vous quitte, et, content de sa muse,
S'en va chercher ailleurs quelque fat qu'il abuse;
Car souvent il en trouve. Ainsi qu'en sots auteurs,
Notre siècle est fertile en sots admirateurs:
Et sans ceux que fournit la ville et la province,
Il en est chez le duc, il en est chez le prince.
L'ouvrage le plus plat a, chez les courtisans,
De tout temps rencontré de zélés partisans:
Et, pour finir enfin par un trait de satire,
Un sot trouve toujours un plus sot qui l'admire.

# CHANT II.

*Dans ce second Chant et dans le troisième, notre Auteur explique le détail de la poésie française, et donne le caractère et les règles particulières de chaque poëme. Le second Chant est employé à décrire l'Idylle ou l'Eglogue, l'Elégie, l'Ode, le Sonnet, l'Epigramme, le Rondeau, la Ballade, le Madrigal, la Satire et le Vaudeville. L'Auteur a su varier ici son style avec tant d'art et tant d'habileté, qu'en parcourant toutes les différentes espèces de poésies, il emploie précisément le style qui convient à chaque espèce en particulier.*

Telle qu'une bergère, au plus beau jour de fête,
De superbes rubis ne charge point sa tête,
Et, sans mêler à l'or l'éclat des diamans,
Cueille en un champ voisin ses plus beaux ornemens :
Telle, aimable en son air, mais humble dans son style,
Doit éclater sans pompe une élégante Idylle.
Son tour simple et naïf n'a rien de fastueux,
Et n'aime point l'orgueil d'un vers présomptueux.
Il faut que sa douceur flatte, chatouille, éveille,
Et jamais de grands mots n'épouvante l'oreille.

Mais souvent dans ce style un rimeur aux abois,
Jette là „ de dépit, la flûte et le hautbois;
Et, follement pompeux dans sa verve indiscrète,
Au milieu d'une Eglogue entonne la trompette.
De peur de l'écouter, Pan fuit dans les roseaux,
Et les Nymphes, d'effroi, se cachent sous les eaux.

 Au contraire, cet autre, abject en son langage,
Fait parler ses bergers comme on parle au village.
Ses vers plats et grossiers, dépouillés d'agrément,
Toujours baisent la terre, et rampent tristement.
On dirait que Ronsard, sur ses *Pipeaux rustiques*,
Vient encor fredonner ses Idylles gothiques;
Et changer, sans respect de l'oreille et du son,
Lycidas en Pierrot et Philis en Toinon.

 Entre ces deux excès la route est difficile.
Suivez, pour la trouver, Théocrite et Virgile.
Que leurs tendres écrits, par les Grâces dictés,
Ne quittent point vos mains, jour et nuit feuilletés.
Seuls, dans leurs doctes vers ils pourront vous apprendre,
Par quel art, sans bassesse, un auteur peut descendre;
Chanter Flore, les champs, Pomone, les vergers;
Au combat de la flûte animer deux bergers;
Des plaisirs de l'amour vanter la douce amorce;
Changer Narcisse en fleur, couvrir Daphné d'écorce;
Et par quel art encor l'Eglogue quelquefois
Rend dignes d'un consul la campagne et les bois.
Telle est de ce poëme et la force et la grâce.

 D'un ton un peu plus haut, mais pourtant sans audace,
La plaintive Elégie, en longs habits de deuil,

Sait, les cheveux épars, gémir sur un cercueil.
Elle peint des amans la joie et la tristesse,
Flatte, menace, irrite, appaise une maîtresse.
Mais pour bien exprimer ces caprices heureux,
C'est peu d'être poëte, il faut être amoureux.

    Je hais ces vains auteurs, dont la muse forcée
M'entretient de ses feux, toujours froide et glacée;
Qui s'affligent par art, et fous de sens rassis,
S'érigent pour rimer, en amoureux transis :
Leurs transports les plus doux ne sont que phrases
    vaines.
Ils ne savent jamais que se charger de chaînes;
Que bénir leur martyre, adorer leur prison,
Et faire quereller le sens et la raison.
Ce n'était pas jadis sur ce ton ridicule,
Qu'Amour dictait les vers que soupirait Tibulle;
Ou que du tendre Ovide animant les doux sons,
Il donnait de son art les charmantes leçons.
Il faut que le cœur seul parle dans l'Elégie.

    L'Ode avec plus d'éclat et non moins d'énergie,
Elevant jusqu'au ciel son vol ambitieux,
Entretient dans ses vers commerce avec les Dieux.
Aux Athlètes dans Pise elle ouvre la barrière,
Chante un vainqueur poudreux au bout de la car-
    rière;
Mène Achille sanglant aux bords du Simoïs,
Ou fait fléchir l'Escaut sous le joug de Louis.
Tantôt, comme une abeille ardente à son ouvrage,
Elle s'en va de fleurs dépouiller le rivage :
Elle peint les festins, les danses et les ris;
Vante un baiser cueilli sur les lèvres d'Iris,

*Qui mollement résiste, et par un doux caprice,*
*Quelquefois le refuse, afin qu'on le ravisse.*
Son style impétueux souvent marche au hasard.
Chez elle un beau désordre est un effet de l'art.
    Loin ces rimeurs craintifs, dont l'esprit phlegmatique,
Garde dans ses fureurs un ordre didactique;
Qui, chantant d'un héros les progrès éclatans,
Maigres historiens suivront l'ordre des temps.
Ils n'osent un moment perdre un sujet de vue :
Pour prendre Dôle, il faut que Lille soit rendue;
Et que leur vers exact, ainsi que Mezeray,
Ait fait déjà tomber les remparts de Courtray.
Apollon de son feu leur fut toujours avare.
    On dit, à ce propos, qu'un jour ce Dieu bizarre,
Voulant pousser à bout tous les rimeurs François,
Inventa du Sonnet les rigoureuses lois ;
Voulut, qu'en deux quatrains de mesure pareille,
La rime avec deux sons frappât huit fois l'oreille :
Et qu'ensuite, six vers artistement rangés,
Fussent en deux tercets par le sens partagés.
Surtout de ce poëme il bannit la licence ;
Lui-même en mesura le nombre et la cadence,
Défendit qu'un vers faible y pût jamais entrer,
Ni qu'un mot déjà mis osât s'y remontrer.
Du reste il l'enrichit d'une beauté suprême :
Un Sonnet sans défaut vaut seul un long poëme.
Mais en vain mille auteurs y pensent arriver ;
Et cet heureux phénix est encore à trouver.
A peine dans Gombaut, Mainard et Malleville,
En peut-on admirer deux ou trois entre mille.

Le reste, aussi peu lu que ceux de Pelletier,
N'a fait, de chez Sercy, qu'un saut chez l'épicier.
Pour enfermer son sens dans la borne prescrite,
La mesure est toujours trop longue ou trop petite.

 L'Epigramme plus libre en son tour plus borné,
N'est souvent qu'un bon mot de deux rimes orné.
Jadis de nos auteurs les pointes ignorées,
Furent de l'Italie en nos vers attirées :
Le vulgaire ébloui de leur faux agrément,
A ce nouvel appât courut avidement.
La faveur du public, excitant leur audace,
Leur nombre impétueux inonda le Parnasse.
Le Madrigal d'abord en fut enveloppé.
Le Sonnet orgueilleux lui-même en fut frappé.
La Tragédie en fit ses plus chères délices;
L'Elégie en orna ses douloureux caprices;
Un héros sur la scène eut soin de s'en parer;
Et sans pointe un amant n'osa plus soupirer.
On vit tous les bergers, dans leurs plaintes nou-
    velles,
Fidèles à la pointe, encor plus qu'à leurs belles;
Chaque mot eut toujours deux visages divers ;
La prose la reçut aussi bien que les vers ;
L'avocat au Palais en hérissa son style ;
Et le docteur en chair en sema l'Evangile.

 La raison outragée enfin ouvrit les yeux,
La chassa pour jamais des discours sérieux,
Et dans tous ces écrits la déclarant infâme,
Par grâce, lui laissa l'entrée en l'Epigramme,
Pourvu que sa finesse, éclatant à propos,
Roulât sur la pensée, et non pas sur les mots.

## CHANT SECOND.

Ainsi, de toutes parts les désordres cessèrent.
Toutefois à la cour les Turlupins restèrent ;
Insipides plaisans, bouffons infortunés,
D'un jeu de mots grossiers partisans surannés.
Ce n'est pas quelquefois qu'une muse un peu fine,
Sur un mot, en passant, ne joue et ne badine,
Et d'un sens détourné n'abuse avec succès.
Mais fuyez sur ce point un ridicule excès ;
Et n'allez pas toujours d'une pointe frivole
Aiguiser par la queue une Epigramme folle.

   Tout poëme est brillant de sa propre beauté.
Le Rondeau, né gaulois, a la naïveté.
La Ballade, asservie à ses vieilles maximes,
Souvent doit tout son lustre au caprice des rimes.

   Le Madrigal plus simple, et plus noble en son
      tour,
Respire la douceur, la tendresse et l'amour.

   L'ardeur de se montrer, et non pas de médire,
Arma la vérité du vers de la Satire.
Lucile, le premier, osa la faire voir ;
Aux vices des Romains présenta le miroir ;
Vengea l'humble vertu de la richesse altière,
Et l'honnête homme à pied du faquin en litière.
Horace à cette aigreur mêla son enjoûment.
On ne fut plus ni fat ni sot impunément :
Et malheur à tout nom qui, propre à la censure,
Put entrer dans un vers sans rompre la mesure.

   Perse, en ses vers obscurs, mais serrés et pres-
      sans,
Affecta d'enfermer moins de mots que de sens.

   Juvénal, élevé dans les cris de l'école,

Poussa jusqu'à l'excès sa mordante hyperbole.
Ses ouvrages, tout pleins d'affreuses vérités,
Etincellent pourtant de sublimes beautés.
 oit que sur un écrit arrivé de Caprée,
Il brise de Séjan la statue adorée;
Soit qu'il fasse au conseil courir les sénateurs,
D'un tyran soupçonneux, pâles adulateurs;
Ou que, poussant à bout la luxure latine,
Aux portefaix de Rome il vende Messaline:
Ses écrits pleins de feu partout brillent aux yeux.
 De ces maîtres savans, disciple ingénieux,
Régnier seul parmi nous, formé sur leurs modèles,
Dans son vieux style encore a des grâces nouvelles;
Heureux si ses discours craints du chaste lecteur,
Ne se sentaient des lieux où fréquentait l'auteur;
Et si du son hardi de ses rimes cyniques,
Il n'alarmait souvent les oreilles pudiques.
 Le latin dans les mots brave l'honnêteté;
Mais le lecteur français veut être respecté :
Du moindre sens impur la liberté l'outrage,
Si la pudeur des mots n'en adoucit l'image.
Je veux dans la Satire un esprit de candeur,
Et fuis un effronté qui prêche la pudeur.
 D'un trait de ce poëme, en bons mots si fertile,
Le Français né malin forma le Vaudeville;
Agréable indiscret, qui, conduit par le chant,
Passe de bouche en bouche, et s'accroît en marchant.
La liberté française en ses vers se déploie.
Cet enfant du plaisir veut naître dans la joie.
Toutefois n'allez pas, goguenard dangereux,
Faire Dieu le sujet d'un badinage affreux.

A la fin tous ces jeux, que l'athéisme élève,
Conduisent tristement le plaisant à la Grève.
Il faut, même en chansons, du bon sens et de l'art:
Mais pourtant on a vu le vin et le hasard
Inspirer quelquefois une muse grossière,
Et fournir, sans génie, un couplet à Linière.
Mais pour un vain bonheur qui vous a fait rimer,
Gardez qu'un sot orgueil ne vous vienne enfumer.
Souvent l'auteur altier de quelque chansonnette,
Au même instant prend droit de se croire poëte :
Il ne dormira plus qu'il n'ait fait un sonnet :
Il met tous les matins six impromptus au net :
Encore est-ce un miracle, en ses vagues furies,
Si bientôt imprimant ses sottes rêveries,
Il ne se fait graver au-devant du recueil,
Couronné de lauriers, par la main de Nanteuil.

# CHANT III.

*Les régles de la Tragédie, de la Comédie et du poëme Epique, font la matière du troisième Chant. Il est le plus beau de tous, soit par la grandeur du sujet, soit par la manière dont l'auteur l'a traité.*

Il n'est point de serpent, ni de monstre odieux,
Qui, par l'art imité, ne puisse plaire aux yeux :
D'un pinceau délicat l'artifice agréable,
Du plus affreux objet fait un objet aimable.
Ainsi, pour nous charmer, la Tragédie en pleurs,
D'Œdipe tout sanglant fit parler les douleurs;
D'Oreste parricide exprima les allarmes;
Et, pour nous divertir, nous arracha des larmes.
Vous donc qui, d'un beau feu pour le théâtre épris,
Venez en vers pompeux y disputer le prix,
Voulez-vous sur la scène étaler des ouvrages
Où tout Paris en foule apporte ses suffrages;
Et qui, toujours plus beaux, plus ils sont regardés,
Soient, au bout de vingt ans, encor redemandés?
Que dans tous vos discours la passion émue,
Aille chercher le cœur, l'échauffe et le remue.
Si d'un beau mouvement l'agréable fureur,
Souvent ne nous remplit d'une douce *terreur*,
Ou n'excite en notre âme une pitié charmante,
En vain vous étalez une scène savante :
Vos froids raisonnemens ne feront qu'attiédir
Un spectateur, toujours paresseux d'applaudir,

Et qui des vains efforts de votre rhétorique,
Justement fatigué, s'endort, ou vous critique.
Le secret est d'abord de plaire et de toucher :
Inventez des ressorts qui puissent m'attacher.

Que dès les premiers vers, l'action préparée,
Sans peine du sujet applanisse l'entrée.
Je me ris d'un acteur, qui lent à s'exprimer,
De ce qu'il veut d'abord ne sait pas m'informer ;
Et qui, débrouillant mal une pénible intrigue,
D'un divertissement me fait une fatigue.
J'aimerais mieux encor, qu'il déclinât son nom,
Et dît, je suis Oreste, ou bien Agamemnon,
Que d'aller, par un tas de confuses merveilles,
Sans rien dire à l'esprit, étourdir les oreilles :
Le sujet n'est jamais assez tôt expliqué.

Que le lieu de la scène y soit fixe et marqué.
Un rimeur, sans péril, de là les Pyrénées,
Sur la scène en un jour, renferme des années :
Là, souvent le héros, d'un spectacle grossier,
Enfant au premier acte, est barbon au dernier.
Mais nous, que la raison à ses règles engage,
Nous voulons qu'avec art, l'action se ménage ;
Qu'en un lieu, qu'en un jour, un seul fait accompli,
Tienne, jusqu'à la fin, le théâtre rempli.

Jamais au spectateur, n'offrez rien d'incroyable,
Le vrai peut quelquefois n'être pas vraisemblable.
Une merveille absurde, est pour moi sans appas,
L'esprit n'est point ému de ce qu'il ne croit pas.
Ce qu'on ne doit point voir, qu'un récit nous l'ex-
      pose :
Les yeux en le voyant saisiraient mieux la chose ;

Mais il est des objets, que l'art judicieux,
Doit offrir à l'oreille, et reculer des yeux.
    Que le trouble, toujours croissant de scène en
        scène,
A son comble arrivé, se débrouille sans peine.
L'esprit ne se sent point plus vivement frappé,
Que lorsqu'en un sujet d'intrigue enveloppé,
D'un secret tout-à-coup la vérité connue,
Change tout, donne à tout une face imprévue.
    La tragédie, informe et grossière en naissant,
N'était qu'un simple chœur, où chacun en dansant,
Et du Dieu des raisins entonnant les louanges,
Sefforçait d'attirer de fertiles vendanges.
Là, le vin et la joie, éveillant les esprits,
Du plus habile chantre, un bouc était le prix.
Thespis fut le premier qui, barbouillé de lie,
Promena par les bourgs, cette heureuse folie;
Et, d'acteurs mal ornés, chargeant un tombereau,
Amusa les passans, d'un spectacle nouveau.
Eschyle, dans les chœurs, jeta les personnages;
D'un masque plus honnête, habilla les visages;
Sur les ais d'un théâtre, en public exhaussé,
Fit paraître l'acteur, d'un brodequin chaussé.
Sophocle enfin, donnant l'essor à son génie,
Accrut encor la pompe, augmenta l'harmonie,
Intéressa le chœur dans toute l'action,
Des vers trop raboteux polit l'expression;
Lui donna, chez les Grecs, cette hauteur divine,
Où jamais n'atteignit la faiblesse latine.
    Chez nos dévots aïeux, le théâtre abhorré,
Fut long-temps, dans la France, un plaisir ignoré.

De pélerins, dit-on, une troupe grossière,
En public à Paris, y monta la première ;
Et, sottement zélée, en sa simplicité,
Joua les Saints, la Vierge, et Dieu par piété.
Le savoir, à la fin, dissipant l'ignorance,
Fit voir de ce projet, la dévote imprudence.
On chassa ces docteurs, prêchant sans mission ;
On vit renaître Hector, Andromaque, Ilion.
Seulement les acteurs laissant le masque antique,
Le violon tint lieu de chœur et de musique.

 Bientôt l'amour, fertile en tendres sentimens,
S'empara du théâtre, ainsi que des romans.
De cette passion, la sensible peinture,
Est, pour aller au cœur, la route la plus sûre.
Peignez donc, j'y consens, les héros amoureux ;
Mais ne m'en formez pas des bergers doucereux :
Qu'Achille aime autrement que Thyrsis et Philène :
N'allez pas d'un Cyrus nous faire un Artamène ;
Et que l'amour souvent, de remords combattu,
Paraisse une faiblesse et non une vertu.

 Des héros de roman, fuyez les petitesses :
Toutefois aux grands cœurs donnez quelques faiblesses.
Achille déplairait moins bouillant et moins prompt :
J'aime à lui voir verser des pleurs pour un affront.
A ces petits défauts, marqués dans sa peinture,
L'esprit avec plaisir, reconnaît la nature ;
Qu'il soit sur ce modèle, en vos écrits tracé.
Qu'Agamemnon soit fier, superbe, intéressé.
Que pour ses Dieux Enée ait un respect austère ;
Conservez à chacun son propre caractère.

Des siècles, des pays, étudiez les mœurs,
Les climats font souvent, les diverses humeurs.
Gardez donc de donner, ainsi que dans Clélie,
L'air, ni l'esprit français, à l'antique Italie ;
Et, sous les noms romains, faisant notre portrait,
Peindre Caton galant et Brutus dameret.
Dans un roman frivole, aisément tout s'excuse ;
C'est assez qu'en courant, la fiction amuse :
Trop de rigueur alors serait hors de saison :
Mais la scène demande une exacte raison.
L'étroite bienséance y veut être gardée.

D'un nouveau personnage inventez-vous l'idée !
Qu'en tout avec soi-même il se montre d'accord,
Et qu'il soit jusqu'au bout tel qu'on l'a vu d'abord.

Souvent, sans y penser, un écrivain qui s'aime,
Forme tous ses héros, semblables à soi-même.
Tout a l'humeur gasconne en un auteur gascon.
Calprenède et Juba parlent du même ton.

La nature est dans nous plus diverse et plus sage.
Chaque passion parle un différent langage :
La colère est superbe, et veut des mots altiers ;
L'abattement s'explique en des termes moins fiers.

Que devant Troie en flamme, Hécube désolée
Ne vienne pas pousser une plainte ampoulée ;
Ni, sans raison, décrire en quels affreux pays,
*Par sept bouches l'Euxin reçoit le Tanaïs.*
Tous ces pompeux amas d'expressions frivoles,
Sont d'un déclamateur, amoureux de paroles.
Il faut dans la douleur, que vous vous abaissiez ;
Pour me tirer des pleurs, il faut que vous pleuriez.
Ces grands mots, dont alors l'acteur emplit sa bouche,

Ne partent point d'un cœur que sa misère touche.
Le théâtre, fertile en censeurs pointilleux,
Chez nous, pour se produire, est un champ périlleux.
Un auteur n'y fait pas de faciles conquêtes,
Il trouve à le siffler des bouches toujours prêtes.
Chacun le peut traiter de fat et d'ignorant :
C'est un droit qu'à la porte on achète en entrant.
Il faut qu'en cent façons, pour plaire, il se replie ;
Que tantôt il s'élève, et tantôt s'humilie ;
Qu'en nobles sentimens il soit partout fécond,
Qu'il soit aisé, solide, agréable, profond :
Que de traits surprenans, sans cesse il nous réveille,
Qu'il coure dans ses vers, de merveille en merveille ;
Et que tout ce qu'il dit, facile à retenir,
De son ouvrage, en nous, laisse un long souvenir.
Ainsi la tragédie agit, marche et s'explique.

D'un air plus grand encor la poésie épique,
Dans le vaste récit d'une longue action,
Se soutient par la fable, et vit de fiction.
Là, pour nous enchanter, tout est mis en usage,
Tout prend un corps, une âme, un esprit, un visage ;
Chaque vertu devient une divinité,
Minerve est la prudence, et Vénus la beauté ;
Ce n'est plus la vapeur qui produit le tonnerre,
C'est Jupiter armé pour effrayer la terre ;
Un orage terrible, aux yeux des matelots,
C'est Neptune en courroux qui gourmande les flots ;
Echo n'est plus un son, qui dans l'air retentisse,
C'est une nymphe en pleurs, qui se plaint de Narcisse.

Ainsi, dans cet amas de nobles fictions,
Le poëte s'égaye en mille inventions;
Orne, élève, embellit, agrandit toutes choses,
Et trouve sous sa main, des fleurs toujours écloses.
Qu'Enée et ses vaisseaux par le vent écartés,
Soient aux bords Africains, d'un orage emportés;
Ce n'est qu'une aventure ordinaire et commune,
Qu'un coup peu surprenant des traits de la fortune :
Mais que Junon, constante en son aversion,
Poursuive sur les flots les restes d'Ilion :
Qu'Eole, en sa faveur, les chassant d'Italie,
Ouvre aux vents mutinés les prisons d'Eolie ;
Que Neptune en courroux, s'élevant sur la mer,
D'un mot calme les flots, mette la paix dans l'air,
Délivre les vaisseaux, des Syrtes les arrache :
C'est là ce qui surprend, frappe, saisit, attache.
Sans tous ces ornemens, le vers tombe en langueur,
La poésie est morte, ou rampe sans vigueur.
Le poëte n'est plus qu'un orateur timide,
Qu'un froid historien, d'une fable insipide.

C'est donc bien vainement que nos auteurs déçus,
Bannissant de leurs vers ces ornemens reçus,
Pensent faire agir Dieu, ses saints et ses prophètes,
Comme ces dieux éclos du cerveau des poëtes,
Mettent à chaque pas le lecteur en enfer,
N'offrent rien qu'Astaroth, Belzébuth, Lucifer.
De la foi d'un chrétien les mystères terribles,
D'ornemens égayés ne sont point susceptibles :
L'évangile à l'esprit n'offre de tous côtés,
Que pénitence à faire, et tourmens mérités :
Et de vos fictions le mélange coupable,

Même à ses vérités donne l'air de la fable.
Et quel objet enfin à présenter aux yeux,
Que le diable toujours hurlant contre les cieux,
Qui de votre héros veut rabaisser la gloire,
Et souvent avec Dieu balance la victoire ?
Le Tasse, dira-t-on, l'a fait avec succès.
Je ne veux point ici lui faire son procès ;
Mais, quoique notre siècle à sa gloire publie,
Il n'eût point de son livre illustré l'Italie,
Si son sage héros, toujours en oraison,
N'eût fait que mettre enfin Satan à la raison ;
Et si Renaud, Argant, Tancrède et sa maîtresse,
N'eussent de son sujet égayé la tristesse.
Ce n'est pas que j'approuve, en un sujet chrétien,
Un auteur follement idolâtre et païen.
Mais dans une profane et riante peinture,
De n'oser de la fable employer la figure ;
De chasser les Tritons de l'empire des eaux ;
D'ôter à Pan sa flûte, aux Parques leurs ciseaux ;
D'empêcher que Caron, dans la fatale barque,
Ainsi que le berger, ne passe le monarque :
C'est d'un scrupule vain s'allarmer sottement,
Et vouloir aux lecteurs plaire sans agrément.
Bientôt ils défendront de peindre la Prudence ;
De donner à Thémis ni bandeau, ni balance ;
De figurer aux yeux la Guerre au front d'airain,
Ou le Tems qui s'enfuit une horloge à la main ;
Et partout des discours, comme une idolâtrie,
Dans leur faux zèle iront chasser l'allégorie.
Laissons-les s'applaudir de leur pieuse erreur ;
Mais, pour nous, bannissons une vaine terreur,

Et, fabuleux chrétiens, n'allons point dans nos songes,
Du Dieu de vérité faire un Dieu de mensonges.
   La fable offre à l'esprit mille agrémens divers.
Là, tous les noms heureux semblent nés pour les vers.
Ulysse, Agamemnon, Oreste, Idoménée,
Hélène, Ménélas, Pâris, Hector, Enée.
O ! le plaisant projet d'un poëte ignorant,
Qui de tant de héros va choisir Childebrand !
D'un seul nom quelquefois le son dur et bizare,
Rend un poëme entier, ou burlesque ou barbare.
   Voulez-vous long-temps plaire, et jamais ne lasser ?
Faites choix d'un héros propre à m'intéresser ;
En valeur éclatant, en vertus magnifique ;
Qu'en lui, jusqu'aux défauts, tout se montre héroïque :
Que ses faits surprenans soient dignes d'être ouïs,
Qu'il soit tel que César, Alexandre ou Louis ;
Non, tel que Polynice et son perfide frère.
On s'ennuie aux exploits d'un conquérant vulgaire.
   N'offrez point un sujet d'incidens trop chargé.
Le seul courroux d'Achille, avec art ménagé,
Remplit abondamment une Iliade entière :
Souvent trop d'abondance appauvrit la matière.
   Soyez vif et pressé dans vos narrations ;
Soyez riche et pompeux dans vos descriptions.
C'est-là qu'il faut des vers étaler l'élégance :
N'y présentez jamais de basse circonstance.
N'imitez pas ce fou, qui, décrivant les mers,
Et peignant, au milieu de leurs flots entr'ouvers,

## CHANT TROISIÈME.

L'hébreu sauvé du joug de ses injustes maîtres,
Met, pour le voir passer, les poissons aux fenêtres;
Peint le petit enfant qui *va, saute, revient,*
*Et joyeux à sa mère offre un caillou qu'il tient.*
Sur de trop vains objets, c'est arrêter la vue:
Donnez à votre ouvrage une juste étendue.
Que le début soit simple et n'ait rien d'affecté.
N'allez pas dès l'abord, sur Pégase monté,
Crier à vos lecteurs d'une voix de tonnerre:
*Je chante le vainqueur des vainqueurs de la terre.*
Que produira l'auteur après tous ces grands cris?
La montagne en travail enfante une souris.
Oh! que j'aime bien mieux cet auteur plein d'adresse,
Qui, sans faire d'abord de si haute promesse,
Me dit d'un ton aisé, doux, simple, harmonieux :
*Je chante les combats, et cet homme pieux,*
*Qui, des bords Phrygiens conduit dans l'Ausonie,*
*Le premier aborda les champs de Lavinie.*
Sa muse en arrivant ne met pas tout en feu;
Et, pour donner beaucoup ne nous promet que peu.
Bientôt vous la verrez, prodiguant les miracles,
Du destin des Latins, prononcer les oracles ;
De Styx et d'Achéron peindre les noirs torrens;
Et déjà les Césars dans l'Elysée errans.

De figures sans nombre égayez votre ouvrage :
Que tout y fasse aux yeux une riante image:
On peut être à-la-fois et pompeux et plaisant ;
Et je hais un sublime ennuyeux et pesant.
J'aime mieux Aristote et ses fables comiques,
Que ces auteurs toujours froids et mélancoliques,
Qui dans leur sombre humeur se croiraient faire af-
    front,

Si les grâces jamais leur déridaient le front.
 On dirait que pour plaire, instruit par la nature,
Homère ait à Vénus dérobé sa ceinture :
Son livre est d'agrémens un fertile trésor ;
Tout ce qu'il a touché se convertit en or ;
Tout reçoit dans ses mains une nouvelle grâce ;
Partout il divertit et jamais il ne lasse.
Une heureuse chaleur anime ses discours ;
Il ne s'égare point en de trop longs détours.
Sans garder dans ses vers un ordre méthodique,
Son sujet de soi-même et s'arrange et s'explique :
Tout, sans faire d'apprêts, s'y prépare aisément :
Chaque vers, chaque mot court à l'événement.
Aimez donc ses écrits, mais d'un amour sincère ;
C'est avoir profité que de savoir s'y plaire.
 Un poëme excellent, où tout marche et se suit,
N'est pas de ces travaux qu'un caprice produit ;
Il veut du temps, des soins ; et ce pénible ouvrage,
Jamais d'un écolier ne fut l'apprentissage.
Mais souvent parmi nous un poète sans art,
Qu'un beau feu quelquefois échauffa par hasard,
Enflant d'un vain orgueil son esprit chimérique,
Fièrement prend en main la trompette héroïque.
Sa muse déréglée, en ses vers vagabonds,
Ne s'élève jamais que par sauts et par bonds ;
Et son feu, dépourvu de sens et de lecture,
S'éteint à chaque pas, faute de nourriture.
Mais en vain le public, prompt à le mépriser,
De son mérite faux le veut désabuser :
Lui-même applaudissant à son maigre génie,
Se donne par ses mains l'encens qu'on lui dénie ;
Virgile, au prix de lui, n'a point d'invention ;

Homère n'entend point la noble fiction.
Si contre cet arrêt le siècle se rebelle,
A la postérité d'abord il en appelle :
Mais attendant qu'ici le bon sens de retour,
Ramène triomphans ses ouvrages au jour,
Leur tas au magasin, cachés à la lumière,
Combattent tristement les vers et la poussière.
Laissons-les donc entr'eux s'escrimer en repos ;
Et sans nous égarer suivons notre propos.

  Des succès fortunés du spectacle tragique,
Dans Athènes naquit la comédie antique.
Là, le Grec, né moqueur, par mille jeux plaisans,
Distilla le venin de ses traits médisans.
Aux accès insolens d'une bouffonne joie,
La sagesse, l'esprit, l'honneur furent en proie.
On vit par le public un poëte avoué,
S'enrichir aux dépends du mérite joué :
Et Socrate par lui, dans *un chœur de nuées*,
D'un vil amas de peuple attirer les huées.
Enfin, de la licence on arrêta le cours :
Le magistrat, des lois emprunta le secours,
Et rendant par édit les poëtes plus sages,
Défendit de marquer les noms et les visages.
Le théâtre perdit son antique fureur,
La comédie apprit à rire sans aigreur ;
Sans fiel et sans venin sut instruire et reprendre,
Et plut innocemment dans les vers de Ménandre.
Chacun, peint avec art dans ce nouveau miroir,
S'y vit avec plaisir, ou crut ne s'y point voir.
L'avare des premiers rit du tableau fidèle
D'un avare souvent tracé sur son modèle :

Et mille fois un fat finement exprimé,
Méconnut le portrait sur lui-même formé.

Que la nature donc soit votre étude unique,
Auteurs, qui prétendez aux honneurs du comique :
Quiconque voit bien l'homme, et, d'un esprit profond,
De tant de cœurs cachés a pénétré le fond ;
Qui sait bien ce que c'est qu'un prodigue, un avare,
Un honnête homme, un fat, un jaloux, un bizarre,
Sur une scène heureuse il peut les étaler,
Et les faire à nos yeux vivre, agir et parler.
Présentez-en partout les images naïves :
Que chacun y soit peint des couleurs les plus vives.
La nature, féconde en bizarres portraits,
Dans chaque âme est marquée à de différens traits.
Un geste la découvre, un rien la fait paraître :
Mais tout esprit n'a pas des yeux pour la connaître.

Le temps qui change tout, change aussi nos humeurs ;
Chaque âge a ses plaisirs, son esprit et ses mœurs.
Un jeune homme, toujours bouillant dans ses caprices,
Et prompt à recevoir l'impression des vices,
Est vain dans ses discours, volage en ses desirs,
Rétif à la censure et fou dans les plaisirs.
L'âge viril, plus mûr, inspire un air plus sage,
Se pousse auprès des grands, s'intrigue, se ménage,
Contre les coups du sort songe à se maintenir,
Et loin dans le présent regarde l'avenir.
La vieillesse chagrine incessamment amasse,
Garde, non pas pour soi, les trésors qu'elle entasse ;

Marche en tous ses desseins d'un pas lent et glacé,
Toujours plaint le présent et vante le passé ;
Inhabile aux plaisirs dont la jeunesse abuse,
Blâme en eux les douceurs que l'âge lui refuse.
 Ne faites point parler vos acteurs au hasard,
Un vieillard en jeune homme, un jeune homme en vieillard.
 Etudiez la cour et connaissez la ville :
L'une et l'autre est toujours en modèle fertile.
C'est par là que Molière illustrant ses écrits,
Peut-être de son art eût remporté le prix,
Si, moins ami du peuple, en ses doctes peintures,
Il n'eût point fait souvent grimacer ses figures,
Quitté, pour le bouffon, l'agréable et le fin,
Et sans honte à Térence allié Tabarin.
Dans ce sac ridicule où Scapin s'enveloppe,
Je ne reconnais plus l'auteur du Misantrope.
 Le comique, ennemi des soupirs et des pleurs,
N'admet point en ses vers de tragiques douleurs ;
Mais son emploi n'est pas d'aller dans une place,
De mots sales et bas charmer la populace.
 Il faut que ses acteurs badinent noblement :
Que son nœud bien formé se dénoue aisément ;
Que l'action, marchant où la raison la guide,
Ne se perde jamais dans une scène vide :
Que son style humble et doux se relève à propos ;
Que ses discours, partout fertiles en bons mots,
Soient pleins de passions finement maniées ;
Et les scènes toujours l'une à l'autre liées.
Aux dépens du bon sens gardez de plaisanter ;
Jamais de la nature il ne faut s'écarter.

Contemplez de quel air un père, dans Térence,
Vient d'un fils amoureux gourmander l'imprudence ;
De quel air cet amant écoute ses leçons,
Et court chez sa maîtresse oublier ces chansons.
Ce n'est pas un portrait, une image semblable ;
C'est un amant, un fils, un père véritable.

J'aime sur le théâtre un agréable auteur,
Qui, sans se diffamer aux yeux du spectateur,
Plaît par la raison seule, et amais ne la choque,
Mais pour un faux plaisant, à grossière équivoque,
Qui, pour me divertir, n'a que la saleté,
Qu'il s'en aille, s'il veut, sur deux tréteaux monté,
Amusant le Pont-neuf de ses sornettes fades,
Aux laquais assemblés jouer ses mascarades.

# CHANT IV.

*Dans le quatrième Chant, l'Auteur revient aux préceptes généraux: Il s'attache à former les poëtes, et leur donne d'utiles instructions sur la connaissance et l'usage des divers talens, sur le choix qu'ils doivent faire d'un censeur éclairé, sur leurs mœurs, sur leur conduite particulière. Il explique ensuite, par forme de digression, l'histoire de la poésie, son origine, son progrès, sa perfection et sa décadence.*

Dans Florence, jadis, vivait un médecin,
Savant hableur, dit-on, et célèbre assassin.
Lui seul y fit long-temps la publique misère.
Là, le fils orphelin lui redemande un père;
Ici, le frère pleure un frère empoisonné;
L'un meurt vide de sang, l'autre plein de séné;
Le rhume, à son aspect, se change en pleurésie;
Et par lui la migraine est bientôt frénésie.
Il quitte enfin la ville, en tous lieux détesté.
De tous ses amis morts un seul ami resté,
Le mène en sa maison de superbe structure.
C'était un riche abbé, fou de l'architecture.
Le médecin, d'abord, semble né dans cet art:
Déjà de bâtimens parle comme Mansard.
D'un salon qu'on élève, il condamne la face,
Au vestibule obscur il marque une autre place;
Approuve l'escalier tourné d'autre façon.
Son ami le conçoit, et mande son maçon.
Le maçon vient, écoute, approuve et se corrige.

Enfin, pour abréger un si plaisant prodige,
Notre assassin renonce à son art inhumain,
Et désormais, la règle et l'équerre à la main,
Laissant de Gallien la science suspecte,
De méchant médecin devient bon architecte.
   Son exemple est pour nous un précepte excellent.
Soyez plutôt maçon, si c'est votre talent;
Ouvrier estimé dans un art nécessaire,
Qu'écrivain du commun, ou poëte vulgaire :
Il est dans tout autre art des degrés différens :
On peut avec honneur remplir les seconds rangs.
Mais dans l'art dangereux de rimer et d'écrire,
Il n'est point de degrés du médiocre au pire ;
Qui dit froid écrivain, dit détestable auteur.
Boyer est à Pinchêne égal pour le lecteur;
On ne lit guère plus Rampale et Ménardière,
Que Magnon, du Souhait, Corbin et la Morlière.
Un fou du moins fait rire, et peut nous égayer :
Mais un froid écrivain ne sait rien qu'ennuyer.
J'aime mieux Bergerac et sa burlesque audace,
Que ces vers où Motin se morfond et nous glace.
   Ne vous enivrez point des éloges flatteurs,
Qu'un amas quelquefois de vains admirateurs
Vous donne en ces réduits, prompts à crier, Merveille!
Tel écrit récité se soutint à l'oreille,
Qui, dans l'impression au grand jour se montrant,
Ne soutient pas des yeux le regard pénétrant.
On sait de cent auteurs l'aventure tragique :
Et Gombaut tant loué garde encor la boutique.
   Ecoutez tout le monde, assidu consultant;
Un fat quelquefois ouvre un avis important.
Quelques vers toutefois qu'Apollon vous inspire,

En tous lieux aussitôt ne courez pas les lire.
Gardez-vous d'imiter ce rimeur furieux,
Qui, de ses vains écrits, lecteur harmonieux,
Aborde en récitant quiconque le salue,
Et poursuit de ses vers les passans dans la rue.
Il n'est temple si saint, des anges respecté,
Qui soit contre sa muse un lieu de sûreté.
  Je vous l'ai déjà dit, aimez qu'on vous censure ;
Et, souple à la raison, corrigez sans murmure
Mais ne vous rendez pas dès qu'un sot vous reprend.
Souvent dans son orgueil un subtil ignorant,
Par d'injustes dégoûts combat toute une pièce,
Blâme des plus beaux vers la noble hardiesse :
On a beau réfuter ses vains raisonnemens :
Son esprit se complaît dans ses faux jugemens ;
Et sa faible raison, de clarté dépourvue,
Pense que rien n'échappe à sa débile vue.
Ses conseils sont à craindre ; et si vous les croyez,
Pensant fuir un écueil, souvent vous vous noyez.
  Faites choix d'un censeur solide et salutaire,
Que la raison conduise, et le savoir éclaire :
Et dont le crayon sûr, d'abord aille chercher
L'endroit que l'on sent faible, et qu'on se veut cacher.
Lui seul éclairera vos doutes ridicules,
De votre esprit tremblant levera les scrupules.
C'est lui qui vous dira, par quel transport heureux
Quelquefois dans sa course un esprit vigoureux,
Trop resserré par l'art, sort des règles prescrites,
Et de l'art même apprend à franchir les limites.
Mais ce parfait censeur se trouve rarement.
Tel excelle à rimer qui juge sottement ;
Tel s'est fait par ses vers distinguer dans la ville,

Qui jamais de Lucain n'a distingué Virgile.
Auteurs, prêtez l'oreille à mes instructions.
Voulez-vous faire aimer vos riches fictions?
Qu'en savantes leçons votre muse fertile
Partout joigne au plaisant le solide et l'utile.
Un lecteur sage fuit un vain amusement,
Et veut mettre à profit son divertissement.

Que votre âme et vos mœurs peintes dans vos ouvrages,
N'offrent jamais de vous que de nobles images.
Je ne puis estimer ces dangereux auteurs,
Qui de l'honneur en vers infâmes déserteurs,
Trahissant la vertu sur un papier coupable,
Aux yeux de leurs lecteurs rendent le vice aimable.

Je ne suis pas pourtant de ces tristes esprits,
Qui, bannissant l'amour de tous chastes écrits,
D'un si riche ornement veulent priver la scène,
Traitent d'empoisonneurs et Rodrigue et Chimène.
L'amour le moins honnête, exprimé chastement,
N'excite point en nous de honteux mouvement.
Didon a beau gémir et m'étaler ses charmes,
Je condamne sa faute, en partageant ses larmes.

Un auteur vertueux, dans ses vers innocens,
Ne corrompt point le cœur, en chatouillant les sens:
Son feu n'allume point de criminelle flamme.
Aimez donc la vertu, nourrissez-en votre âme.
En vain l'esprit est plein d'une noble vigueur;
Le vers se sent toujours des bassesses du cœur.

Fuyez surtout, fuyez ces basses jalousies,
Des vulgaires esprits malignes frénésies;
Un sublime écrivain n'en peut être infecté;
C'est un vice qui suit la médiocrité.

Du mérite éclatant, cette sombre rivale,
Contre lui chez les Grands incessamment cabale,
Et, sur les pieds en vain tâchant de se hausser,
Pour s'égaler à lui, cherche à le rabaisser.
Ne descendons jamais dans ces lâches intrigues :
N'allons point à l'honneur par de honteuses brigues.
Que les vers ne soient pas votre éternel emploi.
Cultivez vos amis, soyez homme de foi.
C'est peu d'être agréable et charmant dans un livre,
Il faut savoir encore et converser et vivre.

 Travaillez pour la gloire, et qu'un sordide gain
Ne soit jamais l'objet d'un illustre écrivain.
Je sais qu'un noble esprit peut, sans honte et sans
   crime,
Tirer de son travail un tribut légitime :
Mais je ne puis souffrir ces auteurs renommés,
Qui, dégoûtés de gloire, et d'argent affamés,
Mettent leur Apollon aux gages d'un libraire ;
Et font d'un art divin, un métier mercenaire.

 Avant que la raison, s'expliquant par la voix,
Eût instruit les humains, eût enseigné des lois,
Tous les hommes suivaient la grossière nature,
Dispersés dans les bois couraient à la pâture :
La force tenait lieu de droit et d'équité :
Le meurtre s'exerçait avec impunité.
Mais du discours enfin l'harmonieuse adresse
De ces sauvages mœurs adoucit la rudesse ;
Rassembla les humains dans les forêts épars,
Enferma les cités de murs et de remparts :
De l'aspect du supplice effraya l'insolence,
Et sous l'appui des lois mit la faible innocence.
Cet ordre fut, dit-on, le fruit des premiers vers.

De là sont nés ces bruits reçus dans l'univers,
Qu'aux accens dont Orphée emplit les monts de
    Thrace,
Les tigres amollis dépouillaient leur audace :
Qu'aux accords d'Amphion les pierres se mouvaient,
Et sur les murs Thébains en ordre s'élevaient.
L'harmonie, en naissant, produisit ces miracles.
Depuis, le ciel en vers fit parler les oracles :
Du sein d'un prêtre ému d'une divine horreur,
Apollon par des vers exhala sa fureur.
Bientôt ressuscitant les héros des vieux âges,
Homère aux grands exploits anima les courages.
Hésiode à son tour, par d'utiles leçons,
Des champs trop paresseux vint hâter les moissons.
En mille écrits fameux la sagesse tracée,
Fut, à l'aide des vers, aux mortels annoncée ;
Et partout des esprits ses préceptes vainqueurs,
Introduits par l'oreille, entrèrent dans les cœurs.
Pour tant d'heureux bienfaits, les muses révérées
Furent d'un juste encens dans la Grèce honorées :
Et leur art, attirant le culte des mortels,
A sa gloire en cent lieux vit dresser des autels.
Mais enfin l'indigence amenant la bassesse,
Le Parnasse oublia sa première noblesse.
Un vil amour du gain infectant les esprits,
De mensonges grossiers souilla tous les écrits ;
Et partout, enfantant mille ouvrages frivoles,
Trafiqua du discours, et vendit les paroles.

 Ne vous flétrissez point par un vice si bas :
Si l'or seul a pour vous d'invincibles appas,
Fuyez ces lieux charmans qu'arrose le Permesse ;
Ce n'est point sur ses bords qu'habite la richesse.

Aux plus savans auteurs, comme aux plus grands
    guerriers,
Apollon ne promet qu'un nom et des lauriers.
 Mais, quoi! dans la disette une muse affamée,
Ne peut pas, dira-t-on, subsister de fumée.
Un auteur, qui pressé d'un besoin importun,
Le soir entend crier ses entrailles à jeun,
Goûte peu d'Hélicon les douces promenades :
Horace a bu son saoul, quand il voit les Ménades :
Et, libre du souci qui trouble Colletet,
N'attend pas pour dîner, le succès d'un sonnet.
 Il est vrai : mais enfin cette affreuse disgrâce
Rarement parmi nous afflige le Parnasse :
Et que craindre en ce siècle, où toujours les beaux arts
D'un astre favorable éprouvent les regards ;
Où d'un prince éclairé la sage prévoyance
Fait partout au mérite ignorer l'indigence ?
 Muses, dictez sa gloire à tous vos nourrissons :
Son nom vaut mieux pour eux que toutes vos leçons.
Que Corneille, pour lui rallumant son audace,
Soit encor le Corneille et du Cid et d'Horace :
Que Racine, enfantant des miracles nouveaux,
De ses héros sur lui forme tous les tableaux.
Que de son nom, chanté par la bouche des belles,
Benserade en tous lieux amuse les ruelles :
Que Segrais dans l'églogue en charme les forêts :
Que pour lui l'épigramme aiguise tous ses traits.
Mais quel heureux auteur, dans une autre Énéide,
Aux bords du Rhin tremblant conduira cet Alcide !
Quelle savante lyre au bruit de ses exploits,
Fera marcher encor les rochers et les bois ?
Chantera le Batave éperdu dans l'orage,

— Soi-même se noyant pour sortir du naufrage ?
Dira les bataillons sous Mastricht enterrés,
Dans ces affreux assauts du soleil éclairés ?

Mais tandis que je parle, une gloire nouvelle
Vers ce vainqueur rapide aux Alpes vous appelle:
Déjà Dole et Salins sous le joug ont ployé :
Besançon fume encor sous son roc foudroyé.
Où sont ces grands guerriers, dont les fatales ligues
Devaient à ce torrent opposer tant de digues ?
Est-ce encore en fuyant, qu'ils pensent l'arrêter,
Fiers du honteux honneur d'avoir su l'éviter ?
Que de remparts détruits ! que de villes forcées !
Que de moissons de gloire en courant amassées !
Auteurs, pour les chanter, redoublez vos transports,
Le sujet ne veut pas de vulgaires efforts.

Pour moi, qui jusqu'ici nourri dans la satire,
N'ose encor manier la trompette et la lyre,
Vous me verrez pourtant, dans ce champ glorieux,
Vous animer du moins de la voix et des yeux ;
Vous offrir ces leçons, que ma muse au Parnasse
Rapporta, jeune encor, du commerce d'Horace ;
Seconder votre ardeur, échauffer vos esprits,
Et vous montrer de loin la couronne et le prix.
Mais aussi pardonnez, si, plein de ce beau zèle,
De tous vos pas fameux observateur fidèle,
Quelquefois du bon or je sépare le faux,
Et des auteurs grossiers j'attaque les défauts :
Censeur un peu fâcheux, mais souvent nécessaire,
Plus enclin à blâmer, que savant à bien faire.

*Fin de l'Art Poétique.*

# LE
# LUTRIN,
## POËME HÉROÏ-COMIQUE.

# AVIS AU LECTEUR (1).

Il serait inutile maintenant de nier que le Poëme suivant a été composé à l'occasion d'un différent assez léger, qui s'émut dans une des plus célèbres églises de Paris, entre le Trésorier et le Chantre; mais c'est tout ce qu'il y a de vrai. Le reste, depuis le commencement jusqu'à la fin, est une pure fiction: et tous les personnages y sont non-seulement inventés; mais j'ai eu soin de les faire d'un caractère directement opposé au caractère de ceux qui desservent cette église, dont la plupart, et principalement les Chanoines, sont tous gens non-seulement d'une fort grande probité, mais de beaucoup d'esprit, et entre lesquels il y en a tel à qui je demanderais aussi volontiers son sentiment sur mes ouvrages, qu'à beaucoup de Messieurs de l'Académie. Il ne faut donc pas s'étonner si personne n'a été offensé de l'impression de ce Poëme, puisqu'il n'y a en effet personne qui y soit véritablement attaqué. Un prodigue ne s'avise guère de s'offenser de voir rire d'un avare, ni un dévot de voir tourner en ridicule un libertin. Je ne dirai point comment je fus engagé à travailler à cette bagatelle sur une espèce de défi (2), qui me fut fait en riant par feu Monsieur le premier Président de Lamoignon, qui

(1) L'Auteur publia en 1674 les quatre premiers chants du Lutrin, avec une Préface dans laquelle il expliquait fort au long, mais avec quelque déguisement, à quelle occasion il avait composé ce poëme. Dans l'édition de 1683, il supprima cette Préface, et en donna une autre dont celle que l'on voit ici faisait partie.

(2) *Sur une espèce de défi.*] Le démêlé du Trésorier et du Chantre, parut si plaisant à M. le premier Président de Lamoignon, qu'il proposa à M. Despréaux d'en faire le sujet d'un poëme, que l'on pourrait intituler, *La conquête du Lutrin*, ou *Le Lutrin enlevé*; à l'exemple du Tassoni

est celui que j'y peins sous le nom d'Ariste. Ce détail, à mon avis, n'est pas fort nécessaire. Mais je croirais me faire un trop grand tort, si je laissais échapper cette occasion d'apprendre à ceux qui l'ignorent, que ce grand personnage, durant sa vie, m'a honoré de son amitié. Je commençai à le connaître dans le temps que mes satires faisaient le plus de bruit; et l'accès obligeant qu'il me donna dans son illustre maison, fit avantageusement mon apologie contre ceux qui voulaient m'accuser alors de libertinage et de mauvaises mœurs. C'était un homme d'un savoir étonnant, et passionné admirateur de tous les bons livres de l'antiquité; et c'est ce qui lui fit plus aisément souffrir mes ouvrages, où il crut entrevoir quelque goût des anciens. Comme sa piété était sincère, elle était aussi fort gaie, et n'avait rien d'embarrassant. Il ne s'effraya point du nom de satires que portaient ces ouvrages, où il ne vit, en effet, que des vers et des auteurs attaqués. Il me loua même plusieurs fois d'avoir purgé, pour ainsi dire, ce genre de Poésie de la saleté qui lui avait été jusqu'alors comme affectée. J'eus donc le bonheur de ne lui être pas désagréable. Il m'appela à tous ses plaisirs et à tous ses divertissemens; c'est-à-dire, à ses lectures et à ses promenades. Il me favorisa même quelquefois de sa plus étroite confidence, et me fit voir à fond son âme entière. Et que n'y vis-je

---

qui avait fait son poëme de *La Secchia rapita*, sur un sujet presque semblable. M. Despréaux répondit qu'il ne fallait jamais défier un fou, et qu'il l'était assez, non-seulement pour entreprendre ce poëme, mais encore pour le dédier à M. le premier Président lui-même. Ce Magistrat n'en fit que rire, et l'Auteur ayant pris cette plaisanterie pour une espèce de défi, forma dès le même jour l'idée et le plan de ce poëme, dont il fit même les premiers vers. Le plaisir que cet essai fit à M. le premier Président encouragea M. Despréaux à continuer.

point ! Quel trésor surprenant de probité et de justice ! Quel fond inépuisable de piété et de zèle ! Bien que sa vertu jetât un fort grand éclat au-dehors, c'était tout autre chose au-dedans, et on voyait bien qu'il avait soin d'en tempérer les rayons, pour ne pas blesser les yeux d'un siècle aussi corrompu que le nôtre. Je fus sincèrement épris de tant de qualités admirables ; et s'il eut beaucoup de bonne volonté pour moi, j'eus aussi pour lui une très-forte attache. Les soins que je lui rendis, ne furent mêlés d'aucune raison d'intérêt mercenaire : et je songeai bien plus à profiter de sa conversation que de son crédit. Il mourut dans le temps que cette amitié était en son plus haut point, et le souvenir de sa perte m'afflige encore tous les jours. Pourquoi faut-il que des hommes si dignes de vivre, soient sitôt enlevés du monde, tandis que des misérables et des gens de rien arrivent à une extrême vieillesse? Je ne m'étendrai pas davantage sur un sujet si triste : car je sens bien que si je continuais à en parler, je ne pourrais m'empêcher de mouiller peut-être de larmes, la Préface d'un ouvrage de pure plaisanterie.

# ARGUMENT.

Le Trésorier remplit la première dignité du Chapitre, dont il est ici parlé, et il officie avec toutes les marques de l'Episcopat. Le Chantre remplit la seconde dignité. Il y avait autrefois dans le chœur, devant la place du Chantre, un énorme Pupitre ou Lutrin, qui le couvrait tout entier. Il le fit ôter : le Trésorier voulut le remettre. De là il arriva une dispute qui fait le sujet de ce poëme.

# LE LUTRIN,
POËME HÉROÏ-COMIQUE.

## CHANT PREMIER.

Je chante les combats, et ce Prélat terrible,
Qui, par ses longs travaux et sa force invincible,
Dans une illustre église exerçant son grand cœur,
Fit placer à la fin un Lutrin dans le chœur.
C'est en vain que le Chantre abusant d'un faux titre,
Deux fois l'en fit ôter par les mains du Chapitre.
Ce Prélat, sur le banc de son rival altier,
Deux fois le reportant, l'en couvrit tout entier.
   Muse!, redis-moi donc quelle ardeur de vengeance,
De ces hommes sacrés rompit l'intelligence,
Et troubla si long-temps deux célèbres rivaux ;
Tant de fiel entre-t-il dans l'âme des dévots?
   Et toi, fameux héros, dont la sage entremise
De ce schisme naissant débarrassa l'église,
Viens d'un regard heureux animer mon projet,
Et garde-toi de rire en ce grave sujet.
   Parmi les doux plaisirs d'une paix fraternelle,
Paris voyait fleurir son antique chapelle,
Ses chanoines vermeils, et brillans de santé,

S'engraissaient d'une longue et sainte oisiveté ;
Sans sortir de leurs lits plus doux que leurs her-
    mines,
Ces pieux fainéans faisaient chanter matines ;
Veillaient à bien dîner, et laissaient en leur lieu
A des chantres gagés le soin de louer Dieu :
Quand la Discorde encor toute noire de crimes,
Sortant des Cordeliers pour aller aux Minimes,
Avec cet air hideux qui fait frémir la Paix,
S'arrêta près d'un arbre au pied de son Palais.
Là, d'un œil attentif, contemplant son empire,
A l'aspect du tumulte, elle-même s'admire.
Elle y voit par le coche et d'Evreux et du Mans,
Accourir à grands flots ses fidèles Normands ;
Elle y voit aborder le marquis, la comtesse,
Le bourgeois, le manant, le clergé, la noblesse ;
Et partout des plaideurs, les escadrons épars,
Faire autour de Thémis flotter ses étendards.
Mais une église seule à ses yeux immobile,
Garde au sein du tumulte une assiette tranquille ;
Elle seule la brave ; elle seule aux procès
De ses paisibles murs veut défendre l'accès.
La Discorde, à l'aspect d'un calme qui l'offense,
Fait siffler ses serpens, s'excite à la vengeance ;
Sa bouche se remplit d'un poison odieux,
Et de longs traits de feu lui sortent par les yeux.

« Quoi ! dit-elle, d'un ton qui fit trembler les vitres,
» J'aurai pu jusqu'ici brouiller tous les chapitres !
» Diviser Cordeliers, Carmes et Célestins ;
» J'aurai fait soutenir un siége aux Augustins :
» Et cette église seule, à mes ordres rebelle,

# CHANT PREMIER.

» Nourrira dans son sein une paix éternelle!
» Suis-je donc la Discorde? et parmi les mortels,
» Qui voudra désormais encenser mes autels »?

   A ces mots, d'un bonnet couvrant sa tête énorme,
Elle prend d'un vieux Chantre et la taille et la forme,
Elle peint de bourgeons son visage guerrier,
Et s'en va de ce pas trouver le Trésorier.

   Dans le réduit obscur d'une alcove enfoncée,
S'élève un lit de plume à grands frais amassée;
Quatre rideaux pompeux, par un double contour,
En défendent l'entrée à la clarté du jour :
Là, parmi les douceurs d'un tranquille silence,
Règne sur le duvet une heureuse indolence ;
C'est là que le Prélat, muni d'un déjeûner,
Dormant d'un léger somme attendait le dîner.
La jeunesse en sa fleur brille sur son visage :
Son menton sur son sein descend à double étage;
Et son corps ramassé dans sa courte grosseur,
Fait gémir les coussins sous sa molle épaisseur.

   La déesse en entrant, qui voit la nappe mise,
Admire un si bel ordre, et reconnaît l'église;
Et, marchant à grands pas vers le lieu du repos,
Au Prélat sommeillant elle adresse ces mots :

   « Tu dors, Prélat, tu dors, et là-haut à ta place,
» Le Chantre aux yeux du chœur étale son audace,
» Chante les *Oremus*, fait des processions,
» Et répand à grands flots les bénédictions.
« Tu dors : Attends-tu donc, que sans bulle et sans
        » titre,
» Il te ravisse encor le rochet et la mitre?
» Sors de ce lit oiseux, qui te tient attaché,

» Et renonce au repos, ou bien à l'évêché ».

Elle dit, et, du vent de sa bouche profane,
Lui souffle avec ces mots l'ardeur de la chicane.
Le Prélat se réveille, et, plein d'émotion,
Lui donne toutefois la bénédiction.
Tel qu'on voit un taureau, qu'une guêpe en furie
A piqué dans les flancs aux dépens de sa vie,
Le superbe animal, agité de tourmens,
Exale sa douleur en longs mugissemens :
Tel le fougueux Prélat, que ce songe épouvante,
Querelle en se levant et laquais et servante ;
Et, d'un juste courroux ranimant sa vigueur,
Même avant le dîner, parle d'aller au chœur.
Le prudent Gilotin, son aumônier fidelle,
En vain par ses conseils sagement le rappelle ;
Lui montre le péril, que midi va sonner,
Qu'il va faire, s'il sort, refroidir le dîner ;
« Quelle fureur, dit-il, quel aveugle caprice,
» Quand le dîner est prêt, vous appelle à l'office ?
» De votre dignité soutenez mieux l'éclat.
» Est-ce pour travailler que vous êtes Prélat ?
» A quoi bon ce dégoût, et ce zèle inutile ?
» Est-il donc pour jeûner quatre-temps, ou vigile ?
» Reprenez vos esprits, et souvenez-vous bien,
» Qu'un dîner réchauffé ne valut jamais rien ».

Ainsi dit Gilotin ; et ce ministre sage,
Sur table, au même instant, fait servir le potage.
Le Prélat voit la soupe, et, plein d'un saint respect
Demeure quelque temps muet à cet aspect.
Il cède, il dîne enfin : mais toujours plus farouche,
Les morceaux trop hâtés se pressent dans sa bouche.

Gilotin en gémit, et, sortant de fureur,
Chez tous ses partisans va semer la terreur.
On voit courir chez lui leurs troupes éperdues,
Comme l'on voit marcher les bataillons de grues,
Quand le Pigmée altier, redoublant ses efforts,
De l'Hèbre ou du Strymon vient d'occuper les
      bords.
A l'aspect imprévu de leur foule agréable,
Le Prélat radouci veut se lever de table :
La couleur lui renaît, sa voix change de ton :
Il fait par Gilotin rapporter un jambon.
Lui-même le premier, pour honorer la troupe,
D'un vin pur et vermeil il fait remplir sa coupe :
Il l'avale d'un trait : et chacun l'imitant,
La cruche au large ventre est vide en un instant.
Sitôt que du nectar, la troupe est abreuvée,
On dessert ; et soudain la nappe étant levée,
Le Prélat, d'une voix conforme à son malheur,
Leur confie en ces mots sa trop juste douleur :

    Illustres compagnons de mes longues fatigues ;
Qui m'avez soutenu par vos pieuses ligues ;
Et par qui, maître enfin d'un chapitre insensé,
Seul à *Magnificat* je me vois encensé :
Souffrirez-vous toujours qu'un orgueilleux m'ou-
      trage ;
Que le Chantre à vos yeux détruise votre ouvrage,
Usurpe tous mes droits, et s'égalant à moi,
Donne à votre lutrin et le ton et la loi ?
Ce matin même encor, ce n'est point un mensonge,
Une divinité me l'a fait voir en songe ;
L'insolent, s'emparant du fruit de mes travaux,

A prononcé pour moi le *Benedicat vos !*
Oui, pour mieux m'égorger, il prend mes propres
    armes.
  Le Prélat, à ces mots, verse un torrent de larmes :
Il veut, mais vainement, poursuivre son discours :
Ses sanglots redoublés en arrêtent le cours.
Le zélé Gilotin, qui prend part à sa gloire,
Pour lui rendre la voix fait rapporter à boire :
Quand Sidrac, à qui l'âge allonge le chemin,
Arrive dans la chambre un bâton à la main.
Ce vieillard dans le chœur a déjà vu quatre âges :
Il sait de tous les temps les différens usages ;
Et son rare savoir, de simple marguillier,
L'éleva par degrés au rang de chevecier.
A l'aspect du Prélat qui tombe en défaillance,
Il devine son mal, il se ride, il s'avance ;
Et d'un ton paternel réprimant ses douleurs :
    Laisse au Chantre, dit-il, la tristesse et les pleurs,
Prélat, et, pour sauver tes droits et ton empire,
Ecoute seulement ce que le Ciel m'inspire.
Vers cet endroit du Chœur, où le Chantre or-
    gueilleux
Montre, assis à ta gauche, un front si sourcilleux ;
Sur ce rang d'ais serrés, qui forment la clôture,
Fut jadis un lutrin d'inégale structure,
Dont les flancs élargis, de leur vaste contour
Ombrageaient pleinement tous les lieux d'alentour.
Derrière ce lutrin, ainsi qu'au fond d'un antre,
A peine sur son banc on discernait le Chantre ;
Tandis qu'à l'autre banc, le Prélat radieux,
Découvert au grand jour attirait tous les yeux.

# CHANT PREMIER.

Mais un démon, fatal à cette ample machine,
Soit qu'une main la nuit eût hâté sa ruine,
Soit qu'ainsi de tout temps l'ordonnât le destin,
Fit tomber à nos yeux le pupitre un matin.
J'eus beau prendre le Ciel et le Chantre à partie;
Il fallut l'emporter dans notre sacristie,
Où depuis trente hivers sans gloire enseveli,
Il languit tout poudreux dans un honteux oubli.
Entends-moi donc, Prélat : Dès que l'ombre tranquille
Viendra d'un crêpe noir envelopper la ville,
Il faut que trois de nous sans tumulte et sans bruit,
Partent à la faveur de la naissante nuit;
Et, du lutrin rompu réunissant la masse,
Aillent d'un zèle adroit le remettre en sa place;
Si le Chantre demain ose le renverser,
Alors de cent arrêts tu le peux terrasser.
Pour soutenir tes droits que le Ciel autorise,
Abîme tout plutôt, c'est l'esprit de l'Eglise;
C'est par-là qu'un Prélat signale sa vigueur.
Ne borne pas ta gloire à prier dans un chœur;
Ces vertus dans Aleth peuvent être en usage :
Mais dans Paris, plaidons : c'est-là notre partage.
Tes bénédictions dans le trouble croissant,
Tu pourras les répandre et par vingt et par cent :
Et, pour braver le Chantre en son orgueil extrême,
Les répandre à ses yeux, et le bénir lui-même.
  Ce discours aussitôt frappe tous les esprits;
Et le Prélat charmé l'approuve par des cris.
Il veut que, sur-le-champ, dans la troupe on choisisse

Les trois que Dieu destine à ce pieux office ;
Mais chacun prétend part à cet illustre emploi.
Le sort, dit le Prélat, vous servira de loi :
Que l'on tire au billet ceux que l'on doit élire.
Il dit, on obéit, on se presse d'écrire.
Aussitôt trente noms, sur le papier tracés,
Sont au fond d'un bonnet par billets entassés.
Pour tirer ces billets avec moins d'artifice,
Guillaume, enfant de chœur, prête sa main novice :
Son front nouveau tondu, symbole de candeur,
Rougit, en approchant, d'une honnête pudeur.
Cependant le Prélat, l'œil au ciel, la main nue
Bénit trois fois les noms, et trois fois les remue ;
Il tourne le bonnet : l'enfant tire, et Brontin
Est le premier des noms qu'apporte le destin.
Le Prélat en conçoit une favorable augure,
Et ce nom dans la troupe excite un doux mur-
          mure.
On se tait, et bientôt on voit paraître au jour
Le nom, le fameux nom du perruquier l'Amour.
Ce nouvel Adonis, à la blonde crinière,
Est l'unique souci d'Anne sa perruquière.
Ils s'adorent l'un l'autre, et ce couple charmant
S'unit long-temps, dit-on, avant le sacrement ;
Mais, depuis trois moissons, à leur saint assemblage
L'Official a joint le nom de mariage.
Ce perruquier superbe est l'effroi du quartier,
Et son courage est peint sur son visage altier.
Un des noms reste encore, et le Prélat par grâce
Une dernière fois les brouille et les ressasse.
Chacun croit que son nom est le dernier des trois.

Mais que ne dis-tu point, ô puissant porte-croix,
Boirude, sacristain, cher appui de ton maître,
Lorsqu'aux yeux du Prélat tu vis ton nom paraître!
On dit que ton front jaune, et ton teint sans cou-
    leur
Perdit en ce moment son antique pâleur;
Et que ton corps goutteux, plein d'une ardeur
    guerrière,
Pour sauter au plancher, fit deux pas en arrière.
Chacun bénit tout haut l'arbitre des humains,
Qui remet leur bon droit en de si bonnes mains.
Aussitôt on se lève; et l'assemblée en foule,
Avec un bruit confus, par les portes s'écoule.
 Le Prélat resté seul calme un peu son dépit,
Et jusques au souper se couche et s'assoupit.

# CHANT II.

CEPENDANT cet oiseau qui prône les merveilles,
Ce monstre composé de bouches et d'oreilles,
Qui, sans cesse, volant de climats en climats,
Dit partout ce qu'il sait, et ce qu'il ne sait pas :
La Renommée enfin, cette prompte courrière,
Va d'un mortel effroi glacer la perruquière;
Lui dit que son époux, d'un faux zèle conduit,
Pour placer un lutrin doit veiller cette nuit.
A ce triste récit, tremblante, désolée,
Elle accourt, l'œil en feu, la tête échevelée;
Et trop sûre d'un mal qu'on pense lui céler :
Oses-tu bien encor, traître, dissimuler,
Dit-elle? Et ni la foi que ta main m'a donnée,
Ni nos embrassemens qu'a suivis l'hyménée,
Ni ton épouse enfin toute prête à périr,
Ne sauraient donc t'ôter cette ardeur de courir !
Perfide ! si du moins, à ton devoir fidèle,
Tu veillais pour orner quelque tête nouvelle;
L'espoir d'un juste gain, consolant ma langueur,
Pourrait de ton absence adoucir la longueur.
Mais quel zèle indiscret, quelle aveugle entreprise,
Arme aujourd'hui ton bras en faveur d'une église?
Où vas-tu cher époux? Est-ce que tu me fuis?
As-tu donc oublié tant de si douces nuits?
Quoi! d'un œil sans pitié vois-tu couler mes larmes?
Au nom de nos baisers jadis si pleins de charmes,

## CHANT SECOND.

Si mon cœur, de tout temps facile à tes desirs,
N'a jamais d'un moment différé tes plaisirs ;
Si, pour te prodiguer mes plus tendres caresses,
Je n'ai point exigé ni sermens, ni promesses ;
Si toi seul en mon lit enfin eus toujours part,
Diffère au moins d'un jour ce funeste départ.
   En achevant ces mots, cette amante enflammée
Sur un placet voisin tombe demi-pâmée.
Son époux s'en émeut, et son cœur éperdu
Entre deux passions demeure suspendu ;
Mais enfin rappelant son audace première :
   Ma femme, lui dit-il, d'une voix douce et fière,
Je ne veux point nier les solides bienfaits,
Dont ton amour prodigue a comblé mes souhaits :
Et le Rhin de ses flots ira grossir la Loire,
Avant que tes faveurs sortent de ma mémoire.
Mais ne présume pas qu'en te donnant ma foi,
L'hymen m'ait pour jamais asservi sous ta loi.
Si le ciel en mes mains eût mis ma destinée,
Nous aurions fui tous deux le joug de l'hyménée :
Et, sans nous opposer ces devoirs prétendus,
Nous goûterions encor des plaisirs défendus.
Cesse donc à mes yeux d'étaler un vain titre ;
Ne m'ôte pas l'honneur d'élever un pupitre,
Et toi-même, donnant un frein à tes desirs,
Raffermis ma vertu qu'ébranlent tes soupirs.
Que te dirai-je enfin ? C'est le ciel qui m'appelle :
Une Eglise, un Prélat m'engage en sa querelle :
Il faut partir : j'y cours. Dissippe tes douleurs ;
Et ne me trouble plus par ces indignes pleurs.
   Il la quitte à ces mots. Son amante effarée

Demeure le teint pâle, et la vue égarée :
La force l'abandonne ; et sa bouche trois fois
Voulant le rappeler ne trouve plus de voix.
Elle fuit, et, de pleurs inondant son visage,
Seule pour s'enfermer vole au cinquième étage;
Mais d'un bouge prochain, accourant à ce bruit,
Sa servante Alizon, la ratrape, et la suit.

Les ombres cependant, sur la ville épandues,
Du faîte des maisons descendent dans les rues :
Le souper hors du chœur chasse les chapelains,
Et de chantres buvans les cabarets sont pleins.
Le redouté Brontin, que son devoir éveille,
Sort à l'instant chargé d'une triple bouteille
D'un vin dont Gilotin, qui savait tout prévoir,
Au sortir du conseil eut soin de le pourvoir.
L'odeur d'un jus si doux lui rend le faix moins
    rude ;
Il est bientôt suivi du sacristain Boirude :
Et tous deux de ce pas s'en vont avec chaleur
Du trop lent perruquier réveiller la valeur.
Partons, lui dit Brontin. Déjà le jour plus sombre,
Dans les eaux s'éteignant, va faire place à l'om-
    bre.
D'où vient ce noir chagrin, que je lis dans tes yeux ?
Quoi ! le pardon sonnant te retrouve en ces lieux !
Où donc est ce grand cœur, dont tantôt l'allégresse
Semblait du jour trop long accuser la paresse ?
Marche, et suis-nous du moins où l'honneur nous
    attend.

Le perruquier honteux rougit en l'écoutant.
Aussitôt de longs clous il prend une poignée :

Sur son épaule il charge une lourde coignée :
Et derrière son dos, qui tremble sous le poids,
Il attache une scie en forme de carquois ;
Il sort au même instant ; il se met à leur tête.
A suivre ce grand chef l'un et l'autre s'apprête ;
Leur cœur semble allumé d'un zèle tout nouveau ;
Brontin tient un maillet, et Boirude un marteau.
La Lune, qui du ciel voit leur démarche altière,
Retire en leur faveur sa paisible lumière.
La Discorde en sourit, et les suivant des yeux,
De joie, en les voyant, pousse un cri dans les cieux.
L'air, qui gémit du cri de l'horrible Déesse,
Va jusques dans Cîteaux réveiller la Mollesse.
C'est-là qu'en un dortoir elle fait son séjour ;
Les Plaisirs nonchalans folâtrent à l'entour ;
L'un paîtrit dans un coin l'embonpoint des chanoi-
   nes ;
L'autre broie en riant le vermillon des moines ;
La Volupté la sert avec des yeux dévots,
Et toujours le Sommeil lui verse des pavots.
Ce soir, plus que jamais en vain il les redouble.
La Mollesse à ce bruit se réveille, se trouble.
Quand la Nuit, qui déjà va tout envelopper,
D'un funeste récit vient encor la frapper ;
Lui conte du Prélat l'entreprise nouvelle.
Aux pieds des murs sacrés d'une Sainte-Chapelle,
Elle a vu trois guerriers ennemis de la paix,
Marcher à la faveur de ses voiles épais.
La Discorde en ces lieux menace de s'accroître ;
Demain avec l'aurore un lutrin va paraître,
Qui doit y soulever un peuple de mutins.

Ainsi le ciel l'écrit au livre des destins.

A ce triste discours, qu'un long soupir achève,
La Mollesse, en pleurant, sur un bras se relève,
Ouvre un œil languissant, et, d'une faible voix,
Laisse tomber ces mots, qu'elle interrompt vingt
  fois :
« O Nuit! que m'as-tu dit? quel démon sur la terre,
» Souffle dans tous les cœurs la fatigue et la guerre?
» Hélas! qu'est devenu ce temps, cet heureux temps,
» Où les rois s'honoraient du nom de fainéans,
» S'endormaient sur le trône, et, me servant sans
  » honte,
» Laissaient leur sceptre aux mains ou d'un maire
  » ou d'un comte?
» Aucun soin n'approchait de leur paisible cour;
» On reposait la nuit, on dormait tout le jour.
» Seulement au printemps, quand Flore dans les
  » plaines,
» Faisait taire des vents les bruyantes haleines,
» Quatre bœufs attelés, d'un pas tranquille et lent,
» Promenaient dans Paris le monarque indolent.
» Ce doux siècle n'est plus. Le ciel impitoyable
» A placé sur leur trône un Prince infatigable;
» Il brave mes douceurs, il est sourd à ma voix;
» Tous les jours il m'éveille au bruit de ses exploits.
» Rien ne peut arrêter sa vigilante audace;
» L'été n'a point de feux, l'hiver n'a point de
  » glace.
» J'entends à son seul nom, tous mes sujets frémir.
» En vain deux fois la paix a voulu l'endormir;
» Loin de moi son courage, entraîné par la Gloire,

» Ne se plaît qu'à courir de victoire en victoire.
» Je me fatiguerais à te tracer le cours
» Des outrages cruels qu'il me fait tous les jours.
» Je croyais, loin des lieux d'où ce prince m'exile,
» Que l'Eglise du moins m'assurait un asile;
» Mais en vain j'espérais y régner sans effroi ;
» Moines, abbés, prieurs, tout s'arme contre moi.
» Par mon exil honteux la Trape est ennoblie ;
» J'ai vu dans saint Denis la réforme établie.
» Le Carme, le Feuillant, s'endurcit aux travaux :
» Et la règle déjà se remet dans Clairvaux.
» Citeaux dormait encore, et la Sainte-Chapelle
» Conservait du vieux temps l'oisiveté fidèle ;
» Et voici qu'un lutrin, prêt à tout renverser,
» D'un séjour si chéri vient encor me chasser.
» O toi ! de mon repos compagne aimable et som-
  » bre,
» A de si noirs forfaits prêteras-tu ton ombre ?
» Ah! Nuit, si tant de fois, dans les bras de l'amour
» Je t'admis aux plaisirs que je cachais au jour,
» Du moins ne permets pas.... » La Mollesse op-
  pressée,
Dans sa bouche à ce mot sent sa langue glacée ;
Et, lasse de parler, succombant sous l'effort,
Soupire, étend les bras, ferme l'œil, et s'endort.

# CHANT III.

Mais la Nuit aussitôt de ses aîles affreuses
Couvre des Bourguignons les campagnes vineuses,
Revole vers Paris, et, hâtant son retour,
Déjà de Montlhéry voit la fameuse tour.
Ses murs, dont le sommet se dérobe à la vue,
Sur la cime d'un roc, s'allongent dans la nue,
Et, présentant de loin leur objet ennuyeux,
Du passant qui le fuit, semble suivre les yeux.
Mille oiseaux effrayans, mille corbeaux funèbres,
De ces murs désertés habitent les ténèbres.
Là, depuis trente hivers un hibou retiré
Trouvait contre le jour un refuge assuré.
Des désastres fameux ce messager fidèle
Sait toujours des malheurs la première nouvelle ;
Et, tout prêt d'en semer le présage odieux,
Il attendait la Nuit dans ces sauvages lieux.
Aux cris, qu'à son abord, vers le ciel il envoye,
Il rend tous ses voisins attristés de sa joie.
La plaintive Progné de douleur en frémit ;
Et, dans les bois prochains, Philomèle en gémit.
Suis-moi, lui dit la Nuit. L'oiseau plein d'allé-
    gresse
Reconnaît à ce ton, la voix de sa maîtresse.
Il la suit ; et tous deux d'un cours précipité,
De Paris à l'instant abordent la Cité :
Là, s'élançant d'un vol, que le vent favorise,

# CHANT TROISIÈME.

Ils montent au sommet de la fatale Eglise.
La Nuit baisse la vue, et du haut du clocher
Observe les guerriers, les regarde marcher.
Elle voit le barbier, qui, d'une main légère,
Tient un verre de vin qui rit dans la fougère,
Et chacun, tour-à-tour s'inondant de ce jus,
Célébrer, en buvant, Gilotin et Bacchus.
« Ils triomphent, dit-elle, et leur âme abusée
» Se promet dans mon ombre une victoire aisée.
» Mais allons, il est temps qu'ils connaissent la
» Nuit ».
A ces mots, regardant le hibou qui la suit,
Elle perce les murs de la voûte sacrée ;
Jusqu'en la sacristie elle s'ouvre une entrée,
Et, dans le ventre creux du pupitre fatal,
Va placer de ce pas le sinistre animal.

Mais les trois champions pleins de vin et d'audace,
Du Palais cependant passent la grande place :
Et suivant de Bacchus les auspices sacrés,
De l'auguste Chapelle ils montent les degrés.
Ils atteignaient déjà le superbe portique,
Où Ribou le libraire, au fond de sa boutique,
Sous vingt fidèles clefs, garde et tient en dépôt
L'amas toujours entier des écrits de Haynaut ;
Quand Boirude, qui voit que le péril approche,
Les arrête ; et tirant un fusil de sa poche,
Des veines d'un caillou, qu'il frappe au même instant,
Il fait jaillir un feu qui pétille en sortant ;
Et bientôt, au brasier d'une mèche enflammée,

Montre, à l'aide du souffre, une cire allumée.
Cet astre tremblotant, dont le jour les conduit,
Est pour eux un soleil au milieu de la nuit.
Le temple à sa faveur est ouvert par Boirude;
Ils passent de la nef la vaste solitude,
Et dans la sacristie entrant, non sans terreur,
En percent jusqu'au fond la ténébreuse horreur.
C'est là que du lutrin gît la machine énorme;
La troupe quelque temps en admire la forme.
Mais le barbier, qui tient les momens précieux:
Ce spectacle n'est pas pour amuser nos yeux,
Dit-il, le temps est cher, portons-le dans le temple:
C'est là qu'il faut demain qu'un Prélat le contemple.
Et d'un bras, à ces mots, qui peut tout ébranler,
Lui-même, se courbant, s'apprête à le rouler.
Mais à peine il y touche, ô prodige incroyable!
Que du pupitre sort une voix effroyable.
Brontin en est ému, le sacristain pâlit,
Le perruquier commence à regretter son lit.
Dans son hardi projet toutefois il s'obstine;
Lorsque des flancs poudreux de la vaste machine
L'oiseau sort en courroux, et d'un cri menaçant
Achève d'étonner le barbier frémissant:
De ses ailes dans l'air secouant la poussière,
Dans la main de Boirude il éteint la lumière.
Les guerriers à ce coup demeurent confondus;
Ils regagnent la nef de frayeur éperdus;
Sous leurs corps tremblotant leurs genoux s'affaiblissent:

# CHANT TROISIÈME.

D'une subite horreur leurs cheveux se hérissent;
Et bientôt au travers des ombres de la nuit,
Le timide escadron se dissipe et s'enfuit.

Ainsi, lorsqu'en un coin, qui leur tient lieu d'a-
  sile,
D'écoliers libertins une troupe indocile,
Loin des yeux d'un préfet au travail assidu,
Va tenir quelquefois un brelan défendu:
Si du vaillant Argus la figure effrayante,
Dans l'ardeur du plaisir à leurs yeux se présente,
Le jeu cesse à l'instant, l'asile est déserté,
Et tout fuit à grands pas le tyran redouté.

La Discorde qui voit leur honteuse disgrâce,
Dans les airs cependant, tonne, éclate, menace,
Et, malgré la frayeur dont leurs cœurs sont glacés,
S'apprête à réunir ses soldats dispersés.
Aussitôt de Sidrac elle emprunte l'image :
Elle ride son front, allonge son visage;
Sur un bâton noueux laisse courber son corps,
Dont la chicane semble animer les ressorts ;
Prend un cierge en sa main, et, d'une voix cassée,
Vient ainsi gourmander la troupe terrassée :

« Lâches, où fuyez-vous? quelle peur vous abat?
» Aux cris d'un vil oiseau vous cédez sans combat!
» Où sont ces beaux discours jadis si pleins d'au-
  » dace ?
» Craignez-vous d'un hibou l'impuissante grimace ?
» Que feriez-vous, hélas! si quelque exploit nou-
  » veau
» Chaque jour, comme moi, vous traînait au Bar-
  » reau ;

» S'il fallait, sans amis, briguant une audience ;
» D'un magistrat glacé soutenir la présence,
» Ou, d'un nouveau procès hardi solliciteur,
» Aborder, sans argent, un clerc de rapporteur ?
» Croyez-moi, mes enfans, je vous parle à bon
« titre,
» J'ai moi seul autrefois plaidé tout un chapitre :
» Et le Barreau n'a point de monstres si hagards,
» Dont mon œil n'ait cent fois soutenu les regards.
» Tous les jours sans trembler j'assiégeais leurs
» passages.
» L'Eglise était alors fertile en grands courages :
» Le moindre d'entre nous, sans argent, sans appui,
» Eût plaidé le Prélat, et le Chantre avec lui.
» Le monde, de qui l'âge avance les ruines,
» Ne peut plus enfanter de ces âmes divines ;
» Mais que vos cœurs du moins, imitant leurs
» vertus,
» De l'aspect d'un hibou ne soient pas abattus.
» Songez quel déshonneur va souiller votre gloire,
» Quand le Chantre demain entendra sa victoire :
» Vous verrez tous les jours le chanoine insolent,
» Au seul nom de hibou, vous sourire en parlant.
» Votre âme, à ce penser, de colère murmure,
» Allez donc de ce pas en prévenir l'injure.
» Méritez les lauriers qui vous sont réservés,
» Et ressouvenez-vous quel Prélat vous servez.
» Mais déjà la fureur dans vos yeux étincelle.
» Marchez, courez, volez où l'honneur vous appelle.
» Que le Prélat, surpris d'un changement si prompt
» Apprenne la vengeance aussitôt que l'affront ».

## CHANT TROISIÈME.

En achevant ces mots, la Déesse guerrière
De son pied trace en l'air un sillon de lumière;
Rend aux trois champions leur intrépidité,
Et les laisse tout pleins de sa divinité.
 C'est ainsi, grand Condé, qu'en ce combat célè-
  bre,
Où ton bras fit trembler le Rhin, l'Escaut et l'Ebre,
Lorsqu'aux plaines de Lens nos bataillons poussés
Furent, presque à tes yeux, ouverts et renversés,
Ta valeur, arrêtant les troupes fugitives,
Rallia d'un regard leurs cohortes craintives,
Répandit dans leurs rangs ton esprit belliqueux,
Et força la victoire à te suivre avec eux.
 La colère à l'instant succédant à la crainte,
Ils rallument le feu de leur bougie éteinte ;
Ils rentrent : L'oiseau sort. L'escadron raffermi
Rit du honteux départ d'un si faible ennemi.
Aussitôt dans le chœur la machine emportée
Est sur le banc du Chantre à grand bruit remontée.
Ses ais demi-pourris, que l'âge a relâchés,
Sont à coups de maillet unis et rapprochés.
Sous les coups redoublés tous les bancs retentissent;
Les murs en sont émus, les voûtes en mugissent,
Et l'orgue même en pousse un long gémissement.
Que fais-tu, Chantre, hélas! dans ce triste mo-
  ment?
Tu dors d'un profond somme, et ton cœur sans
  allarmes
Ne sait pas qu'on bâtit l'instrument de tes larmes.
O! que si quelque bruit, par un heureux réveil,
T'annonçait du lutrin le funeste appareil :

Avant que de souffrir qu'on en posât la masse,
Tu viendrais en apôtre expirer dans ta place;
Et, martyr glorieux d'un point d'honneur nouveau,
Offrir ton corps aux clous et ta tête au marteau.
 Mais déjà sur ton banc la machine enclavée
Est, durant ton sommeil, à ta honte élevée.
Le Sacristain achève en deux coups de rabot;
Et le pupitre enfin tourne sur son pivot.

# CHANT IV.

Les cloches dans les airs, de leurs voix argentines,
Appelaient à grand bruit les Chantres à matines :
Quand leur chef agité d'un sommeil effrayant,
Encor tout en sueur se réveille en criant.
Aux élans redoublés de sa voix douloureuse,
Tous ses valets tremblans quittent la plume oiseuse ;
Le vigilant Girot court à lui le premier ;
C'est d'un maître si saint le plus digne officier.
La porte dans le chœur à sa garde est commise :
Valet souple au logis, fier huissier à l'église.
  Quel chagrin, lui dit-il, trouble votre sommeil ?
Quoi ! voulez-vous au chœur prévenir le soleil ?
Ah ! dormez, et laissez à des chantres vulgaires,
Le soin d'aller sitôt mériter leurs salaires.
  Ami, lui dit le Chantre encor pâle d'horreur,
N'insulte point, de grâce, à ma juste terreur ;
Mêle plutôt ici tes soupirs à mes plaintes,
Et tremble en écoutant le sujet de mes craintes.
Pour la seconde fois un sommeil gracieux
Avait sous ses pavots appesanti mes yeux ;
Quand, l'esprit enivré d'une douce fumée,
J'ai cru remplir au chœur ma place accoutumée.
Là, triomphant aux yeux des chantres impuissans,
Je bénissais le peuple et j'avalais l'encens ;

Lorsque du fond caché de notre sacristie,
Une épaisse nuée à longs flots est sortie,
Qui, s'ouvrant à mes yeux dans son bleuâtre éclat,
M'a fait voir un serpent conduit par le Prélat.
Du corps de ce dragon, plein de soufre et de nitre,
Une tête sortait en forme de pupitre,
Dont le triangle affreux, tout hérissé de crins,
Surpassait en grosseur nos plus épais lutrins.
Animé par son guide, en sifflant il s'avance ;
Contre moi sur mon banc je le vois qui s'élance.
J'ai crié, mais en vain ; et, fuyant sa fureur,
Je me suis réveillé plein de trouble et d'horreur.

 Le Chantre, s'arrêtant à cet endroit funeste,
A ses yeux effrayés laisse dire le reste.
Girot en vain l'assure, et riant de sa peur,
Nomme sa vision l'effet d'une vapeur.
Le désolé vieillard, qui hait la raillerie,
Lui défend de parler, sort du lit en furie.
On apporte à l'instant ses somptueux habits,
Où sur l'ouate molle éclate le tabis.
D'une longue soutane il endosse la moire ;
Prend ses gants violets, les marques de sa gloire ;
Et saisit, en pleurant, ce rochet, qu'autrefois
Le Prélat trop jaloux lui rogna de trois doigts.
Aussitôt d'un bonnet ornant sa tête grise,
Déjà l'aumusse en main il marche vers l'Eglise :
Et, hâtant de ses ans l'importune langueur,
Court, vole, et le premier arrive dans le chœur.

  O toi, qui, sur ces bords qu'une eau dormante
   mouille,
Vis combattre autrefois le rat et la grenouille ;

Qui, par les traits hardis d'un bizarre pinceau,
Mis l'Italie en feu pour la perte d'un seau :
Muse, prête à ma bouche une voix plus sauvage,
Pour chanter le dépit, la colère, la rage,
Que le Chantre sentit allumer dans son sang,
A l'aspect du pupitre élevé sur son banc.
D'abord pâle et muet, de colère immobile,
A force de douleur il demeura tranquille ;
Mais sa voix s'échappant au travers des sanglots,
Dans sa bouche à la fin fit passage à ces mots :

 La voilà donc, Girot, cette hydre épouvantable,
Que m'a fait voir un songe, hélas ! trop véritable,
Je le vois ce dragon, tout prêt à m'égorger,
Ce pupitre fatal qui me doit ombrager !
Prélat, que t'ai-je fait ? quelle rage envieuse
Rend pour me tourmenter ton âme ingénieuse !
Quoi ! même dans ton lit, cruel, entre deux draps,
Ta profane fureur ne se repose pas !
O ciel ! quoi ? sur mon banc une honteuse masse
Désormais me va faire un cachot de ma place ?
Inconnu dans l'Eglise, ignoré dans ce lieu,
Je ne pourrai donc plus être vu que de Dieu !
Ah ! plutôt qu'un moment cet affront m'obscurcisse,
Renonçons à l'autel, abandonnons l'office ;
Et, sans lasser le ciel par des chants superflus,
Ne voyons plus un chœur où l'on ne nous voit plus ;
Sortons. Mais cependant mon ennemi tranquille
Jouir asur son banc de ma rage inutile ;
Et verra dans le chœur le pupitre exhaussé
Tourner sur le pivot où sa main l'a placé.
Non, s'il n'est abattu, je ne saurais plus vivre.

A moi, Girot, je veux que mon bras m'en délivre.
Périssons s'il le faut : mais de ses ais brisés,
Entraînons, en mourant, les restes divisés.

 A ces mots, d'une main, par la rage affermie,
Il saisissait déjà la machine ennemie,
Lorsqu'en ce sacré lieu, par un heureux hasard,
Entrent Jean le choriste, et le sonneur Girard,
Deux Manceaux renommés, en qui l'expérience
Pour les procès est jointe à la vaste science.
L'un et l'autre aussitôt prend part à son affront.
Toutefois condamnant un mouvement trop prompt,
Du lutrin, disent-ils, abattons la machine :
Mais ne nous chargeons pas tous seuls de sa ruine ;
Et que tantôt, aux yeux du chapitre assemblé,
Il soit sous trente mains en plein jour accablé.

 Ces mots des mains du Chantre arrachent le pupitre :
J'y consens, leur dit-il, assemblons le chapitre.
Allez donc de ce pas, par de saints hurlemens,
Vous-mêmes appeler les chanoines dormans.
Partez. Mais ce discours les surprend et les glace.
Nous! qu'en ce vain projet, pleins d'une folle au-
  dace,
Nous allions, dit Girard, la nuit nous engager!
De notre complaisance osez-vous l'exiger?
Hé, Seigneur! quand nos cris pourraient, du fond
  des rues,
De leurs appartemens percer les avenues,
Réveiller ces valets autour d'eux étendus,
De leur sacré repos, ministres assidus,
Et pénétrer des lits au bruit inaccessibles ;
Pensez-vous, au moment que les ombres paisibles

A ces lits enchanteurs ont su les attacher,
Que la voix d'un mortel les en puisse arracher ?
Deux Chantres feront-ils, dans l'ardeur de vous plaire,
Ce que depuis trente ans six cloches n'ont pu faire ?
  Ah ! je vois bien où tend tout ce discours trompeur,
Reprend le chaud vieillard : le Prélat vous fait peur :
Je vous ai vu cent fois, sous sa main bénissante,
Courber servilement une épaule tremblante.
Hé bien, allez ; sous lui fléchissez les genoux :
Je saurai réveiller les chanoines sans vous.
Viens, Girot, seul ami qui me reste fidèle,
Prenons du saint jeudi la bruyante crécelle.
Suis-moi : Qu'à son lever le soleil aujourd'hui
Trouve tout le chapitre éveillé devant lui.
  Il dit. Du fond poudreux d'une armoire sacrée
Par les mains de Girot la crécelle est tirée ;
Ils sortent à l'instant, et par d'heureux efforts
Du lugubre instrument font crier les ressorts.
Pour augmenter l'effroi, la Discorde infernale
Monte dans le Palais, entre dans la Grand'Salle ;
Et, du fond de cet antre, au travers de la nuit,
Fait sortir le démon du tumulte et du bruit.
Le quartier allarmé n'a plus d'yeux qui sommeillent :
Déjà de toutes parts les chanoines s'éveillent :
L'un croit que le tonnerre est tombé sur les toits
Et que l'Eglise brûle une seconde fois ;
L'autre encore agité de vapeurs plus funèbres,
Pense être au Jeudi Saint, croit que l'on dit ténèbres ;

Et déjà tout confus, tenant midi sonné,
En soi-même frémit de n'avoir point dîné.
Ainsi, lorsque tout prêt à briser cent murailles,
LOUIS, la foudre en main, abandonnant Versailles,
Au retour du soleil et des zéphirs nouveaux,
Fait dans les champs de Mars déployer ses drapeaux ;
Au seul bruit répandu de sa marche étonnante,
Le Danube s'émeut, le Tage s'épouvante :
Bruxelle attend le coup qui la doit foudroyer,
Et le Batave encore est prêt à se noyer.
　　Mais en vain dans leurs lits un juste effroi les presse ;
Aucun ne laisse encor la plume enchanteresse.
Pour les en arracher, Girot s'inquiétant,
Va crier qu'au chapitre un repas les attend.
Ce mot dans tous les cœurs répand la vigilance.
Tout s'ébranle, tout sort, tout marche en diligence.
Ils courent au chapitre ; et chacun se pressant
Flatté d'un doux espoir son appétit naissant.
Mais, ô d'un déjeûner vaine et frivole attente !
A peine ils sont assis, que, d'une voix dolente,
Le Chantre désolé, lamentant son malheur,
Fait mourir l'appétit, et naître la douleur.
Le seul chanoine Evrard, d'abstinence incapable,
Ose encor proposer qu'on apporte la table.
Mais il a beau presser, aucun ne lui répond.
Quand le premier rompant ce silence profond,
Alain tousse et se lève ; Alain ce savant homme,
Qui de Bauny vingt fois a lu toute la Somme,
Qui possède Abéli, qui sait tout Raconis,
Et même entend, dit-on, le latin d'A-Kempis.

N'en doutez point, leur dit ce savant canoniste,
Ce coup part, j'en suis sûr, d'une main Janséniste.
Mes yeux en sont témoins : j'ai vu moi-même hier
Entrer chez le Prélat le chapelain Garnier.
Arnauld, cet hérétique ardent à nous détruire,
Par ce ministre adroit tente de le séduire;
Sans doute il aura lu dans son saint Augustin,
Qu'autrefois saint Louis érigea ce lutrin.
Il va nous inonder des torrens de sa plume.
Il faut, pour lui répondre, ouvrir plus d'un volume:
Consultons sur ce point quelque auteur signalé;
Voyons si des lutrins Bauny n'a point parlé.
Etudions enfin, il en est temps encore;
Et, pour ce grand projet, tantôt dès que l'aurore
Rallumera le jour dans l'onde enseveli,
Que chacun prenne en main le moelleux Abéli.
    Ce conseil imprévu de nouveau les étonne :
Surtout le gras Evrard d'épouvante en frisonne.
    Moi? dit-il, qu'à mon âge, écolier tout nou-
        veau,
J'aille pour un lutrin me troubler le cerveau!
O le plaisant conseil! Non, non, songeons à vivre :
Va maigrir, si tu veux, et sécher sur un livre;
Pour moi, je lis la Bible autant que l'Alcoran :
Je sais ce qu'un fermier nous doit rendre par an,
Sur quelle vigne à Reims nous avons hypothéqué;
Vingt muids rangés chez moi font ma bibliothèque.
En plaçant un pupitre on croit nous rabaisser;
Mon bras seul, sans latin, saura le renverser.
Que m'importe qu'Arnauld me condamne ou m'ap-
        prouve?

J'abats ce qui me nuit partout où je le trouve ;
C'est-là mon sentiment. A quoi bon tant d'apprêts ?
Du reste, déjeûnons, messieurs, et buvons frais.
   Ce discours, que soutient l'embonpoint du visage,
Rétablit l'appétit, réchauffe le courage :
Mais le Chantre surtout en paraît rassuré ;
   Oui, dit-il, le pupitre a déjà trop duré.
Allons sur sa ruine assurer ma vengeance;
Donnons à ce grand œuvre une heure d'abstinence.
Et qu'au retour tantôt un ample déjeûner
Long-temps nous tienne à table, et s'unisse au dîner.
   Aussitôt il se lève, et la troupe fidèle
Par ces mots attirans sent redoubler son zèle.
Ils marchent droit au chœur d'un pas audacieux,
Et bientôt le lutrin se fait voir à leurs yeux.
A ce terrible objet aucun d'eux ne consulte ;
Sur l'ennemi commun ils fondent en tumulte.
Ils sappent le pivot, qui se défend en vain :
Chacun sur lui d'un coup veut honorer sa main.
Enfin, sous tant d'efforts, la machine succombe,
Et son corps entr'ouvert chancèle, éclate et tombe.
Tel sur les monts glacés des farouches Gélons
Tombe un chêne battu des voisins aquilons;
Ou tel, abandonné de ses poutres usées,
Fond enfin un vieux toît sous ses tuiles brisées.
   La masse est emportée ; et ses ais arrachés
Sont, aux yeux des mortels, chez le Chantre cachés.

# CHANT V.

L'Aurore cependant, d'un juste effroi trou-
  blée,
Des chanoines levés voit la troupe assemblée,
Et contemple long-temps, avec des yeux confus,
Ces visages fleuris qu'elle n'a jamais vus.
Chez Sidrac aussitôt Brontin d'un pied fidèle
Du pupitre abattu va porter la nouvelle.
Le vieillard de ses soins bénit l'heureux succès,
Et sur un bois détruit, bâtit mille procès.
L'espoir d'un doux tumulte échauffant son courage,
Il ne sent plus le poids ni les glaces de l'âge ;
Et chez le Trésorier, de ce pas, à grand bruit,
Vient étaler au jour les crimes de la nuit.
Au récit imprévu de l'horrible insolence,
Le Prélat hors du lit impétueux s'élance.
Vainement d'un breuvage, à deux mains apporté,
Gilotin avant tout le veut voir humecté.
Il veut partir à jeun, il se peigne, il s'apprête.
L'ivoire trop hâté deux fois rompt sur sa tête,
Et deux fois de sa main le buis tombe en mor-
  ceaux :
Tel Hercule filant rompait tous les fuseaux.
Il sort demi-paré. Mais déjà sur sa porte
Il voit de saints guerriers une ardente cohorte,
Qui tous, remplis pour lui d'une égale vigueur,
Sont prêts, pour le servir, à déserter le chœur.

Mais le vieillard condamne un projet inutile ;
Nos destins sont, dit-il, écrits chez la Sibylle :
Son antre n'est pas loin : allons la consulter,
Et subissons la loi qu'elle nous va dicter.
Il dit : à ce conseil, où la raison domine,
Sur ses pas au Barreau la troupe s'achemine,
Et bientôt, dans le temple, entend, non sans frémir
De l'antre redouté les soupiraux gémir.
Entre ces vieux appuis dont l'affreuse Grand-Salle,
Soutient l'énorme poids de sa voûte infernale,
Est un pilier fameux, des plaideurs respecté,
Et toujours de Normands à midi fréquenté.
Là, sur des tas poudreux de sacs et de pratique,
Hurle tous les matins une Sibylle étique :
On l'appelle Chicane ; et ce monstre odieux
Jamais pour l'équité n'eut d'oreilles ni d'yeux.
La Disette au teint blême, et la triste Famine,
Les Chagrins dévorans, et l'infâme Ruine,
Enfans infortunés de ses raffinemens,
Troublent l'air d'alentour de longs gémissemens.
Sans cesse feuilletant les lois et la coutume,
Pour consumer autrui, le monstre se consume ;
Et dévorant maisons, palais, châteaux entiers,
Rend, pour des monceaux d'or, de vains tas de papiers.
Sous le coupable effort de sa noire insolence
Thémis a vu cent fois chanceler sa balance.
Incessamment il va de détour en détour ;
Comme un hibou, souvent il se dérobe au jour.

Tantôt les yeux en feu, c'est un lion superbe;
Tantôt humble serpent, il se glisse sous l'herbe.
En vain, pour le dompter, le plus juste des rois
Fit régler le cahos des ténébreuses loix;
Ses griffes, vainement par Pussort accourcies,
Se rallongent déjà, toujours d'encre noircies;
Et ses ruses perçant et digues et remparts,
Par cent brèches déjà rentrent de toutes parts.

 Le vieillard humblement l'aborde et la salue;
Et faisant, avant tont, briller l'or à sa vue :
Reine des longs procès, dit-il, dont le savoir
Rend la force inutile, et les loix sans pouvoir,
Toi, pour qui dans le Mans le laboureur moissonne,
Pour qui naissent à Caen tous les fruits de l'automne :
Si, dé mes premiers ans, heurtant tous les mortels,
L'encre a toujours pour moi coulé sur tes autels,
Daigne encor me connaître en ma saison dernière :
D'un Prélat qui t'implore, exauce la prière:
Un rival orgueilleux, de sa gloire offensé,
A détruit le lutrin par nos mains redressé;
Epuise en sa faveur ta science fatale,
Du digeste et du code ouvre-nous le dédale,
Et montre-nous cet art, connu de tes amis,
Qui, dans ses propres lois, embarrasse Thémis.

 La Sibylle à ces mots, déjà hors d'elle-même,
Fait lire sa fureur sur son visage blême :
Et, pleine du démon qui la vient oppresser,
Par ces mots étonnans tâche à le repousser;

« Chantres, ne craignez plus une audace insensée,
» Je vois, je vois au chœur la masse replacée ;
» Mais il faut des combats : tel est l'arrêt du sort ;
» Et surtout évitez un dangereux accord ».
Là, bornant son discours, encor toute écumante,
Elle souffle aux guerriers l'esprit qui la tourmente :
Et, dans leurs cœurs, brûlans de la soif de plaider,
Verse l'amour de nuire, et la peur de céder.
Pour tracer à loisir une longue requête,
A retourner chez soi leur brigade s'apprête.
Sous leurs pas diligens le chemin disparoît,
Et le pilier loin d'eux déjà baisse et décroît.

 Loin du bruit cependant les chanoines à table,
Immolent trente mets à leur faim indomptable.
Leur appétit fougueux, par l'objet excité,
Parcourt tous les recoins d'un monstrueux pâté ;
Par le sel irritant la soif est allumée :
Lorsque d'un pied léger la prompte Renommée,
Semant partout l'effroi, vient au Chantre éperdu
Conter l'affreux détail de l'oracle rendu.
Il se lève, enflammé de muscat et de bile,
Et prétend à son tour consulter la Sibylle.
Evrard a beau gémir du repas déserté,
Lui-même est au Barreau par le nombre emporté.
Par les détours étroits d'une barrière oblique,
Ils gagnent les degrés et le perron antique,
Où sans cesse étalant bons et méchans écrits,
Barbin vend aux passans des auteurs à tout prix.
Là, le Chantre à grand bruit arrive et se fait place,

# CHANT CINQUIÈME.

Dans le fatal instant que, d'une égale audace,
Le Prélat et sa troupe, à pas tumultueux,
Descendaient du Palais l'escalier tortueux.
L'un et l'autre rival s'arrêtant au passage,
Se mesure des yeux, s'observe, s'envisage;
Une égale fureur anime leurs esprits;
Tels deux fougueux taureaux, de jalousie épris,
Auprès d'une génisse au front large et superbe,
Oubliant tous les jours le pâturage et l'herbe,
A l'aspect l'un de l'autre embrâsés, furieux,
Déjà, le front baissé, se menacent des yeux.
Mais Evrard en passant coudoyé par Boirude,
Ne sait point contenir son aigre inquiétude;
Il entre chez Barbin, et d'un bras irrité,
Saisissant du Cyrus un volume écarté,
Il lance au sacristain le tome épouvantable.
Boirude fuit le coup : le volume effroyable
Lui rase le visage, et, droit dans l'estomac
Va frapper en sifflant l'infortuné Sidrac;
Le vieillard accablé de l'horrible Artamène,
Tombe aux pieds du Prélat, sans pouls et sans haleine.
Sa troupe le croit mort, et chacun empressé,
Se croit frappé du coup dont il le voit blessé.
Aussitôt contre Evrard vingt champions s'élancent;
Pour soutenir leur choc, les chanoines s'avancent:
La Discorde triomphe, et du combat fatal
Par un cri donne en l'air l'effroyable signal.
Chez le libraire absent tout entre, tout se mêle,
Les livres sur Evrard fondent comme la grêle,

Qui, dans un grand jardin, à coups impétueux,
Abat l'honneur naissant des rameaux fructueux.
Chacun s'arme au hasard du livre qu'il rencontre;
L'un tient l'Edit d'amour, l'autre en saisit la Montre:
L'un prend le seul Jonas qu'on ait vu relié,
L'autre un Tasse français, en naissant oublié.
L'élève de Barbin, commis à la boutique,
Veut en vain s'opposer à leur fureur gothique.
Les volumes sans choix à la tête jetés,
Sur le perron poudreux volent de tous côtés.
Là, près d'un Guarini, Térence tombe à terre;
Là, Xénophon dans l'air heurte contre un la Serre.
O! que d'écrits obscurs, de livres ignorés,
Furent en ce grand jour de la poudre tirés!
Vous en fûtes tirés, Almerinde et Simandre;
Et toi, rebut du peuple, inconnu Caloandre,
Dans ton repos, dit-on, saisi par Gaillerbois,
Tu vis le jour alors pour la première fois.
Chaque coup sur la chair laisse une meurtrissure.
Déjà plus d'un guerrier se plaint d'une blessure.
D'un le Vayer épais Giraut est renversé;
Marineau, d'un Brébeuf à l'épaule blessé,
En sent par tout le bras une douleur amère,
Et maudit la Pharsale aux provinces si chère.
D'un Pinchêne *in-quarto*, Dodillon étourdi
A long-temps le teint pâle et le cœur affadi.
Au plus fort du combat, le chapelain Garagne,
Vers le sommet du front, atteint d'un Charlemagne,
( Des vers de ce poëme effet prodigieux ! )
Tout prêt à s'endormir, baille et ferme les yeux.
A plus d'un combattant la Clélie est fatale :

## CHANT CINQUIÈME.

Girou dix fois par elle éclate, et se signale ;
Mais tout cède aux efforts du chanoine Fabri.
Ce guerrier, dans l'église aux querelles nourri,
Est robuste de corps, terrible de visage,
Et de l'eau dans son vin n'a jamais su l'usage :
Il terrasse lui seul, et Guibert et Grasset,
Et Gorillon la basse, et Grandin le fausset,
Et Gerbais l'agréable, et Guérin l'insipide.
Des chantres désormais la brigade timide
S'écarte, et du Palais regagne les chemins.
Telle à l'aspect d'un loup, terreur des champs voi-
    sins,
Fuit d'agneaux effrayés une troupe bêlante :
Ou tels devant Achille, aux campagnes du Xante,
Les Troyens se sauvaient à l'abri de leurs tours.
Quand Brontin à Boirude adresse ce discours :
Illustre porte-croix, par qui notre bannière,
N'a jamais en marchant fait un pas en arrière,
Un chanoine lui seul triomphant du Prélat,
Du rochet à nos yeux ternira-t-il l'éclat ?
Non, non : pour te couvrir de sa main redoutable,
Accepte de mon corps l'épaisseur favorable.
Viens, et sous ce rempart, à ce guerrier hautain
Fais voler ce Quinaut qui me reste à la main.
A ces mots, il lui tend le doux et tendre ouvrage,
Le sacristain, bouillant de zèle et de courage ;
Le prend, se cache, approche, et, droit entre les yeux,
Frappe du noble écrit l'athlète audacieux.
Mais c'est pour l'ébranler une faible tempête ;
Le livre sans vigueur mollit contre sa tête,
Le chanoine les voit, de colère embrasé,

Attendez, leur dit-il, couple lâche et rusé,
Et jugez si ma main, aux grands exploits novice,
Lance à mes ennemis un livre qui mollisse.
A ces mots, il saisit un vieux *Infortiat*,
Grossi des visions d'Accurse et d'Alciat,
Inutile ramas de gothique écriture,
Dont quatre ais mal unis formaient la couverture,
Entourée à demi d'un vieux parchemin noir,
Où pendait à trois clous un reste de fermoir.
Sur l'ais, qui le soutient auprès d'un Avicenne,
Deux des plus forts mortels l'ébranleraient à peine;
Le chanoine pourtant l'enlève sans effort,
Et, sur le couple pâle, et déjà demi-mort,
Fait tomber à deux mains l'effroyable tonnerre :
Les guerriers de ce coup vont mesurer la terre ;
Et, du bois et des clous, meurtris et déchirés,
Long-temps, loin du perron, roulent sur les degrés.

Au spectacle étonnant de leur chute imprévue
Le Prélat pousse un cri qui pénètre la nue :
Il maudit dans son cœur le démon des combats,
Et de l'horreur du coup il recule six pas.
Mais bientôt rappelant son antique prouesse,
Il tire du manteau sa dextre vengeresse :
Il part, et, de ses doigts saintement allongés
Bénit tous les passans, en deux files rangés.
Il sait que l'ennemi, que ce coup va surprendre,
Désormais sur ses pieds ne l'oserait attendre,
Et déjà voit pour lui tout le peuple en courroux,
Crier aux combattans : Profanes, à genoux !
Le Chantre, qui de loin voit approcher l'orage,
Dans son cœur éperdu cherche en vain du courage :

Sa fierté l'abandonne, il tremble, il cède, il fuit ;
Le long des sacrés murs sa brigade le suit ;
Tout s'écarte à l'instant : mais aucun n'en réchappe ;
Par-tout le doigt vainqueur les suit et les ratrappe.
Evrard seul, en un coin prudemment retiré,
Se croyait à couvert de l'insulte sacré :
Mais le Prélat vers lui fait une marche adroite ;
Il l'observe de l'œil, et tirant vers la droite,
Tout d'un coup tourne à gauche, et d'un bras for-
          tuné,
Bénit subitement le guerrier consterné :
Le chanoine, surpris de la foudre mortelle,
Se dresse, et lève en vain une tête rebelle :
Sur ses genoux tremblans il tombe à cet aspect,
Et donne à la frayeur ce qu'il doit au respect.

 Dans le temple aussitôt le Prélat plein de gloire
Va goûter les doux fruits de sa sainte victoire :
Et de leur vain projet les chanoines punis,
S'en retournent chez eux éperdus et bénis.

# CHANT VI.

Tandis que tout conspire à la guerre sacrée,
La Piété sincère, aux Alpes retirée,
Du fond de son désert entend les tristes cris
De ses sujets cachés dans les murs de Paris.
Elle quitte à l'instant sa retraite divine :
La Foi, d'un pas certain devant elle chemine :
L'Espérance au front gai l'appuie et la conduit ;
Et, la bourse à la main, la Charité la suit.
Vers Paris elle vole, et, d'une audace sainte,
Vient aux pieds de Thémis proférer cette plainte :
   « Vierge, effroi des méchans, appui de mes au-
      « tels,
« Qui, la balance en main, règle tous les mortels,
« Ne viendrai-je jamais en tes bras salutaires,
« Que pousser des soupirs, et pleurer mes misères ?
« Ce n'est donc pas assez qu'au mépris de tes lois,
« L'Hypocrisie ait pris et mon nom et ma voix :
« Que sous ce nom sacré par-tout ses mains avares
« Cherchent à me ravir crosses, mîtres, thiares ;
« Faudra-t-il voir encor cent monstres furieux
« Ravager mes Etats usurpés à tes yeux ?
« Dans les temps orageux de mon naissant empire,
« Au sortir du baptême on courait au martyre ;
« Chacun plein de mon nom ne respirait que moi.
« Le fidèle attentif aux règles de sa loi,
« Fuyant des vanités la dangereuse amorce,
« Aux honneurs appelé, n'y montait que par force.

## CHANT SIXIÈME.

« Ces cœurs, que les bourreaux ne faisaient point
    « frémir,
« A l'offre d'une mitre étaient prêts à gémir :
« Et, sans peur des travaux, sur mes traces divines,
« Couraient chercher le ciel au travers des épines.
« Mais, depuis que l'Eglise eut aux yeux des mortels,
« De son sang en tous lieux cimenté ses autels,
« Le calme dangereux succédant aux orages,
« Une lâche tiédeur s'empara des courages ;
« De leur zèle brûlant l'ardeur se ralentit ;
« Sous le joug des péchés leur foi s'appesantit :
« Le moine secoua le cilice et la haire :
« Le chanoine indolent apprit à ne rien faire :
« Le Prélat, par la brigue aux honneurs parvenu,
« Ne sut plus qu'abuser d'un ample revenu,
« Et, pour toutes vertus, fit au dos d'un carrosse,
« A côté d'une mitre armoirier sa crosse.
« L'Ambition par-tout chassa l'Humilité ;
« Dans la crasse du froc, logea la Vanité.
« Alors, de tous les cœurs l'union fut détruite.
« Dans mes cloîtres sacrés la Discorde introduite,
« Y bâtit de mon bien ses plus sûrs arsenaux,
« Traîna tous mes sujets au pied des tribunaux ;
« En vain à ses fureurs j'opposai mes prières,
« L'insolente à mes yeux marcha sous mes ban-
    « nières.
« Pour comble de misère, un tas de faux docteurs
« Vint flatter les péchés de discours imposteurs ;
« Infectant les esprits d'exécrables maximes,
« Voulut faire à Dieu même approuver tous les cri-
    « mes.

« Une servile peur tint lieu de charité ;
« Le besoin d'aimer Dieu passa pour nouveauté ;
« Et chacun à mes pieds conservant sa malice,
« N'apporta de vertu que l'aveu de son vice.
 « Pour éviter l'affront de ces noirs attentats,
« J'allai chercher le calme au séjour des frimas,
« Sur ces monts entourés d'une éternelle glace,
« Où jamais au printems les hivers n'on fait place.
« Mais, jusques dans la nuit de mes sacrés déserts,
« Le bruit de mes malheurs fait retentir les airs.
« Aujourd'hui même encore, une voix trop fidelle
« M'a d'un triste désastre apporté la nouvelle :
« J'apprends que dans ce temple où le plus saint des
    rois,
« Consacra tout le fruit de ses pieux exploits,
« Et signala pour moi sa pompeuse largesse,
« L'implacable Discorde et l'infâme Mollesse,
« Foulant aux pieds les lois, l'honneur et le devoir,
« Usurpent en mon nom le souverain pouvoir.
« Souffriras-tu, ma sœur, une action si noire ?
« Quoi ! ce temple à ta porte élevé pour ma gloire,
» Où jadis des humains j'attirais tous les vœux,
« Sera de leurs combats le théâtre honteux.
« Non, non ; il faut enfin que ma vengeance éclate :
« Assez et trop long-tems l'impunité les flatte ;
« Prends ton glaive, et, fondant sur ces audacieux,
« Viens aux yeux des mortels justifier les cieux ».
 Ainsi parle à sa sœur cette vierge enflammée :
La Grâce est dans ses yeux d'un feu pur allumée.
Thémis sans différer lui promet son secours,
La flatte, la rassure, et lui tient ce discours :

# CHANT SIXIÈME.

« Chère et divine sœur, dont les mains secourables,
« Ont tant de fois séché les pleurs des misérables,
« Pourquoi toi-même, en proie à tes vives dou-
   « leurs,
« Cherches-tu sans raison à grossir tes malheurs ?
« En vain de tes sujets l'ardeur est ralentie:
« D'un ciment éternel ton Église est bâtie:
» Et jamais de l'enfer les noirs frémissemens
« N'en sauraient ébranler les fermes fondemens.
« Au milieu des combats, des troubles, des que-
   « relles,
« Ton nom encor chéri vit au sein des fidèles.
« Crois-moi, dans ce lieu même où l'on veut t'op-
   « primer,
« Le trouble qui t'étonne est facile à calmer :
« Et, pour y rappeler la paix tant desirée,
« Je vais t'ouvrir, ma sœur, une route assurée.
« Prête-moi donc l'oreille, et retiens tes soupirs.
  « Vers ce temple fameux, si cher à tes desirs,
« Où le ciel fut pour toi si prodigue en miracles,
« Non loin de ce palais où je rends mes oracles,
« Est un vaste séjour des mortels révéré,
« Et de cliens soumis à toute heure entouré.
« Là, sous le faix pompeux de ma pourpre honorable,
« Veille aux soins de ma gloire un homme incom-
   « parable,
« Ariste, dont le Ciel et Louis ont fait choix
« Pour régler ma balance, et dispenser mes Loix.
« Par lui dans le Barreau sur mon trône affermie,
« Je vois hurler en vain la Chicane ennemie :
« Par lui la vérité ne craint plus l'imposteur,

« Et l'orphelin n'est plus dévoré du tuteur.
« Mais pourquoi vainement t'en retracer l'image ?
« Tu le connais assez, Ariste est ton ouvrage.
« C'est toi qui le formas dès ses plus jeunes ans :
« Son mérite sans tache est un de tes présens.
« Tes divines leçons avec le lait sucées ,
« Allumèrent l'ardeur de ses nobles pensées.
« Aussi son cœur pour toi brûlant d'un si beau feu ,
« N'en fit point dans le monde un lâche désaveu ;
« Et son zèle hardi , toujours prêt à paroître ,
« N'alla point se cacher dans les ombres d'un cloître.
« Va le trouver , ma sœur : à ton auguste nom ,
« Tout s'ouvrira d'abord en sa sainte maison.
« Ton visage est connu de sa noble famille ;
« Tout y garde tes lois : enfans, sœurs, femme, fille.
« Tes yeux d'un seul regard sauront le pénétrer ;
« Et, pour obtenir tout, tu n'as qu'à te montrer».
Là, s'arrête Thémis. La Piété charmée
Sent renaître la joie en son âme calmée.
Elle court chez Ariste , et s'offrant à ses yeux :
  « Que me sert , lui dit-elle, Ariste, qu'en tous
   « lieux
« Tu signales pour moi ton zèle et ton courage ,
« Si la Discorde impie à ta porte m'outrage ?
« Deux puissans ennemis par elle envenimés ,
« Dans ces murs autrefois si saints , si renommés ,
« A mes sacrés autels font un profane insulte ,
« Remplissent tout d'effroi, de trouble et de tumulte.
« De leur crime à leurs yeux va-t-en peindre l'hor-
  « reur :
« Sauve-moi, sauve-les de leur propre fureur ».

## CHANT SIXIÈME.

Elle sort à ces mots. Le héros en prière
Demeure tout couvert de feux et de lumière.
De la céleste fille il reconnaît l'éclat,
Et mande au même instant le Chantre et le Prélat.

Muse, c'est à ce coup, que mon esprit timide
Dans sa course élevée a besoin qu'on le guide,
Pour chanter par quels soins, par quels nobles
   travaux
Un mortel sut fléchir ces superbes rivaux.
Mais, plutôt, toi qui fis ce merveilleux ouvrage,
Ariste, c'est à toi d'en instruire notre âge.
Seul tu peux révéler par quel art tout-puissant
Tu rendis tout-à-coup le Chantre obéissant.
Tu sais par quel conseil, rassemblant le chapitre,
Lui-même, de sa main, reporta le pupitre ;
Et comment le Prélat, de ses respects content,
Le fit du banc fatal enlever à l'instant.
Parle donc : c'est à toi d'éclaircir ces merveilles.
Il me suffit pour moi d'avoir su par mes veilles,
Jusqu'au sixième chant pousser ma fiction ;
Et fait d'un vain pupitre un second Ilion.
Finissons. Aussi bien, quelque ardeur qui m'inspire,
Quand je songe au héros qui me reste à décrire,
Qu'il faut parler de toi, mon esprit éperdu
Demeure sans parole, interdit, confondu.

Ariste, c'est ainsi qu'en ce Sénat illustre,
Où Thémis, par tes soins, reprend son premier lustre,
Quand, la première fois un athlète nouveau
Vient combattre en champ clos aux joûtes du Bar-
   reau,
Souvent, sans y penser, ton auguste présence

Troublant par trop d'éclat sa timide éloquence;
Le nouveau Cicéron, tremblant, décoloré,
Cherche en vain son discours sur sa langue égaré :
En vain, pour gagner temps, dans ses transes af-
    freuses,
Traîne d'un dernier mot les syllabes honteuses;
Il hésite, il bégaye, et le triste orateur
Demeure enfin muet aux yeux du spectateur.

*Fin du Lutrin.*

# ODES,
# ÉPIGRAMMES,
## ET
# AUTRES POÉSIES.

# DISCOURS
## SUR L'ODE.

L'Ode suivante a été composée à l'occasion (1) de ces étranges dialogues, qui ont paru depuis quelque temps, où tous les plus grands écrivains de l'antiquité sont traités d'esprits médiocres, de gens à être mis en parallèle avec les Chapelains et avec les Cotins, et où, voulant faire honneur à notre siècle, on l'a en quelque sorte diffamé, en faisant voir qu'il s'y trouve des hommes capables d'écrire des choses si peu sensées. Pindare est des plus maltraités ; comme les beautés de ce poëte sont extrêmement renfermées dans sa langue, l'auteur de ces dialogues, qui vraisemblablement ne sait point de grec, et qui n'a lu Pindare que dans des traductions latines assez défectueuses, a pris pour galimathias tout ce que la faiblesse de ses lumières ne lui permettait pas de comprendre. Il a surtout traité de ridicule ces endroits merveilleux où le poëte, pour marquer un esprit entièrement hors de soi, rompt quelquefois de dessein formé la suite de son discours ; et afin de mieux entrer dans la raison, sort, s'il faut ainsi parler, de la raison même, évitant avec grand soin cet ordre méthodique et ces exactes liaisons de sens, qui ôteraient l'âme à la poésie

---

(1) *De ces étranges dialogues.*] Parallèle des anciens et des modernes, en forme de dialogues, par M. Perrault, de l'Académie Française. Il y en avait trois volumes, quand M. Despréaux composa cette ode en 1693. le quatrième ne parut qu'en 1696.

lyrique. Le censeur, dont je parle, n'a pas pris garde qu'en attaquant ces nobles hardiesses de Pindare, il donnait lieu de croire qu'il n'a jamais conçu le sublime des Pseaumes de David, où, s'il est permis de parler de ces saints cantiques à propos de choses profanes, il y a beaucoup de ces sens rompus, qui servent même quelquefois à en faire sentir la divinité. Ce critique, selon toutes les apparences, n'est pas fort convaincu du précepte que j'ai avancé dans mon Art Poétique, à propos de l'Ode.

Son style impétueux souvent marche au hasard:
Chez elle un beau désordre est un effet de l'art.

Ce précepte effectivement, qui donne pour règle de ne point garder quelquefois de règles, est un mystère de l'Art, qu'il n'est pas aisé de faire entendre à un homme sans aucun goût, qui croit que la Clélie et nos opéra sont les modèles du genre sublime; qui trouve Térence fade, Virgile froid, Homère de mauvais sens, et qu'une espèce de bizarrerie d'esprit rend insensible à tout ce qui frappe ordinairement les hommes. Mais ce n'est pas ici le lieu de lui montrer ses erreurs. On le fera peut-être plus à propos un de ces jours dans quelque autre ouvrage.

Pour revenir à Pindare, il ne serait pas difficile d'en faire sentir les beautés à des gens qui se seraient un peu familiarisé le grec. Mais comme cette langue est aujourd'hui assez ignorée de la plupart des hommes, et qu'il n'est pas possible de leur faire voir Pindare dans Pindare même, j'ai cru que je ne pouvais mieux justifier ce grand poëte, qu'en tâchant de faire une ode française à sa manière, c'est-à-dire, pleine de mouvemens et de transports, où l'esprit parût plutôt entraîné du démon de la poésie, que guidé par la raison. C'est le but que je me suis proposé dans l'ode qu'on va voir. J'ai pris pour sujet la prise de Namur, comme la plus grande action de guerre qui se soit faite de nos jours, et comme la matière la plus propre à échauffer l'imagination d'un poëte. J'y ai jeté, autant que j'ai pu, la magnificence des mots ; et, à l'exemple des anciens poëtes dithyrambiques, j'y ai employé les figures les plus audacieuses, jusqu'à y faire un astre de la plume blanche que le Roi porte ordinairement à son chapeau, et qui est en effet comme une espèce de comète fatale à nos ennemis, qui se jugent perdus dès qu'ils l'aperçoivent. Voilà le dessein de cet ouvrage. Je ne réponds pas d'y avoir réussi ; et je ne sais si le public, accoutumé aux sages emportemens de Malherbe, s'accommodera de ces saillies et de ces excès pindariques. Mais supposé que j'y aye échoué, je me consolerai du-moins par le commencement de cette fameuse ode latine d'Horace, *Pindarum quisquis studet æmulari*, etc. où Horace donne assez à entendre que s'il eût voulu lui-même s'élever à la hauteur de Pindare, il se serait cru en grand hazard de tomber.

Au reste, comme parmi les épigrammes qui sont imprimées à la suite de cette ode, on trouvera encore une autre petite ode de ma façon, que je n'avais point jusqu'ici inserée dans mes écrits, je suis bien aise, pour ne me point brouiller avec les Anglais d'aujourd'hui, de faire ici ressouvenir le lecteur, que les Anglais que j'attaque dans ce petit poëme, qui est un ouvrage de ma première jeunesse, ce sont les Anglais du temps de Cromwel.

J'ai joint aussi à ces épigrammes un arrêt burlesque donné au Parnasse, que j'ai composé autrefois, afin de prévenir un arrêt très-sérieux, que l'Université songeait à obtenir du

*Parlement*, *contre ceux qui enseigneraient, dans les écoles de Philosophie, d'autres principes que ceux d'Aristote* La plaisanterie y descend un peu bas, et est toute dans les termes de la pratique. Mais il fallait qu'elle fût ainsi pour faire son effet, qui fut très-heureux, et obligea, pour ainsi dire, l'Université à supprimer la Requête qu'elle allait présenter.

Ridiculum acri
Fortiùs ac meliùs magnas plerumque secat res.

# ODE
## SUR LA PRISE DE NAMUR.

Quelle docte et sainte ivresse
Aujourd'hui me fait la loi ?
Chastes Nymphes du Permesse,
N'est-ce pas vous que je vois ?
Accourez, troupe savante !
Des sons que ma lyre enfante
Ces arbres sont réjouis.
Marquez-en bien la cadence ;
Et vous, Vents, faites silence :
Je vais parler de LOUIS.

Dans ses chansons immortelles,
Comme un Aigle audacieux,
Pindare étendant ses ailes,
Fuit loin des vulgaires yeux.
Mais, ô ma fidèle lyre,
Si, dans l'ardeur qui m'inspire,
Tu peux suivre mes transports :
Les chênes du mont de Thrace
N'ont rien ouï qui n'efface
La douceur de tes accords.

Est-ce Apollon et Neptune,
Qui, sous ces rocs sourcilleux,
Ont, compagnons de fortune,
Bâti ces murs orgueilleux ?
De leur enceinte fameuse,
La Sambre unie à la Meuse
Défend le fatal abord :
Et par cent bouches horribles,
L'airain sur ces monts terribles
Vomit le fer et la mort.

Dix mille vaillans Alcides,
Les bordant de toutes parts
D'éclairs, au loin homicides,
Font pétiller leurs remparts :
Et dans son sein infidèle
Partout la terre y recèle
Un feu prêt à s'élancer,
Qui soudain perçant son gouffre,
Ouvre un sépulcre de soufre
A quiconque ose avancer.

Namur, devant tes murailles,
Jadis la Grèce eut vingt ans
Sans fruit, vu les funérailles
De ses plus fiers combattans.
Quelle effroyable puissance
Aujourd'hui pourtant s'avance,
Prête à foudroyer tes monts !
Quel bruit, quel feu l'environne !

C'est Jupiter en personne,
Ou c'est le vainqueur de Mons.

❋

N'en doute point, c'est lui-même.
Tout brille en lui, tout est Roi.
Dans Bruxelles, Nassau blême
Commence à trembler pour toi.
En vain il voit le Batave,
Désormais docile esclave,
Rangé sous ses étendards :
En vain au Lion Belgique
Il voit l'Aigle Germanique
Uni sous les Léopards.

❋

Plein de la frayeur nouvelle,
Dont ses sens sont agités,
A son secours il appelle
Les peuples les plus vantés.
Ceux-là viennent du rivage,
Où s'enorgueillit le Tage
De l'or qui roule en ses eaux ;
Ceux-ci des champs où la neige
Des marais de la Norvège
Neuf mois couvre les roseaux.

❋

Mais qui fait enfler la Sambre
Sous les Jumeaux effrayés,
Des froids torrens de Décembre
Les champs partout sont noyés.
Cérès s'enfuit éplorée

De voir en proie à Borée,
Ses guérêts d'épis chargés,
Et sous les urnes fangeuses
Des Hyades orageuses,
Tous ses trésors submergés.

Déployez toutes vos rages,
Princes, vents, peuples, frimas;
Ramassez tous vos nuages.
Rassemblez tous vos soldats;
Malgré vous, Namur en poudre
S'en va tomber sous la foudre
Qui dompta Lille, Courtray,
Gand, la superbe Espagnole,
Saint-Omer, Besançon, Dole,
Ypres, Maëstricht et Cambray.

Mes présages s'accomplissent :
Il commence à chanceler.
Sous les coups qui retentissent
Ses murs s'en vont s'écrouler.
Mars en feu, qui les domine,
Souffle à grand bruit leur ruine;
Et les bombes, dans les airs
Allant chercher le tonnerre,
Semblent, tombant sur la terre,
Vouloir s'ouvrir les enfers.

Accourez, Nassau, Bavière,
De ces murs l'unique espoir:

A couvert d'une rivière
Venez, vous pouvez tout voir.
Considérez ces approches :
Voyez grimper sur ces roches,
Ces athlètes belliqueux ;
Et, dans les eaux, dans la flamme,
LOUIS à tous donnant l'âme,
Marcher, courir avec eux.

Contemplez dans la tempête
Qui sort de ces boulevards,
La plume qui sur sa tête
Attire tous les regards.
A cet astre redoutable,
Toujours un sort favorable
S'attache dans les combats :
Et toujours avec la gloire,
Mars amenant la victoire,
Vole, et le suit à grands pas.

Grands Défenseurs de l'Espagne,
Montrez-vous, il en est temps ;
Courage, vers la Méhagne
Voilà vos drapeaux flottans.
Jamais ses ondes craintives
N'ont vu sur leurs faibles rives
Tant de guerriers s'amasser.
Courez donc ; qui vous retarde ?
Tout l'univers vous regarde :

N'osez-vous la traverser ?
Loin de fermer le passage
A vos nombreux bataillons,
Luxembourg a du rivage
Reculé ses pavillons.
Quoi ! leur seul aspect vous glace ?
Où sont ces chefs pleins d'audace
Jadis si prompts à marcher,
Qui devaient, de la Tamise,
Et de la Drave soumise,
Jusqu'à Paris nous chercher ?

Cependant l'effroi redouble
Sur les remparts de Namur :
Son gouverneur, qui se trouble,
S'enfuit sous son dernier mur.
Déjà jusques à ses portes
Je vois monter nos cohortes,
La flamme et le fer en main :
Et sur les monceaux de piques,
De corps morts, de rocs, de briques,
S'ouvrir un large chemin.

C'en est fait : je viens d'entendre
Sur ces rochers éperdus
Battre un signal pour se rendre:
Le feu cesse: Ils sont rendus.
Dépouillez votre arrogance,
Fiers ennemis de la France ;
Et, désormais gracieux,

Allez à Liége, à Bruxelles,
Porter les humbles nouvelles
De Namur pris à vos yeux.

❈

Pour moi, que Phébus anime
De ses transports les plus doux,
Rempli de ce Dieu sublime,
Je vais, plus hardi que vous,
Montrer que, sur le Parnasse,
Des bois fréquentés d'Horace,
Ma Muse dans son déclin
Sait encor les avenues,
Et des sources inconnues
A l'auteur du Saint-Paulin.

# ODE

## *Contre les Anglais.*

Quoi! ce peuple aveugle en son crime,
Qui, prenant son Roi pour victime
Fit du trône un théâtre affreux,
Pense-t-il que le Ciel, complice
D'un si funeste sacrifice,
N'a pour lui ni foudre ni feux?

Déjà sa flotte à pleines voiles,
Malgré les vents et les étoiles,
Veut maîtriser tout l'univers;
Et croit que l'Europe étonnée,
A son audace forcenée
Va céder l'empire des mers.

Arme-toi, France, prends la foudre.
C'est à-toi de réduire en poudre
Ces sanglans ennemis des lois.
Suis la victoire qui t'appelle,
Et va sur ce peuple rebelle
Venger la querelle des Rois.

Jadis on vit ces parricides,
Aidés de nos soldats perfides,
Chez nous, au comble de l'orgueil,

Briser tes plus fortes murailles,
Et par le gain de vingt batailles
Mettre tous les peuples en deuil.

Mais bientôt le Ciel en colère,
Par la main d'une humble bergère,
Renversant tous leurs bataillons,
Borna leur succès et nos peines :
Et leurs corps, pourris dans nos plaines,
N'ont fait qu'engraisser nos sillons.

# STANCES,

*À M. Molière, sur la Comédie de l'École des Femmes.*

En vain mille jaloux esprits,
Molière, osent avec mépris
Censurer ton plus bel ouvrage :
Sa charmante naïveté
S'en va pour jamais d'âge en âge
Divertir la postérité.

Que tu ris agréablement !
Que tu badines savamment !
Celui qui sut vaincre Numance,
Qui mit Carthage sous sa loi,
Jadis, sous le nom de Térence,
Sut-il mieux badiner que toi !

Ta muse avec utilité
Dit plaisamment la vérité.
Chacun profite à ton école :
Tout en est beau, tout en est bon;
Et ta plus burlesque parole
Est souvent un docte sermon.

Laisse gronder ces envieux :
Ils ont beau crier en tous lieux,

Qu'en vain tu charmes le vulgaire ;
Que tes vers n'ont rien de plaisant ;
Si tu savais un peu moins plaire,
Tu ne leur déplairais pas tant.

# SONNET

*Sur la mort d'une Parente.*

PARMI les doux transports d'une amitié fidèle,
Je voyais près d'Iris couler mes heureux jours.
Iris, que j'aime encore, et que j'aimai toujours,
Brûlait des mêmes feux dont je brûlais pour elle.

Quand, par l'ordre du Ciel, une fièvre cruelle
M'enleva cet objet de mes tendres amours ;
Et de tous mes plaisirs interrompant le cours,
Me laissa de regrets une suite éternelle.

Ah ! qu'un si rude coup étonna mes esprits !
Que je versai de pleurs ! que je poussai de cris !
De combien de douleurs ma douleur fut suivie !

Iris, tu fus alors moins à plaindre que moi.
Et, bien qu'un triste sort t'ait fait perdre la vie,
Hélas ! en te perdant, j'ai perdu plus que toi.

# AUTRE SONNET

*Sur le même sujet.*

Nourri dès le berceau près de la jeune Orante,
Et non moins par le cœur que par le sang lié,
A ses jeux innocens enfant associé,
Je goûtais les douceurs d'une amitié charmante.

Quand un faux Esculape, à cervelle ignorante,
A la fin d'un long mal vainement pallié,
Rompant de ses beaux jours le fil trop délié,
Pour jamais me ravit mon aimable parente.

O! qu'un si rude coup me fit verser de pleurs!
Bientôt la plume en main, signalant mes douleurs,
Je demandai raison d'un acte si perfide.

Oui, j'en fis dès quinze ans ma plainte à l'univers;
Et l'ardeur de venger ce barbare homicide
Fut le premier démon qui m'inspira des vers.

# ÉPIGRAMMES.

### I.

#### *A un Médecin.*

Oui, j'ai dit dans mes vers, qu'un célèbre assassin,
Laissant de Galien la science infertile,
D'ignorant médecin devint maçon habile :
Mais de parler de vous je n'eus jamais dessein,
    Perrault, ma muse est trop correcte.
Vous êtes, je l'avoue, ignorant médecin,
    Mais non pas habile architecte.

### II.

#### *A M. Racine.*

Racine, plains ma destinée.
C'est demain la triste journée,
Où le prophète Des-Marais,
Armé de cette même foudre
Qui mit le Port-Royal en poudre,
Va me percer de mille traits.
C'en est fait, mon heure est venue ;
Non que ma muse soutenue
De tes judicieux avis,
N'ait assez de quoi le confondre :

Mais, cher ami, pour lui répondre,
Hélas! il faut lire Clovis.

## III.

### Contre Saint-Sorlin.

Dans le palais hier Belain
Voulait gager contre Ménage,
Qu'il était faux que Saint-Sorlain
Contre Arnauld eût fait un ouvrage :
Il en a fait, j'en sais le temps,
Dit un des plus fameux libraires.
Attendez.... c'est depuis vingt ans;
On en tira cent exemplaires.
C'est beaucoup, dis-je en m'approchant,
La pièce n'est pas si publique.
Il faut compter, dit le marchand,
Tout est encor dans ma boutique.

## IV.

### A Messieurs Pradon et Bonnecorse.

Venez, Pradon et Bonnecorse,
Grands écrivains de même force,
De vos vers recevoir le prix :
Venez prendre dans mes écrits
La place que vos noms demandent;
Linière et Perrin vous attendent.

## V.

### *Contre l'Abbé Cotin.*

En vain par mille et mille outrages,
Mes ennemis, dans leurs ouvrages,
Ont cru me rendre affreux aux yeux de l'univers;
Cotin, pour décrier mon style,
A pris un chemin plus facile,
C'est de m'attribuer ses vers.

## VI.

### *Contre le même.*

A quoi bon tant d'efforts, de larmes et de cris,
Cotin, pour faire ôter ton nom de mes ouvrages;
Si tu veux du public éviter les outrages,
Fais effacer ton nom de tes propres écrits.

## VII.

### *Contre un Athée.*

Alidor, assis dans sa chaise,
Médisant du Ciel à son aise,

Peut|bien médire|aussi de moi.
Je ris de ses discours frivoles ;
On sait fort bien que ses paroles
Ne sont pas articles de foi.

## VIII.

*Vers en style de Chapelain.*

Maudit soit l'auteur dur, dont l'âpre et rude verve,
Son cerveau tenaillant, rima malgré Minerve ;
Et, de son lourd marteau martelant le bon sens,
A fait de méchans vers douze fois douze cents.

## IX.

*Epitaphe.*

Ci-gît, justement regretté,
Un savant homme sans science,
Un Gentilhomme sans naissance,
Un très-bon homme sans bonté.

## X.

*A Climène.*

Tout me fait peine
Et depuis un jour,

Je crois, Climène,
Que j'ai de l'amour.
Cette nouvelle
Vous met en courroux.
Tout beau, cruelle;
Ce n'est pas pour vous.

---

### XI.

De six amans, contens et non jaloux,
Qui tour-à-tour servaient madame Claude,
Le moins volage était Jean son époux.
Un jour pourtant, d'humeur un peu trop chaude,
Serrait de près sa servante aux yeux doux,
Lorsqu'un des six lui dit : Que faites-vous ?
Le jeu n'est sûr avec cette Ribaude.
Ah ! voulez-vous, Jean, Jean, nous gâter tous ?

---

### XII.

*Imitation de Martial.*

Paul, ce grand médecin, l'effroi de son quartier
Qui causa plus de maux que la peste et la guerre,
Est Curé maintenant, et met les gens en terre :
Il n'a point changé de métier.

### XIII.

*Sur une harangue d'un Magistrat, dans laquelle les Procureurs étaient fort maltraités.*

Lorsque dans ce sénat, à qui tout rend hommage,
    Vous haranguez en vieux langage,
    Paul, j'aime à vous voir en fureur
    Gronder maint et maint procureur;
    Car leurs chicanes sans pareilles
    Méritent bien ce traitement.
    Mais que vous ont fait nos oreilles,
    Pour les traiter si rudement?

### XIV.

*Sur l'Agésilas de M. Corneille.*

J'ai vu l'Agésilas.
    Hélas!

### XV.

*Sur l'Attila du même Auteur.*

Après l'Agésilas,
    Hélas!
Mais après l'Attila,
    Hola.

## XVI.

*Sur la manière de réciter du poëte Santeuil.*

Quand j'aperçois sous ce portique
Ce moine au regard fanatique,
Lisant ses vers audacieux,
Faits pour les habitans des Cieux,
Ouvrir une bouche effroyable,
S'agiter, se tordre les mains,
Il me semble en lui voir le diable,
Que Dieu force à louer les Saints.

## XVII.

*A la Fontaine de Bourbon.*

Oui, vous pouvez chasser l'humeur apoplectique,
Rendre le mouvement au corps paralytique,
Et guérir tous les maux les plus invétérés :
Mais quand je lis ces vers par votre onde inspirés,
Il me paraît, admirable fontaine,
Que vous n'eûtes jamais la vertu d'Hippocrène.

## XVIII.

*L'amateur d'Horloges.*

Sans cesse autour de six pendules,
De deux montres, de trois cadrans,
Lubin, depuis trente et quatre ans,
Occupe ses soins ridicules.
Mais à ce métier, s'il vous plaît,
A-t-il acquis quelque science ?
Sans doute ; et c'est l'homme de France
Qui sait le mieux l'heure qu'il est.

## XIX.

*Sur ce qu'on avait lu à l'Académie des vers contre Homère et contre Virgile.*

Clio vint l'autre jour se plaindre au Dieu des vers,
    Qu'en certain lieu de l'univers,
On traitait d'auteurs froids, de poëtes stériles,
    Les Homères et les Virgiles.
Cela ne saurait être : on s'est moqué de vous,
    Reprit Apollon en courroux ;
Où peut-on avoir dit une telle infamie ?
Est-ce chez les Hurons, chez les Topinamboux ?
—C'est à Paris. —C'est donc à l'hôpital des foux ?
    —Non, c'est au Louvre, en pleine Académie.

## XX.

*Sur le même sujet.*

J'ai traité de Topinamboux
  Tous ces beaux censeurs, je l'avoue,
Qui de l'antiquité si follement jaloux,
Aiment tout ce qu'on hait, blâment tout ce qu'on
    loue;
    Et l'Académie, entre nous,
    Souffrant chez soi de si grands foux,
    Me semble un peu Topinamboux.

## XXI.

*Sur le même sujet.*

Ne blâmez pas Perrault de condamner Homère,
    Virgile, Aristote, Platon;
    Il a pour lui monsieur son frère,
    G... N... Lavau, Caligula, Néron,
    Et le gros Charpentier, dit-on.

## XXII.

*A M. Perrault, sur le même sujet.*

Pour quelque vain discours, sottement avancé,
Contre Homère, Platon, Cicéron ou Virgile,
Caligula partout fut traité d'insensé,
Néron de furieux, Adrien d'imbécille.
    Vous donc qui, dans la même erreur,
Avec plus d'ignorance, et non moins de fureur,
Attaquez ces Héros de la Grèce et de Rome,
    Perrault, fussiez-vous Empereur,
    Comment voulez-vous qu'on vous nomme?

## XXIII.

*Sur le même sujet.*

D'où vient que Cicéron, Platon, Virgile, Homère,
Et tous ces grands Auteurs que l'univers révère,
Traduits dans vos écrits nous paraissent si sots?
Perrault, c'est qu'en prétant à ces esprits sublimes
Vos façons de parler, vos bassesses, vos rimes,
    Vous les faites tous des Perraults.

## XXIV.

*Au même.*

Ton oncle, dis-tu, l'assassin
M'a guéri d'une maladie :
La preuve qu'il ne fut jamais mon médecin,
C'est que je suis encore en vie.

## XXV.

*Au même.*

Le bruit court que Bacchus, Junon, Jupiter, Mars,
Apollon, le dieu des beaux arts,
Les Ris mêmes, les Jeux, les Grâces et leur Mère,
Et tous les Dieux enfans d'Homère,
Résolus de venger leur père,
Jettent déjà sur vous de dangereux regards.
Perrault, craignez enfin quelque triste aventure.
Comment soutiendrez-vous un choc si violent ?
Il est vrai, Visé vous assure
Que vous avez pour vous Mercure ;
Mais c'est le Mercure galant.

## XXVI.

*Parodie burlesque de la première Ode de Pindare, à la louange de M. Perrault.*

M ALGRÉ son fatras obscur,
Souvent Brébeuf étincelle.
Un vers noble, quoique dur,
Peut s'offrir dans la Pucelle.
Mais, ô ma lyre fidèle,
Si du parfait ennuyeux
Tu veux trouver le modèle,
Ne cherche point dans les Cieux
D'astre au soleil préférable,
Ni dans la foule innombrable
De tant d'écrivains divers,
Chez Coignard, rongés des vers,
Un poëte comparable
A l'auteur inimitable
De peau d'âne mis en vers.

## XXVII.

*Sur la réconciliation de l'Auteur et de M. Perrault.*

TOUT le trouble poétique
A Paris s'en va cesser.

Perrault l'anti-Pindarique,
Et Despréaux l'Homérique,
Consentent de s'embrasser.
Quelque aigreur qui les anime,
Quand, malgré l'emportement,
Comme eux l'un et l'autre on s'estime,
L'accord se fait aisément.
Mon embarras est comment
On pourra finir la guerre
De Pradon et du parterre.

---

XXVIII.

*Aux RR. PP. Jésuites, Auteurs du Journal de Trévoux.*

Mes révérends Pères en Dieu,
Et mes confrères en satire,
Dans vos écrits, en plus d'un lieu,
Je vois qu'à mes dépens vous affectez de rire;
Mais ne craignez-vous point que, pour rire de vous,
Relisant Juvénal, refeuilletant Horace,
Je ne ranime encor ma satirique audace?
Grands Aristarques de Trévoux,
N'allez point de nouveau faire courir aux armes,
Un athlète tout prêt à prendre son congé;
Qui, par vos traits malins au combat rengagé,
Peut encore aux rieurs faire verser des larmes.
Apprenez un mot de Regnier
Notre célèbre devancier :

*Corsaires attaquant corsaires,*
*Ne font pas, dit-il, leurs affaires.*

---

XXIX.

*Aux mêmes.*

Non, pour montrer que Dieu veut être aimé de nous,
Je n'ai rien emprunté de Perse, ni d'Horace,
Et je n'ai point suivi Juvénal à la trace.
Car bien qu'en leurs écrits, ces auteurs, mieux que vous,
Attaquent les erreurs dont nos âmes sont ivres;
La nécessité d'aimer Dieu
Ne s'y trouve jamais prêché en aucun lieu,
Mes Pères, non plus qu'en vos livres.

---

XXX.

*Sur le livre des flagellans.*

*Aux mêmes.*

Non, le livre des Flagellans
N'a jamais condamné, lisez-le bien, mes Pères,
Ces rigidités salutaires,
Que, pour ravir le Ciel, saintement violens,
Exercent sur leurs corps tant de chrétiens austères.

Il blâme seulement cet abus odieux,
    D'étaler et d'offrir aux yeux
Ce que leur doit toujours cacher la bienséance ;
Et combat vivement la fausse piété,
Qui, sous couleur d'éteindre en nous la volupté,
Par l'austérité même et par la pénitence,
    Sait allumer le feu de la lubricité.

## XXXI.

## FABLE D'ÉSOPE.

### Le Bûcheron et la Mort.

Le dos chargé de bois, et le corps tout en eau,
Un pauvre Bûcheron, dans l'extrême vieillesse,
Marchait en haletant de peine et de détresse.
Enfin, las de souffrir, jetant là son fardeau,
Plutôt que de s'en voir accablé de nouveau,
Il souhaite la mort, et cent fois il l'appelle.
La Mort vint à la fin. — Que veux-tu, cria-t-elle ?
— Qui, moi ? dit-il alors, prompt à se corriger :
    Que tu m'aides à me charger.

## XXXII.

### Le Débiteur reconnaissant.

Je l'assistai dans l'indigence :
    Il ne me rendit jamais rien.

Mais quoiqu'il me dût tout son bien,
Sans peine il souffrait ma présence.
O la rare reconnaissance !

## XXXIII.

*Enigme.*

Du repos des humains, implacable ennemie,
J'ai rendu mille amans envieux de mon sort.
Je me repais de sang, et je trouve ma vie
Dans les bras de celui qui recherche ma mort.

## XXXIV.

*Vers pour mettre au-devant de la Macarise, roman allégorique de M. l'Abbé d'Aubignac, où l'on expliquait toute la morale des Stoïciens.*

Laches partisans d'Epicure,
Qui, brûlant d'une flamme impure,
Du Portique fameux fuyez l'austérité,
Souffrez qu'enfin la raison vous éclaire,
Ce roman plein de vérité,
Dans la vertu la plus sévère
Vous peut faire aujourd'hui trouver la volupté.

## XXXV.

*Sur un portrait de Rossinante, cheval de Don-Quichotte.*

Tel fut ce roi des bons chevaux,
Rossinante, la fleur des coursiers d'Ibérie,
Qui trottant jour et nuit, et par monts et par vaux,
Galoppa, dit l'histoire, une fois en sa vie.

## XXXVI.

*Vers à mettre en chant.*

Voici les lieux charmans où mon âme ravie
    Passait, à contempler Sylvie,
Ces tranquilles momens si doucement perdus.
Que je l'aimais alors! que je la trouvais belle!
Mon cœur, vous soupirez au nom de l'infidèle :
Avez-vous oublié que vous ne l'aimez plus?

C'est ici que souvent, errant dans les prairies,
    Ma main, des fleurs les plus chéries,
Lui faisait des présens si tendrement reçus.
Que je l'aimais alors! que je la trouvais belle!
Mon cœur, vous soupirez au nom de l'infidèle :
Avez-vous oublié que vous ne l'aimez plus?

## XXXVII.

*Chanson à boire.*

Philosophes rêveurs, qui pensez tout savoir,
Ennemis de Bacchus, rentrez dans le devoir :
   Vos esprits s'en font trop accroire.
Allez, vieux fous, allez apprendre à boire.
    On est savant quand on boit bien ;
    Qui ne sait boire, ne sait rien.

## XXXVIII.

*Chanson faite à Bâville.*

Que Bâville me semble aimable !
Quand des magistrats le plus grand,
Permet que Bacchus à sa table,
Soit notre premier Président.

Trois muses, en habit de ville,
Y président à ses côtés ;
Et ses arrêts par Arbouville
Sont à plein verre exécutés.

Si Bourdaloue un peu sévère
Nous dit : Craignez la volupté ;

Escorbar, lui dit-on, mon père,
Nous la permet pour la santé.

Contre ce docteur authentique,
Si du jeûne il prend l'intérêt,
Bacchus le déclare hérétique,
Et janséniste, qui pis est.

XXXIX.

*Sur Homère.*

Ἤειδον μὲν ἐγών : ἐχάραττε δὲ Θεῖος Ὅμηρος.

*Cantabam quidem ego : scribebat autem Divus Homerus.*

Quand la dernière fois, dans le sacré vallon,
La troupe des neuf sœurs, par l'ordre d'Apollon,
    Lut l'Iliade et l'Odyssée ;
Chacune à les louer se montrant empressée ;
Apprenez un secret qu'ignore l'univers,
    Leur dit alors le Dieu des vers :
Jadis avec Homère, aux rives du Permesse,
Dans ce bois de lauriers, où seul il me suivait,
Je les fis toutes deux, plein d'une douce ivresse :
    Je chantais, Homère écrivait.

## XL.

*Vers pour mettre sous le buste du Roi.*

C'est ce Roi, si fameux dans la paix, dans la guerre,
Qui fait seul à son gré le destin de la terre.
Tout reconnaît ses lois, ou brigue son appui.
De ses affreux combats le Rhin frémit encore,
Et l'Europe en cent lieux a vu fuir devant lui
Tous ces héros si fiers, que l'on voit aujourd'hui
Faire fuir l'Ottoman au-delà du Bosphore.

## XLI.

*Vers faits pour mettre au bas du portrait de Monseigneur le Duc du Maine.*

Quel est cet Apollon nouveau,
Qui, presque au sortir du berceau,
Vient régner sur notre Parnasse?
Qu'il est brillant! qu'il a de grâces!
Du plus grand des héros je reconnais le fils.
Il est déjà tout plein de l'esprit de son père;
Et le feu des yeux de sa mère
A passé jusqu'en ses écrits.

## XLII.

*Vers pour mettre au bas du portrait de Mademoiselle de Lamoignon.*

Aux sublimes vertus nourrie en sa famille,
Cette admirable et sainte fille
En tous lieux signala son humble piété;
Jusqu'aux climats où naît et finit la clarté,
Fit ressentir l'effet de ses soins secourables;
Et, jour et nuit, pour Dieu pleine d'activité,
Consuma son repos, ses biens et sa santé,
A soulager les maux de tous les misérables.

## XLIII.

*A Madame la Présidente de Lamoignon, sur le portrait du Père Bourdaloue, qu'elle m'avait envoyé.*

Du plus grand orateur dont la chaire se vante,
M'envoyer le portrait, illustre Présidente,
C'est me faire un présent qui vaut mille présens.
J'ai connu Bourdaloue, et dès mes jeunes ans
Je fis de ses sermons mes plus chères délices.
Mais lui, de son côté, lisant mes vains caprices,
Des censeurs de Trévoux n'eut point pour moi les
yeux.

Ma franchise surtout gagna sa bienveillance.
Enfin, après Arnauld, ce fut l'illustre en France,
Que j'admirai le plus, et qui m'aima le mieux.

## XLIV.

*Vers pour mettre au bas du portrait de Tavernier, le célèbre voyageur.*

De Paris à Delli, du couchant à l'aurore,
Ce fameux voyageur courut plus d'une fois :
De l'Inde et de l'Hydaspe il fréquenta les rois ;
Et sur les bords du Gange on le révère encore.
En tous lieux sa vertu fut son plus sûr appui ;
Et bien qu'en nos climats de retour aujourd'hui,
  En foule à nos yeux il présente
Les plus rares trésors que le soleil enfante,
Il n'a rien apporté de si rare que lui.

## XLV.

*Vers pour mettre au bas du portrait de mon père.*

Ce greffier doux et pacifique,
De ses enfans au sang critique,
N'eut point le talent redouté :
Mais fameux par sa probité,

Reste de l'or du siècle antique,
Sa conduite dans le Palais,
Partout pour exemple citée,
Mieux que leur plume si vantée,
Fit la satire des Rolets.

## XLVI.

*Epitaphe de la mère de l'Auteur.*

Epouse d'un mari doux, simple, officieux,
Par la même douceur je sus plaire à ses yeux :
Nous ne sûmes jamais ni railler ni médire.
Passant, ne t'enquiers point, si de cette bonté
    Tous mes enfans ont hérité :
Lis seulement ces vers, et garde-toi d'écrire.

## XLVII.

*Sur un frère aîné que j'avais, et avec qui j'étais brouillé.*

De mon frère, il est vrai, les écrits sont vantés ;
    Il a cent belles qualités ;
Mais il n'a point pour moi d'affection sincère.
    En lui je trouve un excellent auteur,
Un poëte agréable, un très-bon orateur ;
    Mais je n'y trouve point de frère.

## XLVIII.

*Vers pour mettre sous le portrait de M. de la Bruyère, au-devant de son livre, des caractères de ce siècle.*

Tout esprit orgueilleux, qui s'aime,
Par mes leçons se voit guéri,
Et dans mon livre si chéri,
Apprend à se haïr soi-même.

## XLIX.

*Epitaphe de M. Arnauld, Docteur de Sorbonne.*

Au pied de cet autel, de structure grossière,
Gît sans pompe, enfermé dans une vile bière,
Le plus savant mortel qui jamais ait écrit,
Arnauld, qui sur la grâce instruit par Jésus-
    Christ,
Combattant pour l'Eglise, a, dans l'Eglise même,
Souffert plus d'un outrage, et plus d'un ana-
    thême.
Plein du feu qu'en son cœur souffla l'Esprit divin,
Il terrassa Pélage, il foudroya Calvin,
De tous les faux docteurs confondit la morale :
Mais pour fruit de son zèle, on l'a vu rebuté,
En cent lieux opprimé par leur noire cabale,
Errant, pauvre, banni, proscrit, persécuté;

Et même par sa mort leur fureur mal éteinte
N'aurait jamais laissé ses cendres en repos,
Si Dieu lui-même ici, de son ouaille sainte,
A ces loups dévorans n'avait caché les os.

## L.

*Vers pour mettre au bas du portrait de M. Hamon.*

Tout brillant de savoir, d'esprit et d'éloquence,
Il courut au désert chercher l'obscurité,
Aux pauvres consacra ses biens et sa science ;
Et trente ans dans le jeûne et dans l'austérité,
    Fit son unique volupté
    Des travaux de la pénitence.

## LI.

*Vers pour mettre au bas du portrait de M. Racine.*

Du théâtre Français l'honneur et la merveille,
Il sut ressusciter Sophocle en ses écrits ;
Et dans l'art d'enchanter les cœurs et les esprits
Surpasser Euripide, et balancer Corneille.

## XLII.

*Vers pour mettre au bas de mon portrait.*

Au joug de la raison asservissant la rime,
Et même en imitant, toujours original,
J'ai su dans mes écrits, docte, enjoué, sublime,
Rassembler en moi, Perse, Horace et Juvénal.

## XLIII.

*Réponse aux vers du portrait.*

Oui, le Verrier, c'est-là mon fidèle portrait,
    Et le graveur, en chaque trait,
A su très-finement tracer sur mon visage
De tout faux bel esprit l'ennemi redouté.
Mais dans les vers pompeux, qu'au bas de cet ou-
    vrage,
Tu me fais prononcer avec tant de fierté :
    D'un ami de la vérité
    Qui peut reconnaître l'image?

## XLIV.

*Pour un autre portrait du même.*

Ne cherchez point comment s'appelle
    L'écrivain peint dans ce tableau :
A l'air dont il regarde et montre la Pucelle,
    Qui ne reconnaîtrait Boileau?

## LV.

*Vers pour mettre au bas d'une méchante gravure qu'on a faite de moi.*

Du célèbre Boileau, tu vois ici l'image.
Quoi, c'est-là, diras-tu, ce critique achevé?
D'où vient ce noir chagrin qu'on lit sur son visage?
    C'est de se voir si mal gravé.

## LVI.

*Sur mon buste de marbre, fait par M. Girardon, premier sculpteur du Roi.*

Grace au Phidias de notre âge,
Me voilà sûr de vivre autant que l'univers :
Et ne connût-on plus ni mon nom, ni mes vers,
Dans ce marbre fameux, taillé sur mon visage,
De Girardon, toujours, on vantera l'ouvrage.

# AVERTISSEMENT
## AU LECTEUR.

Madame de Montespan et Madame de Thianges sa sœur, lasses des opéra de Monsieur Quinaut, proposèrent au Roi d'en faire faire un par Monsieur Racine, qui s'engagea assez légèrement à leur donner cette satisfaction, ne songeant pas dans ce moment-là à une chose, dont il était plusieurs fois convenu avec moi, qu'on ne peut jamais faire un bon opéra, parce que la musique ne saurait narrer : que les passions n'y pouvaient être peintes dans toute l'étendue qu'elles demandent : que d'ailleurs elle ne saurait souvent mettre en chant les expressions vraiment sublimes et courageuses. C'est ce que je lui représentai, quand il me déclara son engagement; et il m'avoua que j'avais raison; mais il était trop avancé pour reculer. Il commença dès-lors en effet un opéra, dont le sujet était la chûte de Phaëton. Il en fit même quelques vers qu'il récita au Roi, qui en parut content. Mais comme Monsieur Racine n'entreprenait cet ouvrage qu'à regret, il me témoigna résolument, qu'il ne l'acheverait point que je n'y travaillasse avec lui, et me déclara avant tout, qu'il fallait que j'en composasse le prologue. J'eus beau lui représenter mon peu de talent pour ces sortes d'ouvrages, et que je n'avais jamais fait de vers d'amourette : il persista dans sa résolution, et me dit qu'il me le ferait ordonner par le Roi. Je songeai donc en moi-même à voir de quoi je serais capable, en cas que je fusse absolument obligé à travailler à un ouvrage si opposé à mon génie et à mon inclination. Ainsi, pour m'essayer, je traçai, sans en rien dire à personne, non pas même à Monsieur Racine, le canevas d'un prologue, et j'en composai une première scène. Le sujet de cette scène était une dispute de la Poésie et de la Musique, qui se querellaient sur l'excellence de leur art, et étaient enfin toutes prêtes à se séparer, lorsque tout-à-coup, la Déesse des accords, je veux dire l'Harmonie, descendait du Ciel avec tous ses charmes et tous ses agrémens, et les réconciliait. Elle devait dire ensuite la raison qui la fesait venir sur la terre, qui n'était autre que de divertir le Prince de l'univers le plus digne d'être servi, et à qui elle devait le plus, puisque c'était lui qui la maintenait dans la France, où elle régnait en toutes choses. Elle ajoutait ensuite, que pour empêcher que quelque audacieux ne vînt troubler, en s'élevant contre un si grand Prince, la gloire dont elle jouissait avec lui, elle voulait que dès aujourd'hui même sans perdre de temps, on représentât sur la scène, la chute de l'ambitieux Phaëton. Aussi-tôt tous les poëtes et tous les musiciens, par son ordre, se retiraient et s'allaient habiller. Voilà le sujet de mon prologue, auquel je travaillai trois ou quatre jours avec un assez grand dégoût, tandis que Monsieur Racine de son côté, avec non moins de dégoût, continuait à disposer le plan de son opéra, sur lequel je lui prodiguais mes conseils. Nous étions occupés à ce misérable travail, dont je ne sais si nous nous serions bien tirés, lorsque tout-à-coup un heureux incident nous tira d'affaire. L'incident fut que Monsieur Quinaut s'étant présenté au Roi les larmes aux yeux, et lui ayant remontré l'affront qu'il allait recevoir, s'il ne travaillait plus au divertissement de Sa Majesté, le Roi touché de compassion, déclara franchement aux Dames dont j'ai parlé qu'il ne pouvait se résoudre à lui donner ce déplaisir. *Sic nos servavit Apollo.* Nous retournâmes donc, Monsieur Racine et moi, à notre premier emploi, et il ne fut plus mention de notre opéra, dont il ne resta que quelques vers de Monsieur Racine, qu'on n'a point trouvés dans ses papiers après sa mort, et que vraisemblablement il avait supprimés par délicatesse de conscience, à cause qu'il y était parlé d'amour. Pour moi, comme il n'était point question d'amourette dans la scène que j'avais composée, non-seulement je n'ai pas jugé à propos de la supprimer, mais je la donne ici au public, persuadé qu'elle fera plaisir aux lecteurs, qui ne seront peut-être pas fâchés de voir de quelle manière je m'y étais pris, pour adoucir l'amertume et la force de ma poésie satirique, et pour me jeter dans le style doucereux. C'est de quoi ils pourront juger par le fragment que je leur présente ici, et que je leur présente avec d'autant plus de confiance, qu'étant fort court, s'il ne les divertit, il ne leur laissera pas du-moins le temps de s'ennuyer.

# PROLOGUE.

## LA POÉSIE, LA MUSIQUE.

### LA POÉSIE.

Quoi! par de vains accords et des sons im-
     puissans,
Vous croyez exprimer tout ce que je sais dire!

### LA MUSIQUE.

Aux doux transports qu'Apollon vous inspire,
Je crois pouvoir mêler la douceur de mes chants.

### LA POÉSIE.

Oui, vous pouvez, aux bords d'une fontaine,
Avec moi soupirer une amoureuse peine,
Faire gémir Thyrsis, faire plaindre Climène.
Mais quand je fais parler les héros et les Dieux,
     Vos chants audacieux
Ne me sauraient prêter qu'une cadence vaine :
     Quittez ce soin ambitieux.

### LA MUSIQUE.

Je sais l'art d'embellir vos plus rares merveilles.

### LA POÉSIE.

On ne veut plus alors entendre votre voix.

### LA MUSIQUE.

Pour entendre mes sons, les rochers et les bois
     Ont jadis trouvé des oreilles.

## PROLOGUE.

**LA POÉSIE.**

Ah! c'en est trop, ma sœur, il faut nous séparer.
  Je vais me retirer :
Nous allons voir sans moi ce que vous saurez faire.

**LA MUSIQUE.**

  Je saurai divertir et plaire ;
Et mes chants moins forcés n'en seront que plus doux.

**LA POÉSIE.**

Hé bien, ma sœur, séparons-nous.

**LA MUSIQUE.**

Séparons-nous.

**LA POÉSIE.**

Séparons-nous.

**CHOEURS DE POÈTES ET DE MUSICIENS.**

Séparons-nous, séparons-nous.

**LA POÉSIE.**

Mais quelle puissance inconnue
Malgré moi m'arrête en ces lieux !

**LA MUSIQUE.**

Quelle divinité sort du sein de la nue !

**LA POÉSIE.**

  Quels chants mélodieux
Font retentir ici leur douceur infinie !
  Ah! c'est la divine Harmonie,
    Qui descend des Cieux !

**LA POÉSIE.**

  Qu'elle étale à nos yeux
  De grâces naturelles !

#### PROLOGUE.

LA MUSIQUE.

Quel bonheur imprévu la fait ici revoir!

LA POÉSIE ET LA MUSIQUE.

Oublions nos querelles,
Il faut nous accorder pour la bien recevoir.

CHOEUR DE POÈTES ET DE MUSICIENS.

Oublions nos querelles,
Il faut nous accorder pour la bien recevoir.

# POÉSIES LATINES.

## ÉPIGRAMMA.

*In novum Causidicum, rustici Lictoris filium.*

Dum puer iste fero natus Lictore perorat,
 Et clamat medio, stante parente, foro;
Quæris, cur sileat circumfusa undique turba?
 Non stupet ob natum, sed timet illa patrem.

## ALTERUM.

*In Marullum, versibus Phaleucis anteà malè laudatum.*

Nostri quid placeant minùs Phaleuci,
Jamdudùm tacitus, Marulle, quæro:
Quum nec sint stolidi, nec inficeti,
Nec pingui nimiùm fluant Minervâ.
Tuas sed celebrant, Marulle, laudes;
O versus stolidos et inficetos!

# SATIRA.

Quid numeris iterum me balbutire Latinis,
Longè Alpes circa natum de patre Sicambro,
Musa, jubes? Istuc puero mihi profuit olim,
Verba mihi sævo nuper dictata magistro,
Cùm pedibus certis conclusa referra docebas.
Utile tunc Smetium manibus sordescere nostris;
Et mihi sæpe udo volvendus pollice textor
Præbuit adsutis contexere carmina pannis.
Sic Maro, sic Flaccus, sic nostro sæpe Tibullus,
Carmine disjecti, vano pueriliter ore
Bullatas nugas sese stupuêre loquentes.

# CHAPELAIN DÉCOEFFÉ,

## OU

# PARODIE

## DE QUELQUES SCÈNES DU CID,

### SUR

## CHAPELAIN, CASSAIGNE ET LA SERRE.

## SCÈNE PREMIÈRE.

### CHAPELAIN, LA SERRE.

#### LA SERRE.

Enfin vous l'emportez, et la faveur du Roi
Vous accable de dons qui n'étaient dûs qu'à moi.
On voit rouler chez vous tout l'or de la Castille.

#### CHAPELAIN.

Les trois fois mille francs qu'il met dans ma famille,
Témoignent mon mérite, et font connaître assez
Qu'on ne hait pas mes vers pour être un peu forcés.

## PARODIE.

### LA SERRE.

Pour grands que soient les Rois, il sont ce que nous sommes :
Ils se trompent en vers comme les autres hommes :
Et ce choix sert de preuve à tous les courtisans,
Qu'à de méchans auteurs ils font de beaux présens.

### CHAPELAIN.

Ne parlons point du choix dont votre esprit s'irrite :
La cabale l'a fait plutôt que le mérite.
Vous choisissant, peut-être on eût pu mieux choisir :
Mais le Roi m'a trouvé plus propre à son desir.
A l'honneur qu'il m'a fait ajoutez-en un autre :
Unissons désormais ma cabale à la vôtre.
J'ai mes prôneurs aussi, quoiqu'un peu moins fréquens,
Depuis que mes sonnets ont détrompé les gens.
Si vous me célébrez, je dirai que la Serre
Volume sur volume incessamment desserre :
Je parlerai de vous avec Monsieur Colbert ;
Et vous éprouverez, si mon amitié sert :
Ma nièce, même en vous, peut rencontrer un gendre.

### LA SERRE.

A de plus hauts partis, Philipote peut prétendre
Et le nouvel éclat de cette pension
Lui doit bien mettre au cœur une autre ambition.
Exerce nos rimeurs, et vante notre Prince,
Vas te faire admirer chez les gens de province,
Fais marcher en tous lieux les rimeurs sous ta loi,
Sois des flatteurs l'amour et des railleurs l'effroi.
Joins à ces qualités celle d'une âme vaine,

Montre-leur comme il faut endurcir une veine,
Au métier de Phébus bander tous les ressorts;
Endosser nuit et jour un rouge juste-au-corps;
Pour avoir de l'encens donner une bataille;
Ne laisser de sa bourse échapper une maille;
Surtout sers-leur d'exemple, et ressouviens-toi bien
De leur former un style aussi dur que le tien.

CHAPELAIN.

Pour s'instruire d'exemple en dépit de Linière,
Ils liront seulement ma Jeanne toute entière :
Là, dans un long tissu d'amples narrations,
Ils verront comme il faut berner les nations,
Duper d'un grave ton, gens de robe et d'armée,
Et sur l'erreur des sots bâtir sa renommée.

LA SERRE.

L'exemple de la Serre a bien plus de pouvoir;
Un auteur dans ton livre apprend mal son devoir;
Et qu'a fait après tout ce grand nombre de pages,
Que ne puisse égaler un de mes cent ouvrages?
Si tu fus grand flatteur, je le suis aujourd'hui,
Et ce bras, de la presse est le plus ferme appui.
Bilaine et de Serci sans moi seraient des drilles :
Mon nom seul au Palais nourrit trente familles;
Les marchands fermeraient leurs boutiques sans moi
Et s'ils ne m'avaient plus, ils n'auraient plus d'em-
   ploi.
Chaque heure, chaque instant fait sortir de ma plume
Cahiers dessus cahiers, volume sur volume.
Mon valet écrivant ce que j'aurais dicté,
Ferait un livre entier marchant à mon côté.
Et loin de ces durs vers qu'à mon style on préfère,
Il deviendrait auteur en me regardant faire.

PARODIE.

CHAPELAIN.

Tu me parles en vain de ce que je connoi ;
Je t'ai vu rimailler, et traduire sous moi ;
Si j'ai traduit Gusman, si j'ai fait sa préface,
Ton galimathias a bien rempli ma place :
Enfin, pour m'épargner ces discours superflus,
Si je suis grand flatteur, tu l'es et tu le fu ;
Tu vois bien cependant qu'en cette concurrence
Un monarque entre nous met de la différence.

LA SERRE.

Ce que je méritais tu me l'as emporté.

CHAPELAIN.

Qui l'a gagné sur toi, l'avait mieux mérité.

LA SERRE.

Qui sait mieux composer en est bien le plus digne.

CHAPELAIN.

En être refusé n'en est pas un bon signe.

LA SERRE.

Tu l'as gagné par brigue étant vieux courtisan.

CHAPELAIN.

L'éclat de mes grands vers fut seul mon partisan.

LA SERRE.

Parlons-en mieux : le Roi fait honneur à ton âge.

CHAPELAIN.

Le Roi, quand il en fait, le mesure à l'ouvrage.

LA SERRE.

Et par-là je devais emporter ces ducats.

CHAPELAIN.

Qui ne les obtient point ne les mérite pas.

LA SERRE.

Ne les mérite pas ? moi ?

CHAPELAIN.
Toi?
LA SERRE.
Ton insolence,
Téméraire vieillard, aura sa récompense.
*Il lui arrache sa perruque.*
CHAPELAIN.
Achève, et prends ma tête après un tel affront,
Le premier dont ma muse a vu rougir son front.
LA SERRE.
Et que penses-tu faire avec tant de faiblesse?
CHAPELAIN.
O Dieu! mon Apollon en ce besoin me laisse.
LA SERRE.
Ta perruque est à moi, mais tu serais trop vain,
Si ce sale trophée avait souillé ma main.
Adieu, fais lire au peuple en dépit de Linière,
De tes fameux travaux l'histoire toute entière;
D'un insolent discours ce juste châtiment
Ne lui servira pas d'un petit ornement.
CHAPELAIN.
Rends-moi donc ma perruque.
LA SERRE.
Elle est trop malhonnête.
De tes lauriers sacrés vas te couvrir la tête.
CHAPELAIN.
Rends la calotte au moins.
LA SERRE.
Vas, vas, tes cheveux d'ours
Ne pourraient sur ta tête encor durer trois jours.

## SCÈNE II.

#### CHAPELAIN, *seul.*

O RAGE! ô désespoir! ô perruque ma mie!
N'as-tu donc tant vécu que pour cette infamie?
N'as-tu trompé l'espoir de tant de perruquiers,
Que pour voir en un jour flétrir tant de lauriers?
Nouvelle pension fatale à ma calotte!
Précipice élevé qui te jette en la crotte!
Cruel ressouvenir de tes honneurs passés,
Services de vingt ans en un jour effacés!
Faut-il de ton vieux poil voir triompher La Serre,
Et te mettre crottée, ou te laisser à terre?
La Serre, sois d'un Roi maintenant régalé,
Ce haut rang n'admet pas un poëte pelé.
Et ton jaloux orgueil, par cet affront insigne,
Malgré le choix du Roi, m'en a su rendre indigne.
Et toi de mes travaux glorieux instrument,
Mais d'un esprit de glace inutile ornement,
Plume jadis vantée, et qui, dans cette offense,
M'as servi de parade et non pas de défense,
 Va, quitte désormais le dernier des humains,
Passe pour me venger en de meilleures mains.
Si Cassaigne a du cœur, et s'il est mon ouvrage,
Voici l'occasion de montrer son courage;
Son esprit est le mien, et le mortel affront
Qui tombe sur mon chef, rejaillit sur son front.

## SECTION III.

### CHAPELAIN, CASSAIGNE.

CHAPELAIN.

CASSAIGNE, as-tu du cœur?
CASSAIGNE.
Tout autre que mon maître
L'éprouverait sur l'heure.
CHAPELAIN.
Ah! c'est comme il faut être!
Digne ressentiment à ma douleur bien doux!
Je reconnais ma verve à ce noble courroux.
Ma jeunesse revit en cette ardeur si prompte.
Mon disciple, mon fils, viens réparer ma honte,
Viens me venger.
CASSAIGNE.
De quoi?
CHAPELAIN.
D'un affront si cruel,
Qu'à l'honneur de tous deux il porte un coup mortel :
D'une insulte.... le traître eût payé la perruque
Un quart d'écu du moins, sans mon âge caduque?
Ma plume que mes doigts ne peuvent soutenir,
Je la remets aux tiens pour écrire et punir.
Va contre un insolent faire un bon gros ouvrage;

C'est dedans l'encre seul qu'on lave un tel outrage ;
Rime, ou crève. Au surplus pour ne point te flatter,
Je te donne à combattre un homme à redouter ;
Je l'ai vu fort poudreux au milieu des libraires
Se faire un beau rempart de deux mille exemplaires.

CASSAIGNE.

Son nom ? c'est perdre temps en discours superflus.

CHAPELAIN.

Donc pour te dire encor quelque chose de plus :
Plus enflé que Boyer, plus bruyant qu'un tonnerre ;
C'est...

CASSAIGNE.

De grâce, achevez.

CHAPELAIN.

Le terrible la Serre.

CASSAIGNE.

Le....

CHAPELAIN.

Ne réplique point, je connais ton fatras :
Combats sur ma parole, et tu l'emporteras.
Donnant pour des cheveux ma pucelle en échange,
J'en vais chercher ; barbouille, écris, rime et nous venge.

---

## ACTE IV.

### CASSAIGNE, seul.

PERCÉ jusques au fond du cœur
D'une insulte imprévue aussi bien que mortelle,
Misérable vengeur d'une sotte querelle,

D'un avare écrivain chétif imitateur,
Je demeure stérile, et ma veine abattue,
    Inutilement sue.
    Si près de voir couronner mon ardeur,
      O la peine cruelle !
    En cet affront, la Serre est le tondeur,
    Et le tondu, père de la Pucelle.

    Que je sens de rudes combats !
Comme ma pension, mon honneur me tourmente.
Il faut faire un poëme, ou bien perdre une rente ;
L'un échauffe mon cœur, l'autre retient mon bras :
Réduit au triste choix ou de trahir mon maître,
    Ou d'aller à Bicêtre,
Des deux côtés mon mal est infini.
    O la peine cruelle !
Faut-il laisser un la Serre impuni ;
Faut-il venger l'auteur de la Pucelle ?

    Auteur, perruque, honneur, argent,
Impitoyable loi, cruelle tyrannie,
Je vois gloire perdue, ou pension finie.
D'un côté je suis lâche, et de l'autre indigent.
Cher et chétif espoir d'une veine flatteuse,
    Et tout ensemble gueuse,
    Noir instrument, unique gagne-pain,
    Et ma seule ressource,
M'es-tu donné pour venger Chapelain ?
M'es-tu donné pour me couper la bourse ?

    Il vaut mieux courir chez Conrard,
Il peut me conserver ma gloire et ma finance,

## PARODIE.

Mettant ces deux rivaux en bonne intelligence.
On sait comme en traités excelle ce vieillard,
S'il n'en vient pas à bout, que Sapho la pucelle
   Vide notre querelle.
  Si pas un d'eux ne me veut secourir,
   Et si l'on me balotte,
  Cherchons la Serre, et sans tant discourir
  Traitons du moins, et payons la calotte.

  Traiter, sans tirer ma raison ?
Rechercher un marché si funeste à ma gloire !
Souffrir que Chapelain impute à ma mémoire
D'avoir mal soutenu l'honneur de sa toison ?
Respecter un vieux poil, dont mon âme égarée
   Voit la perte assurée ?
  N'écoutons plus ce dessein négligent,
   Qui passerait pour crime.
  Allons, ma main, du-moins sauvons l'argent,
  Puis qu'aussi bien il faut perdre l'estime.

   Oui, mon esprit s'était déçu.
Autant que mon honneur, mon intérêt me presse :
Que je meure en rimant, ou meure de détresse,
J'aurai mon style dur comme je l'ai reçu.
Je m'accuse déjà de trop de négligence.
   Courons à la vengeance.
  Et tout honteux d'avoir tant de froideur,
   Rimons à tire d'aile,
  Puis qu'aujourd'hui la Serre est le tondeur,
  Et le tondu, père de la Pucelle.

## SCÈNE V.

### CASSAIGNE, LA SERRE.

CASSAIGNE.

A moi, la Serre, un mot.

LA SERRE.

Parle.

CASSAIGNE.

Ote-moi d'un doute.
Connais-tu Chapelain ?

LA SERRE.

Oui.

CASSAIGNE.

Parlons bas, écoute.
Sais-tu que ce vieillard fut la même vertu,
Et l'effroi des lecteurs de son temps ; le sais-tu ?

LA SERRE.

Peut-être.

CASSAIGNE.

La froideur qu'en mon style je porte,
Sais-tu que je la tiens de lui seul ?

LA SERRE.

Que m'importe ?

CASSAIGNE.

A quatre vers d'ici je te le fais savoir.

## PARODIE.
### LA SERRE.

Jeune présomptueux.
#### CASSAIGNE.
Parle, sans t'émouvoir.
Je suis jeune, il est vrai : mais aux âmes bien nées
La rime n'attend pas le nombre des années.
#### LA SERRE
Mais t'attaquer à moi, qui t'a rendu si vain ?
Toi, qu'on ne vit jamais une plume à la main.
#### CASSAIGNE.
Mes pareils avec toi sont dignes de combattre,
Et pour des coups d'essai veulent des Henri-Quatre.
#### LA SERRE.
Sais-tu bien qui je suis ?
#### CASSAIGNE
Oui, tout autre que moi
En comptant tes écrits pourrait trembler d'effroi.
Mille et mille papiers dont ta table est couverte,
Semblent porter écrit le destin de ma perte.
J'attaque en téméraire un gigantesque auteur,
Mais j'aurai trop de force ayant assez de cœur.
Je veux venger mon maître, et ta plume indomptable,
Pour ne se point lasser, n'est point infatigable.
#### LA SERRE.
Ce Phébus qui paraît aux discours que tu tiens,
Souvent par tes écrits se découvrit aux miens;
Et te voyant encor tous frais sorti de classe,
Je disais : Chapelain lui laissera sa place.
Je sais ta pension, et suis ravi de voir
Que ces bons mouvemens excitent ton devoir;
Qu'ils te font sans raison mettre rime sur rime;

Étayer d'un pédant l'agonisante estime,
Et que, voulant pour singe un écolier parfait,
Il ne se trompait point au choix qu'il avait fait.
Mais je sens que pour toi ma pitié s'intéresse,
J'admire ton audace, et je plains ta jeunesse :
Ne cherche point à faire un coup d'essai fatal,
Dispense un vieux routier d'un combat inégal.
Trop peu de gain pour moi suivrait cette victoire ;
A moins d'un gros volume, on compose sans gloire,
Et j'aurais le regret de voir que tout Paris
Te croirait accablé du poids de mes écrits.

CASSAIGNE.

D'une indigne pitié ton orgueil s'accompagne :
Qui pèle Chapelain craint de tondre Cassaigne.

LA SERRE.

Retire-toi d'ici.

CASSAIGNE

Hâtons-nous de rimer.

LA SERRE

Es-tu si près d'écrire ?

CASSAIGNE.

Es-tu las d'imprimer ?

LA SERRE.

Viens, tu fais ton devoir. L'écolier est un traître,
Qui souffre sans cheveux la tête de son maître.

# LA MÉTAMORPHOSE

## De la Perruque de CHAPELAIN en Comète.

La plaisanterie que l'on va voir est une suite de la Parodie précédente. Elle fut imaginée par les mêmes Auteurs, à l'occasion de la comète qui parut à la fin de l'année 1664. Ils étaient à table chez Monsieur Hessein, frère de l'illustre Madame de la Sablière.

On feignait que Chapelain ayant été décoeffé par la Serre, avait laissé sa perruque à calotte dans le ruisseau où la Serre l'avait jettée.

*Dans un ruisseau bourbeux la calotte enfoncée,*
*Parmi de vieux chiffons allait être entassée ;*
*Quand Phébus l'aperçut, et du plus haut des airs*
*Jettant sur les railleurs un regard de travers :*
*Quoi ! dit-il, je verrai cette antique calotte,*
*D'un sale chiffonier remplir l'indigne hotte !*

Ici devait être la description de cette fameuse perruque.

*Qui de tous ses travaux la compagne fidèle,*
*A vu naître Gusman et mourir la Pucelle ;*
*Et qui de front en front passant à ses neveux,*
*Devait avoir plus d'ans qu'elle n'eut de cheveux.*

Enfin Apollon changeait cette perruque en co-

mète. « Je ????, disait ce Die??? ??? ceux
qui naîtront sous ce nouvel astre ??? ent poètes ».

*Et qu'ils fassent des vers même en dépit de moi.*

Furetière, l'un des Auteurs de la pièce, remarqua pourtant que cette métamorphose manquait de justesse en un point. « C'est, *dit-il*, que les
» comètes ont des cheveux, et que la perruque de
» Chapelain est si usée qu'elle n'en a plus. ». Cette badinerie n'a jamais été achevée.

Chapelain souffrit, dit-on, avec beaucoup de patience, les satires que l'on fit contre sa perruque. On lui a attribué l'épigramme suivante, qui n'est pas de lui.

*Railleurs, en vain vous m'insultez,*
*Et la pièce vous emportez;*
*En vain vous découvrez ma nuque:*
*J'aime mieux la condition*
*D'être défroqué de perruque,*
*Que défroqué de pension.*

FIN.

www.ingramcontent.com/pod-product-compliance
Lightning Source LLC
Chambersburg PA
CBHW050737170426
43202CB00013B/2282